全国高职高专教育"十二五"规划教材

汽车故障诊断技术

主　编　张真忠　黄昭明
副主编　张广栋　王　利
参　编　杨宝成　李曼莉　岳世锋

东南大学出版社
·南京·

图书在版编目(CIP)数据

汽车故障诊断技术 / 张真忠,黄昭明主编. ——南京:东南大学出版社,2015.3
ISBN 978-7-5641-5029-7

Ⅰ. ①汽… Ⅱ. ①张… ②黄… Ⅲ. ①汽车-故障诊断-教材 Ⅳ. ①U472.42

中国版本图书馆CIP数据核字(2014)第123904号

汽车故障诊断技术

出版发行:	东南大学出版社
社　　址:	南京四牌楼2号　邮编:210096
出 版 人:	江建中
网　　址:	http//www.seupress.com
经　　销:	全国各地新华书店
印　　刷:	南京玉河印刷厂
开　　本:	787mm×1092mm　1/16
印　　张:	17.75
字　　数:	423千字
版　　次:	2015年3月第1版
印　　次:	2015年3月第1次印刷
印　　数:	1—3000册
书　　号:	ISBN 978-7-5641-5029-7
定　　价:	34.00元

本社图书若有印装质量问题,请直接与营销部联系。电话(传真):025-83791830

前 言

根据我国高等职业技术教育的特点,专业课教学采用"教、学、做"理实一体化教学法,打破了传统教学模式,以就业为导向,以企业需求为依据,结合学生的个性发展需要组织教学。实践证明,理实一体化教学方法是符合职业教育的规律和特点、适应高等职业院校学生的一种成功的教学方法,力求把传授知识和培养实践能力结合起来。

汽车故障诊断技术是汽车检测与维修技术专业的一项工学结合的专业课程。本课程能够培养学生掌握汽车故障诊断的一般流程与分析方法,对汽车常见的故障进行分析,能够正确运用检测设备,找到故障点,排除故障,从而提高实践操作水平。通过对本课程的学习,学生能够掌握汽车故障诊断的基本理论知识,能够对汽车常见故障现象进行判断,分析故障原因,查找故障部位。通过实训可培养学生的实践技能,使其掌握正确的故障诊断方法,能够对汽车各系统的重要部位进行检测和调整,具备对汽车典型故障进行诊断、检测与排除的能力。

本书主要内容共分为汽车故障诊断基础知识、发动机故障诊断与排除、底盘故障诊断与排除3个项目,共18个任务。

承德石油高等专科学校张真忠编写了项目1的任务1.1和任务1.2,项目2的任务2.1和任务2.8,杨宝成编写了项目2的任务2.5和任务2.6,张广栋编写了项目2的任务2.3和任务2.4,岳世锋编写了项目2的任务2.2和任务2.7;宣城职业技术学院的黄昭明编写了项目3的任务3.1、任务3.2、任务3.3和任务3.4,王利编写了项目3的任务3.7和任务3.8;昆山登云科技职业学院的李曼莉编写了项目3的任务3.5和任务3.6。本书项目1和项目2由张真忠统稿,项目3由黄昭明统稿。

本书可作为高职高专汽车类专业的教材,也可作为相关工程技术人员、汽车维修企业的参考书。

由于编者经验、水平所限,时间非常仓促,书中难免有不当及疏漏之处,敬请读者批评指正。

编者
2014年5月

目 录

学习项目 1　汽车故障诊断基础知识 ……………………………………… 1

任务 1.1　汽车故障诊断的基本概念 ……………………………………… 1
　1.1.1　汽车故障诊断中的常用术语 ……………………………………… 2
　1.1.2　汽车故障的分类 …………………………………………………… 3
　1.1.3　汽车故障发生的规律 ……………………………………………… 7
　1.1.4　汽车故障症状的分类 ……………………………………………… 9
　1.1.5　汽车故障发生的原因 ……………………………………………… 10

任务 1.2　汽车故障诊断的基本方法 ……………………………………… 14
　1.2.1　汽车故障诊断的基本方法 ………………………………………… 15
　1.2.2　汽车故障诊断的原则 ……………………………………………… 16
　1.2.3　汽车故障诊断参数 ………………………………………………… 18

学习项目 2　发动机故障诊断与排除 ……………………………………… 26

任务 2.1　发动机冷却液温度过高的诊断与排除 ………………………… 27
　2.1.1　冷却液温度过高的危害 …………………………………………… 27
　2.1.2　安装节温器防止冷却液温度过高 ………………………………… 28
　2.1.3　轿车上常见的风扇控制方式 ……………………………………… 29
　2.1.4　导致发动机冷却液温度过高的原因 ……………………………… 31
　2.1.5　故障诊断与排除 …………………………………………………… 33

任务 2.2　发动机机油压力警告灯亮的诊断与排除 ……………………… 43
　2.2.1　发动机润滑系统的结构特点 ……………………………………… 43
　2.2.2　发动机机油的分类及选用 ………………………………………… 46
　2.2.3　导致机油压力报警灯常亮的因素 ………………………………… 47
　2.2.4　机油压力低的故障诊断思路 ……………………………………… 48
　2.2.5　检测机油压力 ……………………………………………………… 50
　2.2.6　机油泵检修 ………………………………………………………… 51

任务 2.3　汽油发动机怠速不良的诊断与排除 …………………………… 61
　2.3.1　发动机怠速的含义 ………………………………………………… 61
　2.3.2　怠速不良的表现形式 ……………………………………………… 61

任务 2.4　汽油发动机动力不足的诊断与排除 …………………………… 74
　2.4.1　故障现象 …………………………………………………………… 74

2.4.2　发动机动力不足故障的原因分析 ··· 74
　　2.4.3　故障排除思路 ··· 78
任务2.5　汽油发动机不能起动或起动困难的诊断与排除 ································ 85
　　2.5.1　汽油发动机要正常起动需具备的条件 ·· 85
　　2.5.2　电控发动机不能起动,且无着车征兆 ·· 86
　　2.5.3　有着车征兆,但发动机不能起动 ·· 87
　　2.5.4　正常行驶中突然熄火后无法再起动的原因及排除 ···································· 88
　　2.5.5　发动机冷起动困难 ··· 89
　　2.5.6　发动机热起动困难 ··· 90
任务2.6　发动机异响的诊断与排除 ··· 99
　　2.6.1　发动机异响分析 ·· 100
　　2.6.2　汽车发动机异响的原因 ·· 103
　　2.6.3　常见异响故障的诊断与排除 ··· 104
任务2.7　发动机排烟异常的诊断与排除 ··· 114
　　2.7.1　汽车冒黑烟的检修 ·· 114
　　2.7.2　汽车冒白烟的检修 ·· 115
　　2.7.3　汽车冒蓝烟的检修 ·· 116
任务2.8　高压共轨柴油发动机动力不足的诊断与排除 ································· 124
　　2.8.1　高压共轨燃油喷射系统概述 ··· 124
　　2.8.2　高压共轨系统的喷油特性 ·· 126
　　2.8.3　高压燃油共轨系统的组件结构和功能 ··· 129
　　2.8.4　共轨系统故障诊断与排除 ·· 138

学习项目3　底盘故障诊断与排除 ··· 147

任务3.1　离合器分离不彻底的诊断与排除 ·· 148
任务3.2　手动变速器换挡困难的诊断与排除 ·· 163
任务3.3　转向沉重的诊断与排除 ··· 186
任务3.4　制动失效的诊断与排除 ··· 200
任务3.5　ABS防抱死故障警告灯亮的诊断与排除 ··· 215
任务3.6　行驶跑偏的诊断与排除 ··· 232
任务3.7　悬架异响的诊断与排除 ··· 248
任务3.8　轮胎磨损异常的诊断与排除 ··· 265

参考文献 ··· 278

学习项目 1　汽车故障诊断基础知识

项目目标

1. 了解汽车故障的分类。
2. 熟悉汽车故障常见现象及其主要原因。
3. 掌握汽车故障诊断的基本方法及其原则。
4. 学会用故障诊断参数来定量评价汽车故障程度。

项目描述

汽车故障诊断是从故障症状出发,通过问诊试车、分析研究、推理假设、流程设计、测试确认、修复验证,最后达到发现故障原因的目的。通过对本项目的学习,学生可熟悉汽车故障的基本概念和分类以及常见故障的规律,掌握汽车故障诊断基本思路和常见方法,通过电路图能在实车上找到相应的导线和线路参数,了解常见检测设备的使用。

课时计划

任务	任务内容	参考课时(h)			合计
		教学课时	实训课时	小计	
1.1	汽车故障诊断的基本概念	3	0	3	6
1.2	汽车故障诊断的基本方法	3	0	3	

任务 1.1　汽车故障诊断的基本概念

一辆轿车出现行驶时动力不足的故障现象,到 4S 店要求进行检修,你作为 4S 店的技术人员,如何确定该故障症状属于哪一类?产生故障的原因有哪些?

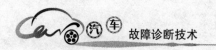

> **理论引导**

汽车故障诊断是从故障症状出发,通过问诊试车、分析研究、推理假设、流程设计、测试确认、修复验证,最后达到找到故障原因并排除故障的目的。

传统的汽车故障诊断采用的是从症状入手,通过检测查找故障点的分析方法,具有明显的人对车的单方向推进特征。现代汽车电控系统中有了自诊断功能,使得现代的汽车故障诊断可以直接从自诊断结果入手,通过检测找到故障点,这种诊断方法具有了人车互动、双向对话的特征。这就使得汽车故障诊断技术有了症状分析和自诊断分析两个入手点,这正是现代汽车故障诊断技术的基础和出发点。

汽车故障诊断是汽车维修工程中技术层面最高的技术工作。这项工作不仅要求有扎实的理论功底,还要有丰富的实践经验;不仅要有娴熟的测试技巧,还要有精准的推理分析。"七分诊断、三分修理"不仅是现代汽车维修的技术特征,还是"汽车医生"(汽车维修工程师)和"汽车护士"(汽车修理工)的职责分工。汽车故障诊断技术是汽车维修工程师必须掌握的关键技术,也是汽车维修工程师区别于汽车修理工的核心技术。

目前故障机理的复杂性分析、诊断手段的多样性运用、诊断参数的精确性测试、分析判断的准确性把握等重要方法和关键技术都已成为汽车故障诊断技术发展所必须追逐的目标。汽车诊断测试技术的提高与汽车诊断分析方法的改进是当前汽车故障诊断技术发展的两个关键方向。

1.1.1 汽车故障诊断中的常用术语

汽车维修常用技术术语在 GB/T 5624—2005《汽车维修术语》中已作了明确规定,有关汽车故障诊断、汽车检测和汽车维修的术语主要如下:

(1) 汽车技术状况(vehicle technical condition):定量测得的表征某一时刻汽车外观和性能的参数值的总合。

(2) 汽车技术状况参数(parameters for technical condition of vehicle):评价汽车外观和性能的物理量和化学量。

(3) 汽车工作能力(working ability of vehicle):汽车按技术文件规定的使用性能指标,执行规定功能的能力。

(4) 汽车检测(vehicle detection):确定汽车技术状况或工作能力的检查。

(5) 汽车故障(vehicle fault):汽车部分或完全失去工作能力的现象。

(6) 汽车故障现象(symptom of vehicle failure):汽车故障的具体表现。

(7) 汽车诊断(vehicle diagnosis):在不解体(或仅卸下个别零件)的条件下,确定汽车技术状况,查明故障部位及原因的检查。

(8) 汽车诊断参数(diagnostic parameters of vehicle)：诊断用的汽车、总成、机构及部件的技术状况参数。

(9) 汽车诊断技术规范(diagnostic norms of vehicle)：对汽车诊断作业技术要求的规定。

(10) 故障率(facult rate)：使用到某行程的汽车，在该行程后单位行程内发生故障的概率。

(11) 故障树(facult tree)：表示故障因果关系的分析图。

(12) 汽车维修(vehicle maintenance and repair)：汽车维护和修理的泛称。

(13) 汽车维护(vehicle maintenance)：为维持汽车完好技术状况或工作能力而进行的作业。

(14) 汽车修理(vehicle repair)：为恢复汽车完好技术状况(或工作能力)和寿命而进行的作业。

(15) 技术检验(technical check)：按规定的技术要求确定汽车、总成及零部件技术状况所实施的检查。

(16) 汽车检测站(detection station of vehicle)：从事汽车检测的企业。

(17) 汽车诊断站(vehicle diagnostic station)：从事汽车诊断的企业。

(18) 汽车维修企业(enterprise of vehicle maintenance and repair)：从事汽车维护和修理生产的经济实体。

(19) 定期维护(periodic maintenance)：按技术文件规定的运行间隔期实施的维护。

(20) 视情修理(repair on technical condition)：按技术文件规定对汽车技术状况进行检测或诊断后，决定作业内容和实施时间的修理。

1.1.2 汽车故障的分类

1. 汽车故障类别术语

有关汽车故障类别的技术术语在 GB/T 5624—2005《汽车维修术语》中作了如下解释：

(1) 完全故障(complete fault)：汽车完全丧失工作能力，不能行驶的故障。

(2) 局部故障(partial fault)：汽车部分丧失工作能力，即降低了使用性能的故障。

(3) 致命故障(critical fault)：导致汽车、总成重大损坏的故障。

(4) 严重故障(major fault)：汽车运行中无法排除的完全故障。

(5) 一般故障(minor fault)：汽车运行中能及时排除的故障或不能排除的局部故障。

2. 汽车故障分类表

汽车故障按不同的分类方法可以分成多种不同的类型，见表1.1。

表1.1 汽车故障分类表

故障类别	故障名称
(1) 按故障造成性质	自然故障、人为故障
(2) 按故障发生部位	整体故障、局部故障
(3) 按故障发生时间	初始磨合期故障、正常工作期故障、即将报废期故障
(4) 按故障发展过程	突发性故障、渐进性故障
(5) 按故障存在时间	间歇性故障、持续性故障
(6) 按故障表现特征	功能性故障、警示性故障、隐蔽性故障
(7) 按故障生成原因	设计故障、制造故障、使用故障、维修故障
(8) 按故障危害程度	轻微故障、一般故障、严重故障、致命故障
(9) 按故障发生频次	偶发性故障、多发性故障
(10) 按故障影响程度	部分故障、完全故障
(11) 按故障发生状态	实际故障、潜在故障
(12) 按故障影响性质	功能故障、参数故障
(13) 按故障点的数量	单点故障、多点故障
(14) 按故障发生系统的数量	单系统故障、多系统故障
(15) 按故障点与症状关系	一点多症故障、一症多点故障
(16) 按故障机电表现	电控症状机械故障、机械症状电控故障

(1) 按照故障造成的性质可分为自然故障和人为故障两种。

① 自然故障，是指汽车在正常使用和维护条件下，由于不可抗力原因而形成的故障。例如：在汽车的使用过程中，零件会产生自然磨损；在长期交变载荷下，零件会产生疲劳；在外载荷及温度残余内应力作用下，零件会产生变形；此外，非金属零件及电器元件会产生老化失效等。这些原因造成的故障都属于自然故障。

② 人为故障，是指由于人为操作不慎而造成的故障。例如：汽车在制造和维修中使用了不合格的配件，或违反了装配技术条件；在使用过程中没有遵守使用条件以及未按照操作技术规程维修等。这些原因造成的故障都属于人为故障。

(2) 按照故障发生的部位可分为整体故障和局部故障两种。

① 整体故障，是指汽车设计寿命达到后，汽车因整体老化导致的整体性能故障。这种故障表现为汽车动力性、安全性、经济性、可靠性、制动性、操纵性、环保性、平顺性等多种综合指标整体下降。

② 局部故障，是指汽车某部分出现的故障。这种故障下，其中一部分的功能不能实现，但其他部分的功能仍然完好。

(3) 按照故障发生时间可分为初始磨合期故障、正常工作期故障和即将报废期故障三种。

① 初始磨合期故障,是指在新车或大修车的磨合期间发生的故障。

② 正常工作期故障,是指在完成初始磨合后,在汽车设计的正常使用寿命周期内发生的故障。

③ 即将报废期故障,是指在汽车设计的正常寿命达到后,在汽车报废前发生的故障。

(4) 按照故障发展过程可分为突发性故障和渐进性故障两种。

① 突发性故障,是指故障在发生前没有可以觉察到的征兆,故障现象是突然出现的,这是各种不利因素以及偶然的外界影响共同作用的结果,这种作用超出了产品所能承受的限度而导致了突发的故障。这种故障发生的特点是具有偶然性和突然性,具有明显的质变特征,一般不受使用时间的影响,无法监控也难于预测,如轮胎爆裂、钢板弹簧断裂等。

② 渐进性故障,是指故障现象的发生是循序渐进的,其程度是由弱到强逐渐形成的,通常与使用的时间相关联,随着使用时间的延伸,故障逐渐明显,这种故障发生的特点是具有渐强性和必然性,具有明显的量变特征,如发动机异响声音逐渐变强,燃油消耗量逐渐增大等。这种故障可以在刚刚发生时就予以诊断,加以排除。

(5) 按照故障存在时间可分为间歇性故障和持续性故障两种。

① 间歇性故障,俗称"软故障"。它的特点是故障发生后其故障现象时有时无,这样的故障在诊断时需要造成故障发生时的工况条件和环境,并且要让故障再现后对诊断参数进行记录方式捕捉,故障诊断参数的获取比较困难。例如:发动机抖动的时有时无;发动机异响的时隐时现等。

② 持续性故障,俗称"硬故障"。它的特点是故障在发生的阶段故障现象始终存在,这样的故障可以方便地对诊断参数进行示波方式采集,故障诊断参数的获取比较容易。例如:某一气缸始终不工作,变速器始终无法挂入某一挡等。

(6) 按照故障表现特征可分为功能性故障、警示性故障和隐蔽性故障三种。

① 功能性故障,是指故障具有明显的可感觉到的使用性能发生变化的特征,是指可以感觉到的故障。例如:加速不良;转向沉重等。

② 警示性故障,是指故障具有明显的可察觉到的外观状况发生变化的特征,是指可以察觉到的故障。例如:排气冒黑烟;故障灯亮等。因为功能性故障和警示性故障是可以感觉和察觉到的故障,也称为可见可感故障。

③ 隐蔽性故障,是指故障发生后无法察觉到的故障现象的故障,这种故障通常要通过检测的方法才能够发现,也称为检测性故障。

(7) 按照故障生成原因可分为设计故障、制造故障、使用故障和维修故障四种。

① 设计故障,是指因汽车设计缺陷导致的故障。例如:发动机与底盘设计匹配不当而导致的换挡耸车。

② 制造故障,是指因汽车制造缺陷导致的故障。例如:气缸铸造气孔导致的冷却液渗

漏;曲轴因热处理不良导致的早期断裂等。

③ 使用故障,是指因汽车使用不当造成的故障。例如:超载等恶劣条件下长期行驶导致的悬架、车架和轮胎的损坏;机油使用不当导致的发动机气缸损坏;驾驶操作不当导致的变速器打齿等。

④ 维修故障,是指由于维修不当造成的故障。例如:装配不当导致的零件损坏;调整不当导致的操纵性能变差;养护不当导致的发动机早期磨损等。

设计故障、制造故障、使用故障和维修故障四种故障同属于人为故障。

(8) 按照故障危害程度可分为轻微故障、一般故障、严重故障和致命故障四种。

① 轻微故障,是指不会导致停驶或性能下降,不影响正常使用,也不需要更换零件,可用随车工具在短时间(约 5 min)内轻易排除的故障。例如,点火系高压线掉线,气门芯渗气,车轮个别螺母松动,变速器稍微渗油等均属于轻微故障。

② 一般故障,是指汽车运行中能及时排除的故障或不能排除的局部故障。此类故障包括两种情况:一种是造成停驶,但不会导致主要零部件损坏,并可用随车工具和易损件在短时间(约 30 min)内修复;另一种是虽未造成停驶,但已影响正常使用,需调整和修复。例如:风扇皮带断裂使发动机冷却系统停止工作,从而使汽车停驶;雨刷器损坏使汽车在雨天难以工作等故障均属于一般故障。

③ 严重故障,是指汽车运行中无法排除的完全故障。此类故障可能导致整车性能显著下降;造成主要零部件损坏,或影响行车安全;且不能用随车工具和易损备件在短时间(约 30 min)内修复。例如:发动机缸筒拉缸,后桥壳裂纹,转向轮摆振,曲轴断裂,制动跑偏等均属于严重故障。

④ 致命故障,是指导致汽车总成重大损坏的故障。此类故障涉及人身安全,可能导致人身伤亡;引起主要总成报废,造成重大经济损失;不符合制动、排放、噪声等法规要求。例如:发动机报废,转向节臂断裂,制动管路破裂,转向操纵失灵等均属于致命故障。

(9) 按照故障发生频次可分为偶发性故障和多发性故障两种。

① 偶发性故障,是指故障现象出现的概率非常低的故障,即发生次数极少的故障。例如:行驶中发动机突然熄火,在很长时间内仅发生过一两次。

② 多发性故障,是指故障现象出现的概率比较高的故障,即经常发生的故障。

不论偶发性故障还是多发性故障,当故障出现时其故障现象既可以是间歇性的,也可以是持续性的。

(10) 按照故障影响程度可分为部分故障和完全故障两种。

① 部分故障,是指汽车部分丧失工作能力的故障,即使用性能降低。例如:制动性能变差,加速性能不良,急速不良等属于部分故障。

② 完全故障,是指汽车完全丧失工作能力的故障,即使用性能完全丧失。例如:完全没有制动,一加速就熄火,没有急速等属于完全故障。

(11) 按照故障发生状态可分为实际故障和潜在故障两种。

① 实际故障,是指已经发生的故障,故障真实地存在着,并且已经造成了结果。例如:制动管路已经发生了泄漏,导致了制动不灵的症状发生就是一个实际的故障。

② 潜在故障,是指存在着可能发生的故障,故障还没有发生,但已经存在着发生的可能性。例如:制动管路出现裂纹,但还没有导致制动管路的泄漏就是一个潜在的故障。

(12) 按照故障影响性质可分为功能故障和参数故障两种。

① 功能故障,是指致使预定功能不能完成的故障。功能故障常常是由于个别零部件损坏或卡滞造成的。例如:由于起动机损坏导致的发动机不能启动。

② 参数故障,是指工作参数超出标准值,但并未导致功能完全丧失的故障。例如:点火正时超出标准值,但并未导致点火爆燃或过热的故障现象发生。

(13) 按照故障点的数量可分为单点故障和多点故障两种。

① 单点故障,是指只有一个故障点存在的故障。例如:只有冷却液温度传感器开路一个故障点的故障。

② 多点故障,是指同时有两个以上故障点存在的故障。例如:喷油器结焦和节气门位置传感器损坏同时发生在一辆汽车上的故障。

(14) 按照故障发生系统的数量可分为单系统故障和多系统故障两种。

① 单系统故障,是指在汽车某一部分或某个总成上只有一个系统出现故障。例如:故障只发生在发动机点火系统的故障。单系统故障可以是单点故障,也可以是多点故障。

② 多系统故障,是指在汽车某一部分或某个总成上有多个系统同时出现故障。例如:故障同时发生在发动机点火和燃油两个系统上的故障。多系统故障在每个系统中可以是单点故障,也可以是多点故障。

(15) 按照故障点与症状关系可分为一点多症故障和一症多点故障两种。

① 一点多症故障,是指一个故障点导致多种症状发生的故障。例如:点火正时因调整不当导致点火过早的故障点,表现为加速不良产生爆燃及水温高等多个症状。

② 一症多点故障,是指一个症状是由多个故障点导致的故障。例如:发动机冷却水道结垢、散热器堵塞、冷却系统密闭不严等多点故障导致发动机冷却水温度高的症状发生。

(16) 按照故障机电表现可分为电控症状机械故障和机械症状电控故障两种。

① 电控症状机械故障,是指在汽车机械(含燃油、空气、点火及液压系统)部分发生的故障,在电子控制系统出现症状。例如:燃油压力过高或进气管漏气导致计算机控制系统燃油反馈控制失常。

② 机械症状电控故障,是指在汽车电子控制系统发生的故障,在机械部分出现症状。例如:自动变速器中的换挡电磁阀损坏,导致车辆行驶中发生无法升挡的现象。

1.1.3 汽车故障发生的规律

汽车是由机电液一体化构成的结构复杂的产品,故障类别繁多,原因复杂,但故障发生的概率遵循一定的规律。

汽车故障规律是指汽车开始使用后,其故障率 $\lambda(x)$ 与行驶里程(或时间)的关系。

1. 汽车机械装置故障率

汽车机械装置故障率曲线如图 1.1 所示,由于曲线具有明显的两头高中间低的几何形状特征,该曲线又被称为浴盆曲线。

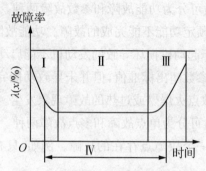

图 1.1　汽车机械装置故障率曲线

Ⅰ—早期故障期;Ⅱ—偶然故障期;Ⅲ—耗损故障期;Ⅳ—正常使用期

1) 早期故障期

浴盆曲线左侧部分为早期故障期,这是新车或大修后的汽车开始使用的初期。新车出现早期故障是由于设计或制造上的缺陷等原因造成的,如设计不良、制造质量差、材料有缺陷、工艺质量有问题、装配不佳、调整不当、质量管理和检验的差错等。大修车出现早期故障主要是由于装配不当、修理质量不高所致。早期故障可以通过强化试验和磨合加以排除。该阶段特点是故障率较高,但汽车故障率随时间增加而迅速下降,属于故障率递减型曲线。

2) 偶然故障期

浴盆曲线的中间部分为偶然故障期,又称为随机故障期,其特点是故障率的值比较低,并且相对稳。此阶段故障率是与行驶里程(或时间)无关的常数,属于故障率恒定型曲线。

偶然故障期内发生故障,一是偶然因素造成的,如材料缺陷、操作失误、超载运行、润滑不良、维修欠佳及产品本身的薄弱环节等引起的;二是一些零件合乎规律的早期损耗所引起的。在偶然故障期内发生故障的时间是随机的,难以确定。汽车正常使用的过程中所出现的故障,多属于偶然期故障。

3) 耗损故障期

浴盆曲线的右侧部分为耗损故障期,在这段时期故障率随时间的延长而上升得越来越快,属于故障率递增型曲线。耗损故障期内故障发生的原因主要是汽车机件的磨损、疲劳、变形、腐蚀、老化衰竭等。这种故障引起性能参数恶化、振动增大、出现异响等,故障率达到一定值时汽车或总成就不能再继续使用,必须报废或大修。因此,确定汽车机件何时进入耗损故障期,是汽车生产厂家确定定期更换易损件的理论根据。

2. 汽车电子装置故障率

汽车电子装置故障率曲线如图 1.2 所示,是反映汽车电子装置的故障率随时间变化的曲线。

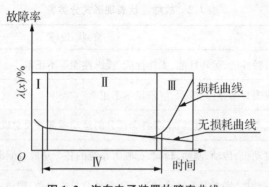

图 1.2　汽车电子装置故障率曲线

Ⅰ—早期故障期;Ⅱ—偶然故障期;Ⅲ—老化故障期;Ⅳ—正常使用期

1)早期故障期

早期故障由于部件选择不当、超载或误用以及制造缺陷等原因造成,故障率随时间而下降,但由于电子产品没有磨合期,因此其早期故障期相比较机械产品的磨合期要短一些。

2)偶然故障期

偶然期故障通常都是突发的没有预兆的,而且故障率在这一段时期内呈递减趋势。这也与机械产品不同,机械产品在偶然期的故障率基本保持不变。

3)老化故障期

老化期故障率随着电子部件的使用寿命到达老化期而迅速上升。最新研究表明,对于复杂的电控装置在使用过程中不存在损耗期,这些设备不需要规定使用寿命。在汽车电控装置的故障中,晶体管、集成电路和微处理器等纯电子器件的故障占 10%,传感器和执行器的故障占 30%,而剩下 60% 的故障是由于部件间以及部件与外界的错误连接引起的。

综上所述,可知故障的偶然期越长,说明零部件的质量越好,可靠性也就越高。由于各种零部件工作环境的不同、材质不一,即使符合同一曲线的零部件,其故障期时间长短也不相同。因此,掌握汽车故障的变化规律和特点,控制影响汽车可靠性下降的诸多因素,改进汽车的使用方法与维修措施,对延长汽车使用寿命和提高汽车维修的经济性是十分有益的。

1.1.4　汽车故障症状的分类

汽车故障症状是指在汽车操纵过程中可以感觉和察觉到的汽车异常现象。人们能够感觉到的是功能性故障症状,能够察觉到的是警示性故障症状。有些故障症状可能不明显,既不能感觉到也不能察觉到,但是故障却存在。这样的故障是隐蔽性故障,它只能通过检测的方式才能发现,因而也称为检测性故障。对汽车故障症状进行分析分类,是进行汽车故障诊断的出发点,对故障症状进行准确性和同一性的描述是分析判断汽车故障的基础。汽车故障按照表现特征可以分为功能性故障、警示性故障和隐蔽性故障。因此,依据这种分类方式,可以将故障症状具体的表现形式进一步分为如表1.2所示的类别。

表1.2 故障症状表现形式分类表

症状表现形式	症状现象
(1) 工作状况异常	行驶性能、运转性能、工作性能、操纵性能等不正常
(2) 仪表指示异常	仪表显示、灯光警示、屏幕显示不正常
(3) 各部响声异常	发动机、底盘、电器、车身各个部分的运动零部件及总成异响
(4) 工作温度异常	发动机、传动、制动、转向、行驶等系统的各个总成及润滑液温度不正常
(5) 机械振动异常	发动机、底盘等系统运动运转零部件及总成振动、摆动、跳动、抖动等
(6) 排放色味异常	尾气排放为白烟、蓝烟、黑烟,尾气排放异味
(7) 气味颜色异常	发动机仓、车厢内外、各种液气体、燃润油、橡胶及塑料件等颜色及气味不正常
(8) 油液消耗异常	燃油、润滑油、冷却液、转向助力液、变速器液、差速器液等液体消耗量不正常
(9) 汽车外观异常	车身、车架、轮胎、轮辋、悬架、发动机仓、行李箱等外观变形
(10) 液体漏堵异常	发动机润滑油、冷却液、转向助力液、变速器液、差速器液等渗漏、泄漏、堵塞等
(11) 检测参数异常	力、力矩、角度、位移、照度、压力、温度、功率、电压、电流、侧滑量、排放值等超标
(12) 故障症状关系	单一症状与多种症状、简单症状与复合症状、伴随症状与因果症状

从表1.2中不难发现,(1)工作状况异常是功能性故障的表现,(2)到(10)异常是警示性故障的表现,(11)检测参数异常是隐蔽性故障的表现,(12)是故障症状与故障的关系分类。

1.1.5 汽车故障发生的原因

汽车故障发生的原因由外因和内因两部分组成,其中外因主要由环境因素、人为因素和时间因素引发,而内因则主要由物理、化学或机械的变化因素导致。导致汽车故障发生的内部原因称为故障机理。

1. 汽车故障发生的外因

(1) 环境因素。外界施加于汽车的各种条件、客观环境等均称为环境因素,如外力、温度、湿度、振动、污染物等因素,这些因素对汽车产生作用,并使机件发生磨损、变形、裂纹以及腐蚀等各种形式的损伤,最终导致故障发生。环境因素的主要影响和造成的典型故障如表1.3所示。

表 1.3 环境因素的主要影响和造成的典型故障

环境因素	主要影响	典型故障
机械能	产生振动、冲击、压力、加速度、机械应力等	机械强度降低、功能受影响、磨损加剧、过量变形、疲劳破坏、机件断裂
热能	产生热老化、氧化、软化、熔化、黏性变化、固化、脆化、热胀冷缩及热应力等	电气性能变化、润滑性能降低、机械应力增加、磨损加剧、机械强度降低、腐蚀加速、热疲劳破坏、密封性能破坏
化学能	产生受潮、干燥、脆化、腐蚀、化学反应及污染	功能受影响、电气性能下降、机械性能降低、保护层破坏、表面变质、化学反应加剧等
其他能量	产生脆化、加热、蜕化、电离及磁化	表面变质、材料退色、热老化、氧化、材料的物理性能、化学性能、电气性能发生变化

(2) 人为因素。汽车在设计、制造、使用和维修过程中,始终都包含着人为因素的作用,特别是早期故障的发生大部分都可以归因于人为因素。

(3) 时间因素。汽车故障诊断中通常都把机械指标(如强度、精度、功率等)当作随时间而变化的内容来考虑。因为即使是和设计要求完全相符的机械零件经过长年累月的使用,其特性指标也会因为温度、湿度、负荷等影响而随时间发生变化。

上述的环境因素、人为因素等是促使汽车发生故障的诱因,也都将时间因素考虑在内。

2. 汽车故障发生的内因

导致汽车故障发生的内部原因称为故障机理。这里主要介绍机械零件和电器元件的故障机理。

1) 机械零件的故障机理

根据机械零件的类型、使用环境和故障表现形式,机械零件的故障机理通常可以归纳为磨损、变形、断裂、裂纹和腐蚀等方面。

磨损是指相对运动的零件由于摩擦而不断损耗的现象。磨损又可分为磨粒磨损、粘着磨损、疲劳磨损和腐蚀磨损。

变形是指机件在外部载荷以及内部应力作用下发生形状和尺寸变化的现象。根据外力去除后变形能否恢复可分为弹性变形和塑性变形两种。

断裂是指机件在承受较大载荷时,达到材料的强度极限或疲劳极限时断裂成两个或几个部分的现象。断裂又可分为疲劳断裂、静载断裂和环境断裂三种。

裂纹是指机件表面出现局部断裂的现象。裂纹的发展过程包括裂纹产生、裂纹扩展和最终断裂三个阶段。裂纹属于可挽救故障,断裂属于不可挽救故障。

腐蚀是指金属机件表面接触各种介质后相互之间发生某种反应而逐渐遭到损坏的现象。腐蚀按照损坏机理可分为化学腐蚀和电化学腐蚀两种。

2) 电器元件的故障机理

根据电器元件的类型、使用环境和故障表现形式，电器元件的故障模式和机理通常可以按照电器元件的种类来划分类别。常见电器有电阻器、电容器、接插件、焊接件、线圈、芯片、电机及变压器等。

电阻器在电子设备中使用的数量很大，而且是一种发热元器件。在电气设备故障中，电阻器失效导致的故障占有一定的比例。电阻器大多数情况是致命失效，常见的有断路、机械损伤、接触损坏、短路、击穿等。

接触件是指用机械压力使得导体与导体接触，并具有导通电流功能的元器件，通常包括开关、插接件、继电器和启动器等。接触件的可靠性较差，往往是电子设备或系统可靠性不高的关键因素。开关件和插接件以机械故障为主，电气故障为次，故障模式主要有磨损、疲劳和腐蚀等。

3. 汽车故障的模式

汽车故障症状的种类很多，导致故障发生的原因更是多种多样，但是故障原因归结到根本上就是汽车故障的模式，故障的模式是对故障原因的本质性描述。

汽车常见的故障模式如下：

（1）元件损坏型：由于元器零部件损坏或变形导致的故障模式。

（2）元件退化型：由于元器零部件老化或退化导致的故障模式。

（3）元件错用型：由于元器零部件被错用导致的故障模式。

（4）安装松脱型：由于安装不到位或锁定不牢导致的故障模式。

（5）装配错误型：由于装配失误或不当导致的故障模式。

（6）调整不当型：由于调整参数及间隙不当导致的故障模式。

（7）润滑不良型：由于润滑油质量或黏度及压力流量不当导致的故障模式。

（8）密封不严型：因磨损引起机械部件间密闭不严导致的故障模式。

（9）油液亏缺型：由各种油液亏损导致的各总成机构装置等工作失常导致的故障模式。

（10）气液漏堵型：由于各种气体、液体管路泄漏或堵塞导致的故障模式。

（11）结焦结垢型：由于各部分结焦、结垢、生锈、氧化等导致的故障模式。

（12）相互干涉型：由于机械部件发生运动干涉导致的故障模式。

（13）控制失调型：由于机械控制及电子控制失调导致的故障模式。

（14）匹配不当型：因控制计算机软硬件及动力传动匹配不当导致的故障模式。

（15）紧急模式型：因控制计算机处于备用模式导致故障现象发生的故障模式。

（16）短路断路型：由于汽车各部电路短路或断路导致的故障模式。

（17）漏电击穿型：由于电子元器件漏电击穿或搭铁导致的故障模式。

（18）接触不良型：由于各种开关或插头的接触点接触不良导致的故障模式。

（19）线路损伤型：由于线路烧坏或机械破损等原因导致的故障模式。

(20)虚焊烧蚀型：由于虚焊和烧蚀导致的电路板及插头插座故障模式。

4. 汽车故障原因的分层

对汽车故障原因进行分层时，首先应该明确故障症状和故障原因，清楚两者之间的关系。例如：汽车动力不足是故障症状，可以感觉到，而混合气过稀是动力不足的一个原因，但不能把混合气过稀说成症状。因为混合气过稀是不能被感觉和察觉到的，但混合气过稀有可能导致进气系统回火现象的发生，所以出现进气系统回火是混合气过稀的一个症状，而混合气过稀是进气系统回火的原因。如果动力不足的功能性症状伴随着进气系统回火的警示性症状同时出现，就可以初步判断出这个故障原因可能是混合气过稀。

一个故障的症状出现首先有一个症状现象在汽车整体中的定位问题。例如，汽车动力不足是一个对整车性能描述的症状，这个症状的定位是整个汽车。但发动机动力不足则是对汽车的发动机总成的性能症状描述，这个症状的定位是总成。而进气系统回火则是发动机总成中一个系统工作现象的症状描述，这症状的定位是系统。又如，配气机构异响是对一个机构工作异常的症状描述，这个症状的定位是机构。但燃油管泄漏则是对一条管线的工作状况出现异常的症状描述，这个症状的定位是管线。而轮胎爆裂的症状是对部件外观异常的症状描述，这个症状的定位是部件。

综上所述，对症状描述时首先要对症状在汽车上出现的结构定位进行分级。汽车作为一个整体定位为第1级，按照汽车结构的组成，汽车由发动机、底盘、电器和车身四个部分组成，以这四个部分定位的是第2级。再往下取发动机部分，发动机由一个机体、两个机构、五个系组成，以这些机构和系定位的为第3级。再往下取燃油系统，燃油系统由供油部分、喷射部分和控制部分组成，以这三部分定位的为第4级。再取供油部分，这部分由油泵、滤清器、油管、调节器等组成，以这几个部件定位的为第5级。这里滤清器是最小配件，调节器是一个装置，油管是管线，而油泵却是个小总成。对于装置和小总成还要继续分级定位，直到不可再分的零部件为止。表1.4表示了汽车故障症状的分级。

表1.4 汽车故障症状的分级

层级顺序	汽车结构分级	汽车结构分级范例的实际名称	症状及原因
1	汽车整车	汽车	整车动力不足
2	构造组成部分	发动机、底盘、电器、车身等	发动机动力不足
3	系统、总成	燃油系、点火系、发动机机械总成等	燃油混合气稀
4	机构、装置	供油部分、喷射部分、控制系统等	燃油压力低
5	零件、管线	调压器、滤清器、油泵、油管等	调压器损坏
6	损坏部位	回油阀、膜片、弹簧、真空腔、进出油室等	回油阀漏油
7	损坏点	回油阀损坏、密封圈损坏等	回油阀关闭不严
8	损坏原因	内因(故障机理)、外因(生成条件)	阀腐蚀损坏、密封圈装配损伤

从表 1.4 可以看出,下一级的症状就是上一级的原因。例如:燃油混合气稀(第 3 级)是造成发动机动力不足(第 2 级)的一个原因。同时,燃油压力低(第 4 级)又是混合气稀(第 3 级)的原因。因此,可以确定故障症状按照汽车结构是分级定义的,而故障原因按照汽车结构又是分层描述的。

上述汽车动力不足的故障症状,最终的一个故障原因是调压器回油阀密封圈装配损伤,导致回油阀关闭不严,进而使得回油阀漏油,再进一步造成调压器功能失效,导致燃油压力下降,接着致使燃油混合气变稀,并促使发动机动力降低,最后形成汽车加速不良的症状出现。这就是故障症状逐级定义和故障原因的分层描述。

综上所述,汽车故障症状是可以感觉和察觉到的故障现象。故障现象按照发生的部位从汽车整车、汽车的组成部分、总成、系统、装置、机构、管线、元件来分级定义。通常定义故障症状时,应该选择可以被感觉和察觉到的现象作为故障症状,尽量不选择要通过检测才能发现的现象来定义症状。例如:燃油压力高这种现象不是能够被感觉和察觉到的,必须经过油压测试才能确定,这样燃油压力高就不应该是故障症状,而是故障的原因了。对于隐蔽性故障只能用检测结果作为故障症状,如尾气冒黑烟、呛鼻异味,这是可以察觉和感觉到的排放故障,故障症状可以用冒黑烟、呛鼻异味来定义。然而如果尾气排放并没有异色异味出现,但经过检测仍然发现尾气排放超过标准,这时故障的症状就只能用排放数值超标来定义了。

汽车故障原因按照发生的部位从汽车整车、组成部分、总成、系统、装置、机构、管线、元件等来分层描述,通常定义故障原因时,应该区分是哪一级症状下的哪一级原因。除了最后一级症状有最终原因外,通常某一级症状下会有多级原因直至最终原因。

任务 1.2　汽车故障诊断的基本方法

情景导入

一辆轿车出现行驶时动力不足的故障现象,到 4S 店要求进行检修,你作为 4S 店的技术人员,在故障诊断时用到哪几种方法? 故障诊断的原则如何应用? 诊断过程中用到哪些诊断参数?

理论引导

汽车故障诊断方法按照检测手段的不同可分为人工经验诊断法和仪器设备诊断法两种;按照诊断切入点的不同可分为故障码诊断分析法和症状诊断分析法两种。

1.2.1 汽车故障诊断的基本方法

1. 人工经验诊断法

人工经验诊断法是诊断人员凭借丰富的实践经验和一定的理论知识，在汽车不解体或局部解体的情况下，借助简单的检查工具进行检查、试验、分析和确定汽车故障原因和部位的诊断方法。人工经验诊断法既是汽车故障诊断的传统方法也是基本方法，即使在现代仪器诊断技术普及的今天，也不可能取消人工经验诊断方法，这就像医学临床诊断中的体格检查一样，是不可能被取代的环节。

2. 仪器设备诊断法

仪器设备诊断法是诊断人员在汽车不解体或局部解体的情况下，采用现代检测诊断仪器设备，对汽车各种诊断参数进行检测、试验、分析，最终确定汽车故障原因和部位的诊断方法。仪器设备诊断法既是汽车故障诊断的现代方法，也是精确方法。随着汽车安全性、环保性、经济性要求的不断提高，汽车故障诊断参数的精确度也越来越高，因而汽车故障诊断必然要从传统的定性分析向现代的定量分析发展。仪器设备诊断法可以对汽车故障做出精确判断和定量分析，利用仪器设备对汽车进行的多参数动态分析，可以迅速准确地诊断出汽车复杂的综合性故障，为汽车故障诊断技术从传统的经验体系向现代的科学体系发展奠定坚实的基础。

实际上，在进行汽车故障诊断的时候上述两种方法往往是同时运用的，故而也称为综合诊断法。

3. 故障码诊断分析法

故障码诊断分析法又称计算机自诊断分析法，它是采用汽车计算机故障诊断仪调取故障码后，按照维修手册中提供的故障码诊断流程图表进行故障诊断分析的方法。故障码诊断分析法是仪器设备诊断法的一种特殊形式，它是以汽车计算机故障诊断仪调出的汽车电子控制系统故障码为切入点，进行汽车故障诊断分析的一种方法。汽车计算机故障诊断仪在自诊断分析中最重要的作用是读取故障码和进行数据流分析，故障码可以定性地给出故障点的描述，数据流可以定量地给出数据参数值。这些参数不仅能对计算机输入输出信息进行多通路的即时显示，还可以对计算机控制过程的参数进行动态变化的显示。正是这样的自诊断功能，从本质上改变了汽车故障诊断的方式，就好像是来看病的患者本人竟是一位优秀的大夫，他可以自己阐述自己的病情，帮助医生更加准确地判断出病因。因此，自诊断的强大功能为汽车故障诊断提供了一个全新的诊断模式，使汽车故障诊断从人对车的单向测试飞跃到了人与车的双向互动，这是汽车故障诊断技术在诊断方式上的重大变革。

4. 症状诊断分析法

症状诊断分析法是以故障所表现出来的症状为切入点，以汽车结构原理为基础，用故障症状与故障原因之间的逻辑关系进行分析，然后用测试试验的手段进行故障点诊断分析的一种方法。这种方法适用于汽车非电子控制系统和无故障码输出的电子控制汽车的各个部分及系统的故障诊断。传统汽车故障诊断是以症状诊断分析法为基础的故障诊断,症状诊断分析法同样采用人工经验诊断法和仪器设备诊断法相结合的综合诊断方式来完成。症状诊断分析法是最基础的诊断分析方法,特别是对自诊断系统不能准确把握的故障诊断项目,具有十分重要的意义。也就是说,症状诊断分析法无论过去、现在还是将来,都将是汽车故障诊断方法的重要组成部分。

综上所述,传统汽车故障诊断是以症状诊断分析法为基础、以人工经验诊断法为主要手段、以仪器设备诊断法为辅助方法的汽车故障诊断。现代汽车故障诊断是以自诊断分析法为导向、以症状诊断分析法为基础、以综合诊断方法为主要手段的汽车故障诊断。

1.2.2　汽车故障诊断的原则

汽车故障诊断时应遵循先外后内,先机后电,先查后测的总原则,更应处理好以下几个问题。

1. 先外后内,故障码和汽车故障症状相结合

电控系统中的故障大多是由于汽车振动、潮湿、腐蚀而引起的接口和连线松脱,从而造成接触不良,所以先从简单的外部接口部位检查是最有效的,否则东拆这个元件,西拆那个部件,不但故障不能排除,而且还会增添新的故障。

电控系统控制机件很多,检修人员应用传统方法诊断时常会感到无从下手,这就使得他们更多地信赖故障码,但故障码实质上仅是对某一控制分支的故障作"有"和"无"的界定,它不可能指出故障的具体原因和部位,有时还失真,因此要作出准确的诊断还必须紧密结合汽车故障症状做进一步分析检查。以下情况都可能造成故障码显示不准。

(1) 无故障码不一定无故障,自诊断系统显示故障需要一定的条件。

如有一辆电控发动机运行中发动机转速失调,进而怠速不稳,这显然是有故障,可在读取故障码时,却无代码显示。根据发动机故障症状诊断出混合气供应量和浓度不符合要求,而直接影响混合气量和浓度的元件极可能是空气流量传感器、压力传感器。即使没有代码显示,也要对这两个传感器进行检测,结果显示虽然传感器没有损坏,但反应迟缓、输出特性偏高,更换后排除了故障。造成自诊断系统不能显示故障的原因是:计算机在对传感器信号进行检测时,只能接受其内设范围以外的异常信号,如导线、导线连接器接口的断路、短路等,但对传感器的灵敏度很难检测。

(2) 有故障码不一定有故障,自诊断系统也可能显示错误的故障码。

如对一辆轿车进行检修时,故障代码显示的是"冷却液温度传感器信号不良"故障,但发动机故障症状是:无论冷车、热车都不好起动,并且伴有回火、怠速不稳、发动机不能提速。经分析,这些故障症状和冷却液温度传感器的故障关系不大,但还按显示进行检查,结果一切正常,说明了故障码显示有误。后来询问驾驶员使用汽油情况时得知,该车曾加注过含铅汽油,对装有三元催化器的汽车是不能使用含铅汽油的,这会造成三元催化器铅中毒,损坏排气管路。因此将旧三元催化器拆掉,换上新的后排除了故障。由此可知,诊断时必须将故障代码与发动机故障症状结合起来综合分析,不应把代码作为唯一标准。

(3) 维修不当造成故障码的产生。

在发动机运转过程中是禁止拔下传感器插头(或其他元器件连线)进行检测试验的,因为每拔掉一个传感器插头,计算机就会记录一次响应传感器的故障码。另外,若上一次对电控发动机修理后,故障排除了,但没有能完全消除相对应的故障码,在下次读取故障码时,已被排除故障但没有即时消除的代码还会显示,从而给维护工作带来不应有的困难。

2. 先机后电,优先排除机械故障,再检测电控系统故障

即使是电控发动机,它也是由机械和电控两大部分组成的,并且机械部分的核心零件在高温、高压、高速状况下工作,受力复杂,以致磨损严重,因此在正常使用条件下的故障远比电控系统要多。另外,机械部分相应简单,维修人员也较易掌握,所以维修时应从易到难,先机后电,优先排除机械故障后,再检测电控系统的故障。除上述情况外,在以下几种情况下也必须按先机后电的顺序安排。

(1) 虽然电控发动机的计算机自诊断系统工作正常,但有时发动机有明显的故障症状,且故障警示灯不亮,也没有故障代码可以读取。这表明发动机的故障不是电控系统造成的,属于纯机械部分故障,因此应按传统的发动机故障的诊断步骤进行检查。例如:当火花塞的高压线有故障时,往往会出现怠速不稳、加速断火、排气放炮等故障现象;当装配正时齿轮、配气正时不准而引起发动机不能起动时,计算机不能检测到这类故障,这时要经综合分析后先排除机械部分故障,而不能没有依据地拆检电控系统的各个元器件和电路连线,否则会"旧病未除,又添新疾"。

(2) 电控系统大部分是电器元件,属控制型的,运动型的很少,随着电子仪表技术的发展,电器元件的工作可靠性很高,使用中出现故障的概率很小,故在一般的检修中不要随便拆检元器件,或无意识地拆除连接器或导线(尤其是与计算机的连接部分更不要轻易拆卸)。只有在确认发动机本身及点火系统已排除机械类故障后,才能根据本车型的资料,按规定的程序和要求,一丝不苟地执行拆卸。

(3) 即使是电控系统本身故障,往往也是以一般的机械故障形式出现的,如接线不良、喷油器或滤清器脏污堵塞、进气道有积炭等。因此在对计算机自诊断系统所显示的故障进行检查时,也应首先从简单的机械故障查起,尤其是显示"进气系统故障"时,应特别注意燃油箱加油口和机油加油口是否密封可靠,空气流量计与进气系统相配零件是否松脱,进气歧管压力传感器的真空软管是否破裂或密封不严等。

3. 先查后测,维修经验与维修资料相结合,以维修资料为主

电控发动机的自诊断系统,只能在电控系统出现故障时,将故障以代码形式存储,以便排除故障时读取提示。在排除故障时,还必须依据该车型的有关资料去查对故障码所代表

的故障部位和内容。我国目前保有的电控汽车型号、种类很多,各车型自诊断系统的操作程序、故障码所代表的内容各有特色。因此熟悉、掌握、积累所修车型的故障自诊断系统的资料、检测仪器的使用方法,以及各电器元件的检测标准参数是维修工作的根本条件。

(1) 电控发动机出现故障时,经分析,对一般故障可用经验方法进行诊断排除,如与电控系统无关的机械性故障,以及由外部直观检查到的故障等。

(2) 在读取电控发动机的故障码之前,对发动机要先进行初步检查,即对基本怠速转速、基本点火正时进行检测和调整,使发动机处于所要求的行检状态。此外,不同车型的基本检查步骤、检查条件和检查方法也不尽相同。例如:对冷却水的温度、附加电气设备的起闭、散热器冷却风扇运转状况等的检测都有特定不同的要求,具体操作时应严格遵循维修资料上的规定进行。

(3) 在利用自诊断系统检查故障时,必须以所修车型的资料为依据。如故障码的读取方法、故障代码所代表的故障、所测的各元器件基本结构参数(电压、电阻值)和工作特性参数(波形),具体掌握这些资料后,才有维修此车的资格和能力。

总之,对待电控发动机所发生的故障,不要畏难,可参考过去的修车经验,但必须依据全面准确的资料,用专用的检测仪器进行针对性的检测,认真仔细检查,合理判断,这样才能快速诊断出故障,这些都是处理电控系统故障的特点和难点。

1.2.3 汽车故障诊断参数

1. 汽车诊断参数的定义

汽车诊断参数是指供诊断用的,表征汽车、总成及机构技术状况的参数。

在不解体条件下直接测量汽车结构参数常常受到限制,因此在进行汽车诊断时,需要找出一组与汽车结构参数有联系,并能足够表征汽车技术状况的直接或间接参数,并通过对这些参数的测量来确定汽车技术状况好坏。

采用某诊断参数时,一定要注意测试规范,假如测试不规范,诊断参数值就没有意义。诊断参数值都是对一定测试规范而言的,如测量功率是针对一定转速、一定节气门开度和规定的测量条件而言。因此,应当把测试规范与诊断参数看成一个整体。

2. 汽车诊断参数的分类

汽车诊断参数按形成的方法可分为三大类,即工作过程参数、伴随过程参数和几何尺寸参数。

1) 工作过程参数

工作过程参数是指汽车工作时输出的一些可供测量的物理量和化学量,或指体现汽车或总成功能的参数,如发动机功率、油耗、汽车制动距离等。它可反映汽车或总成技术状况的主要信息,能显示诊断对象的功能质量,是对汽车技术状况进行综合评价的主要依据,常用于汽车或总成的初步诊断,是深入诊断的基础。

2) 伴随过程参数

伴随过程参数是指系统工作时伴随工作过程输出的一些可测量,如发热、声响、振动等。它具有很强的通用性,能反映有关诊断对象技术状况的局部信息,常用于复杂系统的深入诊断。

3) 几何尺寸参数

几何尺寸参数是指由各机构零件尺寸间的关系决定的参数,如间隙、自由行程、车轮定位参数等。它是诊断对象的实在信息,能反映诊断对象的具体结构要素是否满足要求。几何尺寸参数与其他参数配合使用,无论是在初步诊断中,还是深入诊断中,均可对汽车技术状况的评价或故障诊断起到重要的作用。

上述参数在汽车不解体或部分解体的情况下,可以通过检测诊断仪器设备方便地测量出来。汽车常用诊断参数如表 1.5 所示。

表 1.5 汽车常用诊断参数

诊断对象	诊断参数
汽车总体	最高车速(km/h);最大爬坡度(°,%);加速时间(s);驱动车轮输出功率(kW);驱动车轮驱动力(kN);汽车滑行距离(m);汽车拉动阻力(N);侧倾稳定角(°);燃油消耗量[L/km、L/100km、L/(100t·km)、km/L]
发动机总体	发动机功率(kW);燃油消耗量(L/h);发动机转速(r/min);单缸断火(油)转速下降值($\Delta r/min$);发动机异响;发动机排放 CO、CO_2、O_2(%)、HC(PPM);排气温度(℃);自由加速烟度(FSN)
燃烧室	气缸压力(MPa);气缸漏气率(%);气缸漏气量(L/min);曲轴箱窜气量(L/min)
进气系统	进气压力/真空度(kPa);进气温度(℃)
排气系统	排气背压(kPa);排气温度(℃)
曲轴连杆机构	曲轴主轴承间隙(mm);连杆轴承间隙(mm)
配气机构	配气相位(°);气门间隙(mm)
汽油燃油系统	供油压力(kg/cm^2);油泵出油量(L/min);回油量(L/min);喷油脉宽(ms);喷油量(mL/s);喷油雾化状态;喷油器电压/电流波形;喷油器电源电压(V)
柴油燃油系统	喷油提前角(°);各缸供油间隔角(°);各缸喷油量(mL);各缸供油均匀度(%);喷油器针阀开启/关闭压力(kPa);输油泵压力(kPa);高压喷油管最高/残余压力(kPa)
润滑系统	机油压力(kPa);机油温度(℃);机油清净度;机油铁谱分析(铜、铬、铝、硅等)(%);机油透光度(%);机油介电常数;机油黏度、颜色、质量;机油液面高度
冷却系统	冷却液温度(℃);冷却液面高度;水箱盖阀门开启压力(kPa);冷却液冰点(℃);风扇皮带张力(N/mm);散热器进出口温差(℃);冷却液流量;冷却液颜色、质量

续表

诊断对象	诊断参数
点火系统	初级电路电压、压降(V);初级电路电流(A);初级线圈电阻/电感(Ω,mH);次级电路电阻/电感(Ω,mH);各缸点火击穿电压/跳火电压波形(kV);各缸点火跳火时间波形(ms);各缸点火闭合角/时间波形(°,ms);各缸加速点火击穿电压波形(kV);点火线圈次级开路电压波形(kV);点火提前角(°);电容器容量/绝缘电压实验(μF,220 V);各缸点火波形重叠角(°);火花塞型号;火花塞压力断火实验(kg/cm²);火花塞间隙(mm);高压线电阻(kΩ);高压线绝缘实验
起动系统	起动电压/电流(V,A);起动转速(r/min);起动时间(s);起动机制动电流/电压/力矩(A,V,N·m);起动机空转转速/电压/电流(r/min,V,A)
供电系统	发电机输出功率/电压/电流/转速(kW,V,A,r/min);蓄电池充放电压/电流(V,A);蓄电池电解液密度;蓄电池高率放电时间/电压/电流(s,V,A);蓄电池温度(℃);蓄电池漏电电流(A);蓄电池桩头及打铁线压降(mV)
传动系统	传动系游动角度(°);传动系振动与异响;离合器踏板自由行程(mm);自动变速器油压(kg/cm²);变速器/差速器/驱动桥液面高度/温度(℃);传动系机械传动效率(%)
制动系统	制动距离(m);制动力、力差(kN,%);制动减速度(m/s²);制动协调时间(s);制动完全释放时间(s);制动时间(s);驻车制动力(N);制动拖滞力(N);制动踏板踏力(N);制动踏板间隙(mm);制动主缸油压(kPa);制动轮缸油压(kPa)
转向系统	转向角度(°);转向助力油压(kg/cm²);车轮侧滑量(mm/m,m/km);主销后倾(°);主销内倾(°);前轮外倾(°);前轮前束(mm);最小转弯半径(m);转向盘自由转动量(°);转向盘最大转向力(N)
行驶系统	车轮动不平衡量(g);车轮静不平衡量(g);车轮端面圆摆动量(mm);车轮径向圆跳动量(mm);轮胎胎面花纹深度(mm)
电器系统	前照灯发光强度(cd);前照灯照度(lx);光轴偏斜量(mm);车速表允许误差范围(%);喇叭声级(dB);客车车内噪声声级(dB);驾驶员耳旁噪声声级(dB);电路及元件测量(Ω,L,V,A,Hz,%,ms)
计算机控制系统	故障码;数据流;传感器模拟(V,Hz,Ω);执行器驱动试验(Y/N);传感器输入输出信号(物理量/电量,化学量/电量,几何参数/电量);传感器执行器元件测量(Ω,L,V,A,Hz,%,ms);电路测量(V,A,Hz,%,ms);计算机版本编号;传感器执行器波形;电源电压及接地(V)
空调系统	高低压管路压力(kPa);高低压管路温度(℃);出风口温度湿度(℃,%);压缩机皮带张力(N·mm);视液窗显示;冷凝器管路出入口温差(℃);蒸发器管路出入口温差(℃)

2. 诊断标准

诊断标准是汽车技术标准的一部分。诊断标准是对汽车诊断的方法、技术要求和限值等的统一规定,而诊断参数标准仅是对诊断参数限值的统一规定。诊断标准中包括诊断参数标准,有时也把诊断参数标准简称为诊断标准。

1) 诊断标准的类型

汽车诊断标准与其他技术标准一样,分为国家标准、行业标准、地方标准和企业标准四种类型。

(1) 国家标准。国家标准是国家制定的标准,冠以中华人民共和国国家标准字样。国家标准一般由某行业部委提出,由国家技术监督局批准、发布,全国各级各有关单位和个人都要贯彻执行,具有强制性和权威性。例如:GB/T 3798—2005《汽车大修竣工出厂技术条件》、GB/T 18344—2001《汽车维护、检测、诊断技术规范》、GB/T 16739—2004《汽车维修业开业条件》均是国家标准。

(2) 行业标准。行业标准也称部委标准,是部级或国家委员会级制定发布并经国家技术监督局备案的标准,在部委系统内或行业内贯彻执行,一般冠以中华人民共和国某部或某行业标准字样,也在一定范围内具有强制性和权威性,有关单位和个人也必须贯彻执行。例如:JT/T 816—2011《机动车维修服务规范》是中华人民共和国交通部部委标准,属于推荐性标准。

(3) 地方标准。地方标准是省(直辖市、自治区)级、市地级、市县级制定并发布的标准,在地方范围内贯彻执行,也在一定范围内具有强制性和权威性,所属范围内的单位和个人必须贯彻执行。地方标准中的限值可能比上级标准中的限值要求还要严格。例如:DB11/T 136—2008《汽车维护竣工出厂技术条件》是北京市地方标准,属于推荐性标准;DB11/122—2010《在用汽油车稳态加载污染物排放限值标准》是北京市地方标准,属于强制性标准。

(4) 企业标准。企业标准由汽车制造厂推荐标准和汽车检测设备制造厂推荐的参考性标准两部分组成。汽车制造厂推荐标准是以从汽车生产厂家在汽车使用说明书和维修手册中公布的汽车使用性能参数、结构参数、调整数据和使用极限等技术资料中选出来的部分数据作为诊断参数的标准。检测设备制造厂推荐的参考性标准是检测设备生产厂家针对本设备所检测的诊断参数,在尚未有国家标准和行业标准的情况下根据国内外相关资料制定的诊断参数限值,通过使用说明书提供给使用单位作为参考性标准,用以判断汽车、总成、系统、机构等技术状况。例如:QB 500000/11890—2006《马自达牌CAF7202M轿车》是长安福特汽车有限公司制定的企业标准。

2) 诊断参数标准的组成

为了定量评价汽车、总成、系统、机构的技术状况,确定维护修理的范围和深度,只有诊断参数是不够的,还必须建立诊断参数标准,提供一个可供参考比较的尺度。只有这样才能在检测出诊断参数后与诊断参数标准值进行对照,进而确定是否应该进厂维修。

诊断参数标准一般由初始标准、许用标准和极限标准三部分组成。这些诊断参数标准既可以是一个值,也可以是一个范围。

(1)初始标准。初始标准相当于无技术故障的新车诊断参数的大小,往往是最佳值,可作为新车和大修车的诊断标准。当诊断参数测量值处在初始值范围内时,表明诊断对象技术状况良好,符合新车出厂或大修出厂标准。

(2)许用标准。许用标准是指汽车无需维修可继续使用时,诊断参数的允许界限值,它是汽车维修工作中定期诊断的主要标准。当诊断结果超过许用标准时,即使汽车还有工作能力,也需要进行维修,否则汽车的技术经济性能将会下降,故障率将会上升。

(3)极限标准。极限标准是指汽车即将失去工作能力或技术性能,即将变坏时所对应的诊断参数值。当汽车技术状况低于极限标准后,汽车动力性、经济性和环保性将严重下降,甚至可能发生重大的机械事故,造成更加严重的后果。

任务实施

为解决情景导入中要求的确定汽车故障的类型、分析产生故障的原因等问题,可按下述方式组织实施任务。

任务名称	汽车故障诊断基础知识	课时	6
任务要求	1. 熟悉汽车故障的类型 2. 学会对汽车故障发生的原因进行分层分析 3. 正确理解故障诊断的方法和原则 4. 学会应用故障参数的初始值、许用值和极限值		
设备器材	1. 每小组三部技术状况良好的汽车 2. 常用、专用工具三套 3. 专职试车员一名 4. 故障诊断流程图展板一块		
操作准备	1. 将常用、专用工具三套分别放于三个工作台,并放在指定的位置 2. 将"任务工单"分发给每位学生		
注意事项	1. 安全防火第一 2. 学生不得驾驶车辆 3. 场地道路不小于 50 m×100 m		
实施过程	1. 说出汽车故障按不同的分类方法划分的类型 2. 分析发生汽车故障的原因,并对原因进行分层 3. 分析汽车故障诊断常用的方法和原则 4. 熟悉常用的汽车诊断参数		

评价考核

	评价与考核项目	评价与考核标准	配分	得分
知识点	汽车故障的分类	说出汽车故障按不同的分类方法划分的类型	10	
	汽车故障的原因	分析发生汽车故障的原因,并对原因进行分层	10	
	汽车故障诊断常用的方法和原则	分析汽车故障诊断常用的方法和原则	10	
	诊断参数的初始值、许用值和极限值	学会应用故障参数的初始值、许用值和极限值	10	
技能点	学会表述汽车故障的分类方法	举例说明一点多症故障和一症多点故障的关系	10	
	分析不同零件适用的汽车故障模式	举例说明汽车故障模式适用的场合	10	
	灵活运用诊断参数表述故障程度	能正确选择汽车诊断参数及其标准	20	
情感点	纪律与劳动	不迟到早退,实训主动、积极、认真	10	
	职业道德与敬业精神	具备良好的道德准则、道德情操与道德品质;能认真对待实训、明确职责、勤奋努力	5	
	团结协作与创新精神	能与同学和谐相处、互补互助、协调合作,充分发挥自己的个性,圆满完成实训任务;能够综合运用自己的知识、信息、技能和方法,对遇到的问题能提出新方法、新观点	5	
		合计	100	

任务工单

任务名称: 汽车故障诊断基础知识   **任务成绩:** _____

学生姓名: _____   **班　　级:** _____   **学　　号:** _____

实训时间: _____   **实训地点:** _____   **组　　号:** _____

● 任务资讯

一、填空题

1. 所谓_____是指汽车部分或完全丧失工作能力的现象。

2. _____是表征汽车、总成及机构技术状况的供诊断用的参数。

3. 发动机的故障率曲线基本符合_____的特征。

4. 汽车诊断标准分为国家标准、_____、地方标准和企业标准四种类型。

二、选择题

1. 严格执行维修操作规程,(　　)的故障率就等于零。
   A. 偶然故障型　　B. 人为故障型　　C. 耗损故障型　　D. 实际故障型

2. 测取诊断参数时一定要注意(　　),否则所测取的参数对汽车故障的诊断就没有任何意义。

　　A. 测试规范　　　B. 测试方法　　　C. 测试手段　　　D. 测试仪器

3. JT/T 816—2011《机动车维修服务规范》属于(　　)。

　　A. 国家标准　　　B. 行业标准　　　C. 地方标准　　　D. 企业标准

三、判断题

1. 所谓汽车故障是指产品丧失了保持原有功能的能力。　　　　　　　　　　(　　)
2. 人为故障型是由于维修技术人员在对车辆维护和修理过程中不按照操作规程进行作业造成的。　　　　　　　　　　　　　　　　　　　　　　　　　　　　　(　　)
3. 诊断参数值都是就一定测试规范而言的。　　　　　　　　　　　　　　(　　)
4. 汽车故障诊断就是根据故障症状,查找故障原因,准确判定故障部位。　　(　　)
5. 汽车机械产品在偶然期故障率基本保持不变,而电子产品的故障率在此阶段呈递减趋势。　　　　　　　　　　　　　　　　　　　　　　　　　　　　　　　(　　)
6. 当诊断参数处在许用值范围内时,汽车无需修理,可以继续行驶。　　　　(　　)

四、名词解释

1. 偶发性故障
2. 诊断参数

五、简答题

1. 汽车故障按故障危害程度分为哪几类?
2. 机械装置和电子装置故障产生的规律分别是怎样的?
3. 汽车故障产生的原因有哪些?
4. 汽车故障诊断的基本方法有哪些?

● 计划决策

　　请根据任务要求,确定所需要的设备器材,并对小组成员进行合理分工,制订掌握汽车故障诊断基础知识的计划。

　　1. 需要的设备器材

_____

_____

　　2. 小组成员分工

_____

_____

　　3. 实施计划

_____

_____

学习项目1 汽车故障诊断基础知识

◉**任务实施**

分组实施,掌握汽车故障诊断基础知识。

◉**检查评价**

以小组为单位对完成任务情况进行评价(包括自我评价、小组评价、教师评价)。

1. 是否完成了所有实训项目?

　　自我评价:_____

　　小组评价:_____

　　教师评价:_____

2. 检测计划制订得是否合理?检测操作是否正确?

　　自我评价:_____

　　小组评价:_____

　　教师评价:_____

学习项目 2 发动机故障诊断与排除

项目目标

1. 了解发动机常见故障的故障现象。
2. 正确分析发动机发生故障的原因。
3. 培养发动机常见故障诊断的检修思路。
4. 能够对发动机主要零部件进行检修。

项目描述

发动机是汽车的心脏,一旦有故障,就会严重影响汽车的性能,甚至导致汽车"瘫痪"。发动机主要包括曲柄连杆机构、配气机构、燃油供给系统、点火系统、冷却系统、润滑系统和电控系统等。由于结构决定故障,发动机常见的故障现象有发动机过热、机油压力过低、怠速不良、动力不足、起动困难、不能起动、排放不正常、发动机出现异响等。只有全面分析发动机运行过程中所出现的种种故障现象,分析断定故障发生的原因,确定故障诊断的思路,并制订出切实可行的维修方案,才能排除发动机常见故障。

课时计划

任务	任务内容	参考课时(h)			合计
		教学课时	实训课时	小计	
2.1	发动机冷却液温度过高的诊断与排除	2	4	6	
2.2	发动机机油压力警告灯亮的诊断与排除	2	4	6	
2.3	汽油发动机怠速不良的诊断与排除	2	4	6	
2.4	汽油发动机动力不足的诊断与排除	2	6	8	56
2.5	汽油发动机不能起动或起动困难的诊断与排除	2	4	6	
2.6	发动机异响的诊断与排除	2	4	6	
2.7	发动机排烟异常的诊断与排除	2	4	6	
2.8	高压共轨柴油发动机动力不足的诊断与排除	4	8	12	

学习项目 2　发动机故障诊断与排除

任务 2.1　发动机冷却液温度过高的诊断与排除

一辆帕萨特 1.8T 发动机，直列四缸、多点电喷，行驶里程约 90 000 km。汽车在运行中，冷却液温度表指针长时间指向高温范围，散热器经常伴随有"开锅"现象。作为车间技术人员，接到此类发动机冷却液温度过高的检修任务，要求熟悉发动机冷却系统的结构原理并能够确定冷却液温度过高的诊断思路，然后制订维修计划，得到车间主任确认后，完成此任务，并提交一份分析总结报告。

2.1.1　冷却液温度过高的危害

冷却液温度过高会导致气缸盖、气缸体变形甚至损坏。夏天气温高，水箱散热变得困难，发动机冷却液温度都会有不同程度的上升，胶管也更易软化，出现冷却液渗漏现象。一般的发动机冷却液温度通常应恒定在 85℃～95℃之间，在这一温度范围下工作，可保证发动机充分发挥正常功率。冷却装置使用或维修不当，加上零件的腐蚀、磨损、积垢等原因，会导致发动机冷却液温度过高，对发动机及各部件造成不良影响，体现在四个方面：一是发动机温度过高，会使喷入气缸中的燃油提前燃烧，以致压缩力不足，功率下降；二是各运动零件由于高温作用而膨胀过度，使原来的配合间隙发生变化，致使轴承的工作能力大大降低，会引发烧瓦抱轴、活塞涨缸、活塞环卡死等故障；三是温度过高造成机油黏度降低，润滑强度下降，发动机各润滑部位油膜破坏，加速机件磨损，造成发动机无力，严重时，膨胀变形的活塞会拉缸、轴瓦烧坏而抱死曲轴等；四是温度过高会造成橡胶件老化损坏，易引发局部变形、裂纹及烧损，造成漏水、漏油等故障。

因此如果冷却液温度表指针接近红区，或者冷却液温度警告灯亮起，应该立即怠速运转，待降温后熄火检查。应该注意的是，发动机高温时不要试图打开散热器盖或储水罐盖，否则高温高压情况下，冷却液会窜出烫伤人。

发动机工作温度不能过高，但也不是越低就越好。冷却液温度过低时燃油进入气缸不能很好地雾化，油耗增加，磨损加剧，机油黏度增加，发动机功率降低，动力性和经济变差，且低温时各机件间的配合间隙也过大，噪声振动都会大些，使用寿命必会受到影响。试验表明，汽车行驶中冷却液温度为 40℃～50 ℃时，发动机磨损增加60%～80%，功率降低 25%，油耗增加 8%～10%。"75%的发动机磨损发生在起动的瞬间",发动机起动后要有预热过程,使现在轿车发动机达到最适宜的工作温度甚至在 90℃～110℃ 之间,一般视当地环境温度需要 3～5 min。

2.1.2 安装节温器防止冷却液温度过高

为了避免发动机过热,燃烧室周围的零部件如缸套、缸盖、气门等必须进行适当的冷却。汽车发动机冷却装置以水冷却为主,用气缸水道内的循环水进行冷却,把水道内受热的水引入散热器,再通过风冷却后返回到水道内。为了保证冷却效果,汽车冷却系统主要由散热器、节温器、水泵、缸体水道、缸盖水道、风扇等组成,如图 2.1 所示。

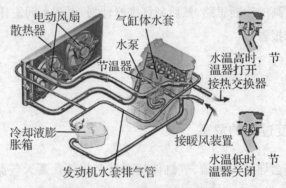

图 2.1 发动机冷却系统示意图

冷却系统除了对发动机有冷却作用外,还有"保温"的作用,这个过程主要是通过节温器实现"大小循环"的切换。节温器能够控制冷却液的流动方向,使冷却液要么流向散热器,要么流向旁通阀,或者有时两者兼而有之。冷却系统的大小循环示意图见图 2.2 所示。一般节温器的开启温度为 80℃～85℃,完全开启温度为 95℃ 左右。现在轿车的散热器盖普遍采用压力为 88～196 kPa 的压力盖,提高了冷却液的沸点,当压力为 109.8 kPa 时,冷却液的沸点可提高到 124℃,这就扩大了冷却液温度与外界气温的温差,从而提高了散热器的散热效率,可令其散热效率增加 33%。

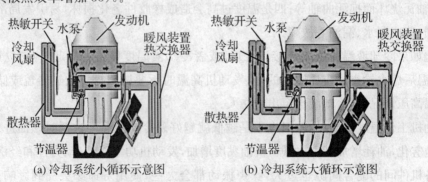

(a) 冷却系统小循环示意图　　(b) 冷却系统大循环示意图

图 2.2 冷却系统的大小循环示意图

节温器在冷却系统内的安装位置有两个,对发动机水温有不同的影响:

一是节温器安装在发动机前上部的出水口处,便于维修,更换冷却液时空气容易排出,不易使水泵产生气蚀。但是,在发动机暖机期间,缸体内冷却液温度反复急剧变化,导致气缸内汽油雾化时好时坏,发动机不能稳定运转,加速了发动机的磨损。

二是把节温器安装在水泵的入水口,当发动机冷机时,节温器的主阀关闭了主水道,旁通阀打开了旁通水道。缸体里的水温提高到节温器的开启温度时,节温器的主阀开始打开少许,旁通阀也关闭少许,此时的冷却液分两路,一路进行小循环,另一路从发动机上部的出水口处流入散热器,再由散热器流经节温器的主阀进入水泵。此时由散热器流出的冷水使节温器立即关闭主阀,等到在节温器周围的冷却液温度提高到节温器的开启温度时,主阀再次打开,散热器里的冷却液再次流经节温器时,又一次使主阀关闭。如此反复,直到散热器里的冷却液温度达到节温器的开启温度时,节温器才不再反复开关主阀门。

把节温器装在出水口处调节的温度是整台发动机缸体里的冷却液温度,而装在入水口处的节温器,是处在冷热水的交界处,它的开启温度是缸体里冷却液的温度,而它关闭温度却是由散热器流经节温器涌入缸体里的一小部分冷水的温度,调节的水量和范围都比较小。因此,它的调节精度比较高,不会使缸体里的冷却液温度产生大的波动,因而使发动机运转平稳。

2.1.3 轿车上常见的风扇控制方式

在某些传统汽车上,冷却系统风扇由发动机曲轴皮带轮直接驱动,其冷却强度直接受控于发动机转速,不能根据冷却液的温度进行自动调节,不能将水温控制在最佳温度范围内。

在现代汽车上,冷却系统普遍使用了电子控制冷却风扇,冷却风扇的工作由冷却液的温度直接控制,能够将冷却液温度控制在最佳温度范围内。

在这里需要注意的是,电子扇只为降低水箱温度而工作,而水箱温度受两个方面影响,一是发动机缸体及自动变速箱等的冷却,二是空调冷凝器的散热。空调冷凝器和水箱是两个部件,紧挨在一起,前面是冷凝器后面是水箱。空调是车内相对独立的系统,但空调开关起动时,会把信号给电子扇控制单元,强制使电子扇转动。主扇又称大扇,辅助扇也称小扇。

1. 温控开关直接控制电风扇

温控开关直接控制电风扇,如图2.3所示。以前的车型温控开关很多都是在水箱上,一般有三条线,分别控制高低速风扇,如捷达、桑塔纳等轿车电动风扇均是这种控制方式。

电动冷却风扇是由冷却液温度作用的热敏开关控制的。当冷却液温度升至95℃时,低速触点闭合,散热器电机风扇接通电源,以1 600 r/min的低速运转,而关闭温度为88℃～93℃;当冷却液温度继续上升至105℃时,使高速触点闭合,使散热器电机风扇以2 400 r/min的高速运转,以增加冷却强度。当冷却液温度下降至93℃～98℃时关闭。

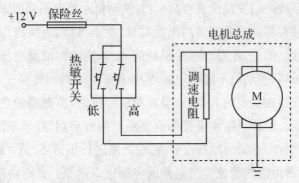

图 2.3　温控开关直接控制电风扇

若冷却液温度高于 98℃时风扇不转,应先检查保险丝是否熔断。如果保险丝良好,再拔下热敏开关插头,将两插片直接接通。此时若风扇仍不转,表明电动冷却风扇损坏,应予更换;若两插片接通后风扇转动,表明热敏开关损坏,应更换热敏开关。

热敏开关也可用万用表检查,将热敏开关拆下并放入水中,然后逐渐加热并用万用表电阻挡测量热敏开关接线端与外壳间的电阻。当冷却液温度达到 93℃～98℃时,万用表指针应指示热敏开关导通;当冷却液温度下降至 88℃～93℃时,万用表指示热敏开关断开(电阻为无穷大)。否则表明热敏开关损坏,应更换新件。

2. 温控开关+继电器控制电风扇

如图 2.4 所示为温控开关+继电器控制电风扇方式。工作原理:当冷却液温度或打开空调后空调压力超过规定的限值时,温度开关或空调压力开关接通,控制 J1、J2 继电器工作,分别驱动风扇电机使冷却风扇在低速或高速工作。

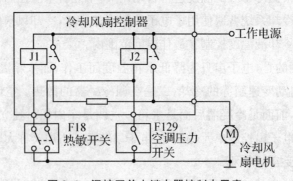

图 2.4　温控开关+继电器控制电风扇

3. 发动机控制模块+继电器控制电风扇

别克君威冷却系统就是采用发动机控制模块+继电器控制电风扇的方式,如图 2.5 所示,有两个保险丝:F6 为 40 A;F21 为 15 A;有三个继电器:继电器 12;继电器 9;继电器 10。

低速工作:冷却液温度达到 108 ℃时,PCM 控制继电器 12 线圈搭铁,触点闭合通电,由保险 F6 供电,左右两个冷却风扇串联工作。

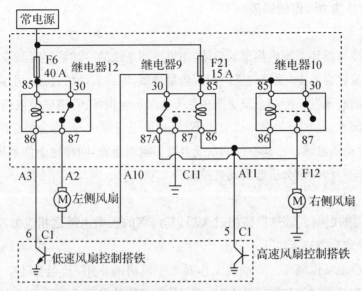

图 2.5 别克君威冷却系统风扇串联低速工作电路图

高速工作:冷却液温度达到110℃时,在冷却风扇串联低速工作的基础上,即 PCM 延迟3秒后,控制继电器9和继电器10线圈搭铁,两个继电器触点闭合通电,由保险F6为左侧冷却风扇供电,由保险F21为右侧冷却风扇供电,两个风扇并联工作,实现高速工作。

4. 微机控制散热风扇

切诺基 4.0L 发动机就采用微机控制散热风扇方式,如图 2.6 所示。该风扇由微机进行控制。微机根据发动机冷却液温度传感器输入的信号或空调器是否工作,适时地控制散热风扇继电器,以控制散热风扇工作。冷却液温度约达到103 ℃时,微机使散热风扇继电器接柱31接地,风扇电机工作。当发动机冷却液温度低于88℃时,微机停止向散热继电器提供接地,风扇电机停止工作。如果空调压缩机工作,不管冷却液温度如何,微机都将使散热器风扇继电器接地,使冷却风扇电机工作。

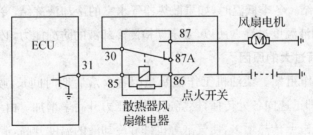

图 2.6 微机控制散热风扇

2.1.4 导致发动机冷却液温度过高的原因

发动机过热,总的来讲是机体内的冷却液温度过高。引起发动机过热的常见原因有两大方面,即散热能力衰退和热负荷过大。

1. 引起散热能力衰退的原因

1) 冷却液不足

冷却液是冷却循环系统内热量的载体,如果冷却系统的冷却液因泄漏或蒸发而减少,带走机体内的热量就会减少,使发动机内积蓄热量过多,即为发动机过热。引起冷却液减少的主要原因是渗漏和蒸发。冷却系统渗漏多见于水泵水封损坏、管道破裂或接头连接不严密、散热器损坏而漏水、放水开关损坏或关闭不严、暖风设备漏水等,均会引起冷却系统的冷却液减少,引起发动机过热。冷却系统的水受温度影响而蒸发,同样也会使系统内的冷却液减少,若补给工作不及时,也会引起发动机过热。

2) 散热不良

(1) 散热器的影响。散热器使用过久后,其内部的积垢也随之相应加厚。水垢的传热能力差,所以导致会散热不良。

(2) 散热器通风孔堵塞。发动机工作时由于风扇的作用,灰尘会随空气流过散热器。当灰尘粘附在散热器扁管和散热片上时,不仅使散热器的空气流通截面减小,还会使导热能力过差而导致散热不良。

(3) 风扇皮带打滑。水冷却系统冷却强度的大小取决于风扇转速,如果因风扇传动皮带过松而打滑,会造成动力传递效率下降,这不仅使风扇转速下降,冷却强度降低,同时水泵转速也下降,排量减少,使冷却液流动速度缓慢,不能很快将热量带走,导致散热不良。

(4) 冷却强度调节装置的影响。百叶窗和节温器是冷却强度的调节装置,如果冷却强度调节装置发生故障或操作不当,均会导致发动机温度过高。百叶窗设在散热器前,是用来调节散热器通风流量的,其开度大时通风量大,反之开度小时通风量小。当百叶窗未打开时,冷却空气的流通截面更小,其结果是引起发动机温度升高。

(5) 节温器损坏。如果节温器损坏,不能打开或打开温度滞后,水温高时不能将大循环水路接通,造成冷却液循环不良,致使发动机过热。

(6) 冷却液冻结。冬季低温时,如果散热器下水室的冷却液冻结,冷却液不能循环从而引起发动机内冷却液温度过高。所以,要定期检测冷却液的防冻能力,必要时更换。

2. 引起热负荷过大的原因

(1) 柴油机工作粗暴。柴油机工作粗暴是因着火落后期时间长,喷油多,燃烧准备充分,一旦着火火焰即迅速向各处传播,燃烧速度快,压力升高率增加。由于柴油机工作粗暴,燃气对气缸盖和气缸壁传热增多,使气缸等机件和冷却液的温度升高,造成发动机过热。

(2) 喷油时间过迟。喷油提前角过小,燃烧过程大部分移到膨胀做功中进行,活塞上方容积增大,火焰与气缸壁的接触面积增大,吸收的热量也增加,从而使热效率的利用率降低,排气温度升高,传入冷却液的热量也增加。

(3) 汽油机点火提前角太小,使混合气燃烧滞后,过多的热能被缸体吸收。爆燃或早燃导致发动机工作不正常。

(4) 混合气过稀使混合气燃烧滞后,过多的热能被缸体吸收。

(5) 气缸垫、气缸盖等物理因素导致压缩比升高。

(6) 发动机的燃烧室积炭多时会积存热量,这也是引起冷却液温度过高的原因。

(7) 发动机装配过紧。由于发动机装配过紧,发动机工作时摩擦阻力很大,产生的热量增加,当热量传给冷却系统时,使冷却系统热负荷增大,于是发动机温度过高。

(8) 操作不当。工程机械常在大负荷下工作,加之环境温度也较高,这不仅给冷却系统增加了热负荷,同时还因环境温度高,散热效果不良,使发动机温度过高。

2.1.5 故障诊断与排除

诊断时,根据以上分析的故障原因,由简到繁,由外到内进行诊断。

(1) 首先查看冷却液液面高低,观察冷却系统冷却液是否充足。

正常情况下,检查冷却液液面高度应在发动机处于正常的工作温度下进行,检查时只需打开引擎前盖,观察膨胀水箱内的液面高度即可。正常的液面应位于最低液面 min 至最高液面 max 标记之间,如图 2.7 所示。如果外观有漏水现象,表明发动机过热是因漏水所引起的,应排除漏水;若无漏水现象,可打开散热器加水盖,观察冷却液的充足程度,若冷却液严重不足,大多是因长时间没有补添冷却液而引起发动机过热,应予以补充。

图 2.7 冷却液液面位置示意图

(2) 检查冷却液温度指示系统是否正常。

如果发动机的温度假过高,即冷却液温度并不高而指示偏高,此时应检查冷却液温度表指示电路工作是否正常。

发动机冷却液温度指示装置是由拧入水套中温度传感器(感温塞)和一个温度表及导线组成。由于冷却液温度传感器、冷却液温度表及线路故障使冷却液温度表指示不准,俗称"撒谎"。

冷却液温度传感器是一个负温度系数的热敏电阻(NTC)。温度越高时,其阻值越小。将冷却液温度表感温塞体浸泡于容器的水中,逐渐加温,当冷却液温度加热到 70 ℃时,测量冷却液温度表感温塞的电阻,标准值为 $(104\pm13.5)\Omega$(在 70 ℃时)。若测量值超过标准值,应予更换。也可用螺钉旋具将传感器中心极与发动机机体做搭铁试验。若搭铁后冷却液温度表指针摆动,则说明温度表良好;若冷却液温度表指针不动,则表明冷却液温度表有故障。如图 2.8 所示,将水加热,用欧姆表检测温度开关的电路是否通路,并检查加热到何温度时,其电路是断路:当冷却液温度高于 115 ℃时(传感器阻值小于 65 Ω 时)断路;65 Ω 以上时通路。

现在越来越多的车辆都使用冷却液温度传感器,将冷却液的温度情况转换成可以被 ECU 识别的电信号,然后根据这些信号对发动机进行控制,包括在仪表板的仪表上显示发动机的冷却液温度,或者在冷却液温度过高时,点亮报警指示灯。

(3)感觉上水管与下水管的温度差,若温度相差很大,说明节温器工作不良或不工作,水泵不循环或循环不好等。

应注意的是,当触摸冷却系统的零部件时,要小心并戴上防护手套。如果发动机已经在运行,那么发动机的零部件可能非常炙热,触摸它们会导致严重的烫伤。另外,务必使手、工具及衣服等远离电动风扇。因为电动风扇在点火开关断开时也可以转动。

(4)检查节温器。节温器失灵时,主阀门处于关闭状态,冷却液不经散热器循环,导致发动机过热。节温器的检验如图 2.9 所示。检查方法如下:

将节温器浸入水容器中,并逐渐地加热,提高冷却液温度,检查阀门开启时的温度和完全开启时的温度以及阀门的升程。节温器有低温和高温两型。低温型在 80 ℃~85 ℃时阀门开始开启,在 95 ℃时升程应大于 8 mm。高温型在 86 ℃~90 ℃时阀门开始开启,阀门在 100 ℃时开度应大于 8 mm。当升程在 8 mm 以下时就不能继续使用,应予更换。如节温器在常温下开启或在冷态时关闭不严密,都应更换节温器。蜡式节温器的安全寿命一般为 50 000 km,因此要按照其安全寿命定期更换。

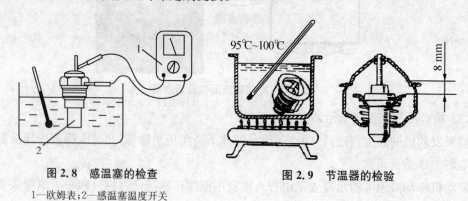

图 2.8 感温塞的检查 图 2.9 节温器的检验

1—欧姆表;2—感温塞温度开关

(5)查看风扇的转动情况。

①对于机械驱动的风扇,查看风扇耦合器的转动情况,即在发动机温度正常或过高时关闭发动机,用手打动风扇叶片,看看叶片运转角度,应很小,大约在 1/14 至 1/2 圈内,若能连续转动 1 圈以上,说明耦合器故障,应予以更换。

②对于电动风扇,则应看看风扇转动的具体温度及转动的速度等情况,根据情况检查控

制电路或其他项目。

（6）检查风扇皮带松紧度。

传统的发动机风扇在发动机停止工作时，用手拨动风扇叶，若能拨动风扇滑转，说明风扇皮带过松是引起散热不良的原因，应予以调整。通过调整皮带张紧装置，如发电机或专门的张紧轮，使皮带增加预紧力，其检验标准是：在发电机和风扇轮之间用大拇指以 29～49 N 的力按下皮带 10～20 mm 为宜。

（7）检查散热器水垢。

从散热器的加水口处观察散热器内的水垢。如果确有水垢，说明水垢是引起散热不良而使发动机过热的原因所在，应予以清除。消除方法：往冷却液中投放一定量的除垢剂，使发动机累计运转 24 h 后将水放掉再换好水，若冷却效果有好转，应按同样的方法再进行几次即可。

（8）观察散热器通风情况。若散热器前的百叶窗未打开，或散热器积垢过多，表明多数是由于发动机过热的原因所在，应进行处理。

（9）进气格栅主动关闭系统失效。进气格栅主动关闭系统就是通过传感器侦测发动机、水箱温度来选择打开或关闭进气格栅，从而更灵活且更有效率地控制发动机温度，而且除了控制温度的作用之外，还可以降低一部分的风阻系数。

（10）就车检查水泵的技术状况。

如果就车检查水泵无漏水、发卡、异响及带轮摇摆现象，可不用对其分解，只加注润滑油即可。如有上述异常现象，则应分解检查，并予以修理。如果带轮松旷摇摆，应检查风扇及带轮毂的螺栓或螺母，若松旷应予以拧紧；如果螺栓和螺母紧固良好，传动带轮仍松旷摇摆，则可能是水泵轴松旷，则应检查水泵轴承，若松旷，应予更换。

当水泵漏水时，应检查水泵衬垫、水泵壳上的泄水孔。当水泵衬垫漏水时，先检查水泵紧固螺栓是否松动，如松动应拧紧。若拧紧后仍漏水，应予更换衬垫。当水泵壳上的泄水孔漏水时，说明水封损坏，应更换水泵。

（11）如果发动机为正常负荷时，冷却液温度正常，当大负荷工作时间过长时，冷却液温度明显过高，则表明发动机过热是因发动机长时间的大负荷工作所引起的，应使其适当休息。

（12）发动机常在工作粗暴的条件下作业，也是引起发动机过热的原因，应查明发动机工作粗暴的原因，并进行有针对性的排除。

（13）如果发动机工作时无力，响声发闷，冷却液温度高，排气管温度异常高，说明发动机过热多是因喷油提前角过小所引起的，应对喷油时间进行调整。

（14）如果以上检查均属正常，说明发动机过热是燃烧室内积炭过多所引起的，应解体查明，并清除积炭。

> **实操技能**

桑塔纳 AJR 型发动机冷却系统的结构与维修

一、AJR 型发动机冷却系统总体结构

AJR 型发动机的小循环是常循环(节温器常闭),这样可提高冷却系统的温度,改善发动机热效率,确保冷却系统始终有冷却液在循环。

桑塔纳 2000GSi 型轿车 AJR 型发动机冷却系统的布置如图 2.10 所示。水泵零件先装成一个总成后,通过水泵轴承座上的 3 个孔很方便地安装在机体前端。

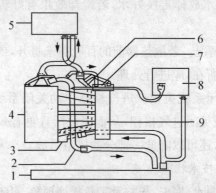

图 2.10　AJR 型发动机冷却系统布置图

1—散热器;2—上冷却液管;3—节温器;4—气缸体;5—暖风热交换器;
6—下冷却液管;7—进气预热;8—冷却液储液罐;9—进气歧管

桑塔纳 AJR 型发动机采用塑料制的闭式叶轮,重量轻,成本低,效率高。叶轮上与水泵轴承连接部分为一钢制轴套嵌件。水泵轴承仍为双联式轴承,但原来的双连式轴承为两个球轴承,现已将靠近同步带轮的球轴承改成滚子轴承,提高了轴承的承载能力。

冷却液轴向进入水泵,经叶轮后径向直接进入机体水套,然后流入气缸盖水套,由气缸盖前端的出水口流出。此后,冷却液分两路,一路流经散热器冷却后,进入节温器,由节温器进入水泵进口;另一路直接通过节温器后流入水泵进口,又称为短路循环。节温器装在机体上的水泵进口处,节温器阀门在 87℃时开始开启,在 102℃时全开。短路循环是常开的,这样可使冷却系统的温度提高到一个较高的水平,改善发动机的热效率,同时可以确保冷却系统始终有冷却液在循环。

二、冷却液

1. 排放冷却液

(1) 旋开冷却液储液罐盖子。在旋开冷却液储液罐盖子时,可能会有蒸汽喷出。在盖子上盖一块抹布,小心地旋开盖子。

(2) 在发动机下放置一个干净的收集盘。

(3) 松开夹箍,拔下散热器的下水管,放出冷却液。

2. 加注冷却液

冷却系统中必须常年加注一种冷却液添加剂以防止结冻、腐蚀损坏,同时可提高沸点。冷却液添加剂为 N052 774 CO。切勿混用不同牌号的冷却液,禁止使用磷酸盐和亚硝酸盐作为防腐剂的冷却液。冷却液加注量为 3.5~4.0 L。

加注时应按以下步骤进行:

(1) 加注冷却液至冷却液储液罐最高点标记处。

(2) 旋紧储液罐盖子。

(3) 使发动机运转 5~7 min。

(4) 检查冷却液液面,必要时加注冷却液到最高标记。

三、水泵的维修

1. 水泵的拆卸

(1) 使发动机位于维修工作台上,排放冷却液。

(2) 拆卸驱动 V 形带,拆卸风扇电机。

(3) 拆下同步带的上、中防护罩,将曲轴调整到第一缸上止点位置。

(4) 拆下凸轮轴上的同步带,但不必拆下曲轴 V 形带轮。保持同步带在曲轴同步带轮上的位置。

(5) 旋下螺栓,拆下同步带后防护罩,旋下水泵,小心地将其拉出,如图 2.11 所示。

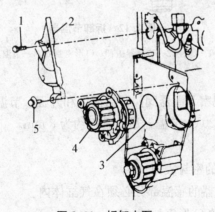

图 2.11 拆卸水泵

1、5—螺栓;2—同步带后防护罩;3—O 形密封圈;4—水泵

2. 水泵的安装

(1) 清洁 O 形密封圈的密封表面,用冷却液浸湿新的 O 形密封圈。

(2) 安装水泵,罩壳上的凸耳朝下。

(3) 安装同步带后防护罩。

(4) 拧紧水泵螺栓。

(5) 安装同步带(调整配气相位),安装驱动 V 形带。

(6) 加注冷却液。

四、节温器的更换

1. 节温器的拆卸

(1) 使发动机前端位于维修工作台上。

(2) 在点火开关切断的情况下,拔下蓄电池搭铁线。

(3) 排放冷却液。

(4) 拆卸 V 形带,拆卸发电机。

(5) 从连接体上拆下冷却液管。

(6) 松开螺栓,取出节温器盖、O 形密封圈和节温器,如图 2.12 所示。

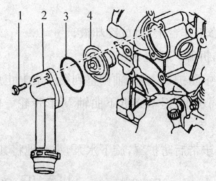

图 2.12 拆卸节温器

1—螺栓;2—节温器盖;3—O 形密封圈;4—节温器

2. 节温器的检查

在水中加热节温器,观察节温器阀门开启温度和升程。节温器开始打开温度约为(87 ± 2)℃,结束打开温度约为 120℃,节温器最大升程约为 8 mm。

3. 节温器的安装

(1) 清洁 O 形密封圈的密封表面。

(2) 安装节温器,节温器的感温部分必须在气缸体内。

(3) 用冷却液浸湿新的 O 形密封圈。

(4) 拧紧螺栓,安装发电机。

(5) 加注冷却液。

五、散热器的更换

散热器的拆卸步骤如下:

(1) 排放冷却液。

(2) 松开冷却液管上的夹箍,拔下散热器的冷却液软管。

(3) 拔下位于电控冷却风扇罩壳上的热敏开关插头,为防止损坏冷凝器及制冷剂管路,不要压迫、扭曲及弯曲制冷剂管路。

(4) 将双电控冷却风扇连同罩壳一起拆下。

(5) 拆下散热器。

安装散热器时,以拆卸的相反顺序进行。

六、检查冷却系统压力

1. 检查冷却系统的渗漏

(1) 将发动机热机,打开膨胀水箱。在打开膨胀箱时可能会有蒸汽喷出,在膨胀箱盖子上包上抹布后小心地拧开。

(2) 将压力测试仪安装到膨胀水箱上。

(3) 使用手动真空泵产生约 0.2 MPa 的压力(表压)。

(4) 如果压力迅速下降,则找出泄漏的位置并排除故障。

2. 检查散热器盖密封性

(1) 将散热器盖套在 V.A.G1274/9 上。

(2) 使用手动真空泵使压力上升到约 0.15 MPa。

在 0.12~0.15 MPa 时,限压阀必须打开;在大于 −0.01 MPa(绝对压力 0.09 MPa)时,真空阀应打开。

任务实施

为解决情景导入中要求的排除发动机冷却液温度过高故障的问题,可按下述方式组织实施任务。

任务单元	发动机冷却液温度过高的诊断与排除	课时	6
任务要求	1. 掌握发动机冷却液温度过高故障诊断方法,确定故障诊断的思路 2. 分析冷却液温度过高产生的原因 3. 学会对引起发动机冷却液温度过高的零部件进行检修		
设备器材	1. 三台技术状况良好的发动机台架 2. 常用工具三套 3. 专职试车员一名 4. 故障诊断流程图展板一块		

续表

任务单元	发动机冷却液温度过高的诊断与排除	课时	6
操作准备	1. 将常用、专用工具三套分别放于三个工作台,对应放在三台发动机台架位置 2. 将"任务工单"分发给每位学生		
注意事项	1. 运行前进行安全检查 2. 学生不得驾驶车辆 3. 场地道路不小于 50 m×100 m		
实施过程	1. 在发动机试验台上,把风扇保险(15 A)更换成已损坏的,利用电子扇不工作这个故障点,分析发动机冷却液温度过高的故障诊断方法。重点培养目标:让学生掌握发动机冷却液温度过高的故障诊断方法 2. 通过把节温器更换成工作卡滞的节温器,让发动机冷却系统工作不良。重点培养目标:让学生掌握发动机冷却液温度过高的检修思路 3. 更换小电阻值的冷却液温度传感器,制造冷却液温度过高这个假象故障。重点培养目标:让学生掌握传感器撒谎对检测信号的重要性		

评价考核

	评价与考核项目	评价与考核标准	配分	得分
知识点	冷却系统的组成	指出冷却系统的各零部件组成名称	10	
	发动机冷却液温度过高的故障现象及危害	熟悉冷却液温度过高故障的现象及危害	10	
	冷却液温度过高故障的原因	分析冷却液温度过高故障的原因	10	
	冷却液温度过高故障的诊断思路	介绍冷却液温度过高故障的诊断方法	10	
技能点	冷却液温度过高的故障诊断	会对冷却液温度过高进行故障诊断	20	
	冷却液温度过高的排除	能够排除冷却液温度过高的各类故障点	20	
情感点	纪律与劳动	不迟到早退,实训积极主动,认真记录	10	
	职业道德与敬业精神	具备良好的道德准则、道德情操与道德品质;能认真对待实训、明确职责、勤奋努力	5	
	团结协作与创新精神	必须分组分工协作,共同完成;认真完成学习任务单;制订工作计划;要做好记录,各小组选派代表展示学习成果;评议各小组展示的学习成果;能够综合运用自己的知识、信息、技能和方法,对遇到的问题能提出新方法、新观点	5	
	合计		100	

学习项目2 发动机故障诊断与排除

任务工单

任务名称：发动机冷却液温度过高的诊断与排除　　　　　任务成绩：_____

学　生　姓　名：_____　　班　　级：_____　　学　　号：_____
实　训　时　间：_____　　实训地点：_____　　组　　号：_____

● 任务资讯

一、填空题

1. 发动机冷却水的最佳工作温度范围一般是_____℃。
2. 冷却水的流向与流量主要由_____来控制实现"大小循环"的切换。
3. 水冷却系统冷却强度主要可通过_____、_____、_____等装置来调节。
4. 蜡式节温器的安全寿命一般为_____km汽车行驶里程，因此要定期更换。

二、选择题

1. 水泵泵体上溢水孔的作用是(　　)。
   A. 减少水泵出水口工作压力
   B. 减少水泵进水口工作压力
   C. 及时排出向后渗漏的冷却水，保护水泵轴承
   D. 便于检查水封工作情况

2. (　　)可使冷却系统中的水受热后有膨胀余地，释放空气，提高"开锅"温度，并能补偿系统内的冷却液。
   A. 散热器　　　　B. 膨胀水箱　　　　C. 油水散热器　　　　D. 节温器

3. 若发动机上未装节温器，会导致(　　)。
   A. 冷却液消耗异常　　　　　　　　B. 发动机过热
   C. 冷却液温度过低　　　　　　　　D. 无影响

4. 节温器阀门最大升程应不低于(　　)mm。
   A. 8　　　　　　B. 10　　　　　　C. 5　　　　　　D. 3

5. 汽车停驶后，仍可能在转的风扇是(　　)。
   A. 机械风扇　　　B. 硅油风扇　　　C. 电控风扇　　　D. 以上三者

6. 当诊断出"散热器电动风扇不工作"的故障时，甲说：从电源引一根导线到风扇电机，如果风扇能运转则必须更换温度开关；乙说：将温度开关短路，如果风扇能运转则必须更换此开关。试问谁正确？(　　)
   A. 甲正确　　　　　　　　　　　　B. 乙正确
   C. 两人均正确　　　　　　　　　　D. 两人均不正确

三、判断题

1. 汽车冷却风扇工作时,风是向散热器方向吹的,这样有利于散热。（ ）
2. 加压型散热器盖能使冷却液的温度在超过100℃时,也能防止其沸腾。（ ）
3. 水温传感器信号一方面给到水温表,另一方面给到发动机的ECU控制点火和喷油。

（ ）

4. 发动机过热,水温过高时可以不安装节温器。（ ）
5. 节温器应离车检查,而温控开关可就车检查。（ ）

四、简答题

1. 发动机过热的原因有哪些?
2. 电控风扇有哪几种控制方式?
3. 如何排除发动机水温过高故障?

● **计划决策**

请根据任务要求,确定所需要的设备器材,并对小组成员进行合理分工,制订发动机冷却液温度过高的诊断与排除计划。

1. 需要的设备器材

_____

_____

2. 小组成员分工

_____

_____

3. 实施计划

_____

_____

● **任务实施**

分组检测发动机冷却液温度过高的故障,并正确填写下表。

附表2.1　发动机冷却液温度过高的诊断与排除工作状况参数记录表

发动机冷却水位检查		
冷却液防冻能力检测		
冷却系统工作状况		
水温表指示状况		
节温器工作状态		
风扇工作情况		
水泵密封状况		

◉检查评价

以小组为单位对完成任务情况进行评价(包括自我评价、小组评价、教师评价)。

1. 是否完成了所有实训项目？
   自我评价：_____
   小组评价：_____
   教师评价：_____

2. 检测计划制订得是否合理？检测操作是否正确？
   自我评价：_____
   小组评价：_____
   教师评价：_____

3. 附表填写是否详细、准确？
   自我评价：_____
   小组评价：_____
   教师评价：_____

任务2.2　发动机机油压力警告灯亮的诊断与排除

朗逸1.6L 2013款手自一体轿车，打开点火开关，机油压力警告灯为红色的点亮状态，起动并运转发动机，警告灯熄灭，半分钟后，仪表板的机油压力警告灯再次处于常亮状态，反复试验了几次都是这样。你作为4S店技术人员，故障排除的思路是什么？如何找到故障点？写出一份故障诊断与排除的技术报告。

2.2.1　发动机润滑系统的结构特点

1. 润滑系统的结构与功用

润滑系统一般由油底壳、机油泵、限压阀及旁通阀、机油滤清器、机油散热器、传感器和机油压力表、温度表等组成，如图2.13所示。

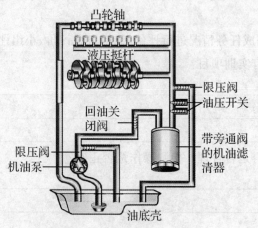

图 2.13 润滑系统的组成

润滑系统的功用就是在发动机工作时连续不断地把数量足够、温度适当的洁净机油输送到全部传动件的摩擦表面,并在摩擦表面之间形成油膜,实现液体摩擦,从而减小摩擦阻力,降低功率消耗,减轻机件磨损,以达到提高发动机工作可靠性和耐久性的目的。润滑系统的功用概括起来就是润滑、清洗、冷却、密封、防锈蚀、液压、减振缓冲等七大作用。

2. 发动机机油压力指示灯的工作原理

机油压力指示系统由机油压力感应塞和机油压力指示灯组成。机油压力感应塞实质上是一个压力开关,为一个常闭开关。当打开点火开关而没有起动发动机时,润滑油道没有机油压力,机油压力感应塞内的触点闭合,仪表的机油指示灯亮,如图 2.14 所示。

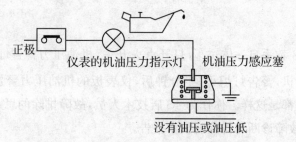

图 2.14 油道内无油压指压灯工作原理

着车后,机油泵工作,在油压作用下,机油压力感应塞触点断开,指示灯熄灭,指示系统工作正常,如图 2.15 所示。

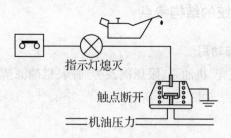

图 2.15 油道内有油压指示灯工作原理

桑塔纳等大众车系轿车机油压力报警装置是具有低压报警装置和高压报警装置的双重报警装置，如图2.16所示。

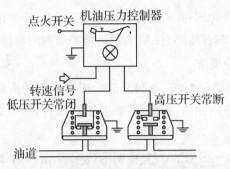

图2.16 桑塔纳机油压力双重报警装置

图2.16中，有两个机油压力感应塞，一个称为低压开关，安装在输送油路末端，为常闭开关，即在常态下（无油压时）内部触点处于闭合状态；另一个称为高压开关，安装在机油滤清器座附近，为常断开关，即在常态下（无油压时）内部触点处于断开状态。

仪表内设有机油压力控制器，内部集成有发光二极管型式的机油压力指示灯，控制器除了与两个机油压力感应塞连接外，还接收发动机的转速信号。

低压报警装置的传感器一般装在凸轮轴机油道上，高压报警装置的传感器一般装在机油滤清器上。在起动和怠速阶段，当凸轮轴机油道上的油压低于30 kPa时，低压报警装置就会亮红灯报警。由于该处是整个润滑系统中压力最低的区域，监控该处油压可保证系统内各处有足够的油压。当发动机转速达到2 000 r/min后，高压报警装置发生作用，当机油滤清器出口处的油压低于180 kPa时，也会报警。该处油压也就是发动机主油道油压，若该处油压不足，可能导致发动机润滑不足。正常情况下，打开点火开关，油压指示灯亮，起动发动机后，当机油压力大于30 kPa时，该指示灯灭。当发动机低速运转时，如果机油压力低于30 kPa，则低压压力开关触点闭合，油压指示灯闪亮。当发动机转速大于2 000 r/min时，如果高压传感器处机油压力达不到180 kPa，则高压油压开关断开，油压指示灯亮，同时报警蜂鸣器响。

出现机油压力报警故障的原因有油路故障和电路故障两种。在检修时，判断是油路故障还是电路故障，有一个快速有效的办法，是将机体上的低压传感器、机油滤清器上的高压传感器拔下并搭铁，如果此时油压指示灯亮，或高压报警，可判断是电路故障；反之为油路故障。

如果是电路故障，由于电路元件较少，可采用换件法逐个检查元器件。如果无元器件损坏，要考虑发动机转速信号是否受到干扰，导致转速信息与压力信息不匹配，造成报警。如果是油路故障，由于油路元器件较多，油品和发动机的工作状态对其影响也较大，诊断故障要从润滑系统和发动机机械方面着手。

2.2.2 发动机机油的分类及选用

国产润滑油分类标准与国际通用标准一致，其等级分类沿用美国汽车工程师协会(SAE)黏度分类级别和汽车石油协会(API)质量分类级别两种标准。

1. SAE 的机油黏度分类法

SAE 采用的是黏度等级分类法，将润滑油分成夏季用的高温型、冬季用的低温型和冬夏通用的全天候型。冬季用油有 6 种，夏季用油有 5 种，冬夏通用油有 16 种，具体含义如下：

(1) 高温型(如 SAE20～SAE50)：其标明的数字表示 100℃时的黏度，是机油耐高温性的指数，数字越大，其黏度越大，适用的最高气温越高，说明机油在高温下的保护性能越好。

(2) 低温型(如 SAE0W～SAE25W)：W 是 Winter(冬天)的缩写，表示仅用于冬天，数字越小黏度越低，低温流动性越好，适用的最低气温越低，在冷起动时对发动机的保护能力越好。

(3) 全天候型(如 SAE15W/40、SAE10W/40、SAE5W/50)：表示低温时的黏度等级分别符合 SAE15W、SAE10W、SAE5W 的要求，高温时的黏度等级分别符合 SAE40、SAE50 的要求，属于冬夏通用型。

2. API 机油等级标准

API 采用的是机油品质等级的评定标准，将润滑油分成汽油机用(S)和柴油机用(C)两大类，当"S"和"C"两个字母同时存在，则表示此机油为汽柴通用型。

(1) 汽油机用润滑油：用代号"S"表示，后面紧跟另一位英文字母(如 SE、SF、SH、SJ)，字母排序越靠后，润滑油的品质越高。常见的汽油机用润滑油规格有：SA、SB、SC、SD、SE、SF、SG、SH、SJ、SL、SM 等。

(2) 柴油机用润滑油：用代号"C"表示，后面紧跟另一位英文字母(如 CC、CD、CE、CF)，字母排序越靠后，润滑油的品质越高。常见的柴油发动机用润滑油有 CC、CD、CF、CF-4、CH-4、CI-4、CI-4+、CJ-4 等 8 个等级。

3. 各种油品温度的适用范围

SAE5W/30 适于环境温度在－35℃～30℃之间，其中 5W/30 中的 30 表示的不是温度，而是级别，但 30# 级别的机油适用的范围是自然环境温度 30℃以下。不同环境温度适应的发动机润滑油黏度级别如表 2.1 所示。

表 2.1 不同环境温度适应的发动机润滑油黏度级别

环境温度(℃)	粘度级别	环境温度(℃)	粘度级别	环境温度(℃)	粘度级别
−35～30	0W/30	−25～30	10W/30	−20～50	15W/50
−35～40	0W/40	−25～40	10W/40	−15～30	20W/30
−30～30	5W/30	−25～50	10W/50	−15～40	20W/40
−30～40	5W/40	−20～30	15W/30	−15～50	20W/50
−30～50	5W/50	−20～40	15W/40	—	—

4. 正确选择机油，延长发动机寿命

在保证润滑的条件下，根据使用时的气温范围、发动机温度以及实际车况，尽可能选用黏度小的润滑油。对车况较好、磨损比较小的发动机，可以选择黏度小的润滑油，而对磨损已比较严重、间隙已比较大的发动机，则适当选用黏度稍大的润滑油。

由于夏冬两季温差比较大，夏天油压表普遍偏低。但是，只要处于厂家行车手册上规定的合理范围，均属于正常现象。一般情况下，好的机油随着温度的升高，其黏度的变化会比较平缓，而且不会迅速变稀。

需要换机油的里程为 5 000～10 000 km。而在实际驾驶中，路况、车况、机油品质都会影响到换油周期。例如：长期在市区驾驶，汽车停车起步频繁，会加剧发动机磨损、加快机油污染，因此须缩短换油周期。此外，可定期对机油状况进行检测，用机油尺蘸少许机油放在手指上，如机油呈黑色，非常稀薄，并含有沙砾，则说明此时的机油已变质，须立即更换。

2.2.3 导致机油压力报警灯常亮的因素

造成机油压力指示灯常亮的原因有很多，以下因素都可以造成该情形。

(1) 机油液面太低，油量不足，使机油泵的泵油量减少或因进空气而泵不上油，导致机油压力下降。

(2) 机油集滤器滤网堵塞，机油滤清器堵塞，油底壳变形使吸油盘堵塞，导致供油不足，会使机油压力降低。

(3) 机油泵磨损过大导致泄漏或机油泵传动装置损坏、油泵损坏。

(4) 主油道上的限压阀弹簧疲劳软化或调整不当，阀座与钢珠的配合面磨损或被脏物卡住而关闭不严或损伤导致机油压力降低。

(5) 各个转动副配合间隙太大，如曲轴轴承、连杆轴承、凸轮轴轴承等配合间隙过大，会使机油压力降低。

(6) 机油选用不当，如机油黏度太低或质量失效，则发动机运转时会加大机油泄漏量，从而使油压降低。

(7) 机体上的工艺油堵松动,导致机油管破裂,机油管路中有漏油现象。

(8) 机油压力表或传感器、机油压力过低报警模块以及线路故障。

(9) 发动机温度过高使机油变稀,从各运动件配合间隙中大量流失而导致油压下降。

2.2.4 机油压力低的故障诊断思路

1. 机油压力一直低

无论发动机处于何种转速或何种温度下,机油压力表指示油压始终低于 0.05 MPa,机油压力报警灯闪亮,其原因主要有以下几个。

(1) 机油油量、油质不符合要求,如油底壳内油过少、机油变稀、变质、黏性下降、机油中混入水分柴油或汽油等。

(2) 机油泵严重磨损或装配不当,泵油压力达不到要求,使机油在泵内泄漏过多,此时要更换机油泵。

(3) 机油集滤器滤网或滤清器被油泥重堵塞,导致机油难以进入主油道,此时应清洗或更换机油集滤器滤网或滤清器。

(4) 机油泵进油管接头不严,存在严重消气现象。

(5) 润滑油路有严重泄漏现象,使主油道内机油从泄漏处大量流回油底壳而卸压。泄漏的部门主要有:机体上的油堵松动;机油管破裂;曲轴颈离心净化油腔螺塞松脱;曲轴轴承或凸轮轴轴承配合间隙过大等。

(6) 机油压力表和感应塞失灵,将感应塞导线拆下直接搭铁,此时若压力恢复正常,说明感应塞损坏。

(7) 各轴承磨损情况不同,使得配合间隙增大。一般情况下,主轴承间隙每增加 0.01 mm,主油道的油压要降低 0.01 MPa。

(8) 机油泵限压弹簧失效或过软,此时应更换限压弹簧。

2. 机油压力突然降至零

发动机工作中,机油压力正常值突然降至零,此时应立即停机检查,以免酿成烧瓦事故。机油压力突然消失的原因主要有以下几个。

(1) 油底壳放油螺塞松脱,或机油管折断、残损、机油大量漏失。

(2) 回油阀调压螺栓松脱,机油从回油阀处流回底壳。

(3) 机油集滤器滤网突然被异物堵死,机油无法进入主油道。

(4) 机油泵传动轴、传动销断,机油泵突然停止运转。

(5) 机油压力表突然损坏。

3. 机油压力突然升高许多

发动机稳速运转时,机油压力表指针由正常值 0.3~0.4 MPa,指向刻度外,其原因主要有以下几个。

(1) 限压阀、回油阀突然卡死不能开启,使主油道内多余的机油不能流回油底壳。

(2) 主油道内有异物突然堵塞,使油压急剧升高(可拧下主油道工艺螺塞检查)。

(3) 转子式机油细滤器喷孔堵塞,使机油压力表仍指示在高油压处不动。

需要指出的是,机油压力过高并非好事,它不仅使机油泵负荷增加,而且可使旁通阀常开,机油未经粗滤器过滤就直接送往摩擦表面,会加剧摩擦副的磨损;若旁通阀卡滞,还会冲坏粗滤器芯,并引起主油道被滤芯碎片堵塞。

4. 机油温度升高后机油压力下降

发动机冷机时机油压力正常,随着发动机体温度的升高,机油压力逐渐下降。其主要原因是机体温度升高后机油黏度下降,润滑油路泄漏损失增加,如机油变质、牌号不符,或曲轴轴颈与轴承、凸轮轴轴颈与轴承的配合间隙过大等,都会出现这种情况。

5. 发动机转速越高,机油压力降低

发动机中、小节气门时油压正常,加大节气门则油表指示值下降甚至趋于零,减小油压后又趋于正常,其主要原因有以下几个。

(1) 油底壳内留有洗车布、纸片、絮胶状杂质。在发动机怠速运转时,机油泵的真空吸力小,杂物悬浮于油底壳机油底部,供油正常。发动机转速提高后,机油泵的真空吸力增大,将悬浮于机油中的杂物吸附在滤网上,堵住了滤网,使机油供应不畅,油压下降。减小节气门后机油泵吸力又减小,杂物在自重的作用下又落至悬浮于油底壳中,供油正常,油压又上升。

(2) 塑料质地集滤网在热机时变软,加大节气门后滤网中心的凸起部分被吸起,堵住进油管口,使油突然中断。

(3) 调压阀或回油阀弹簧折断,加大节气门后球阀打开卸压,但油压降低后弹簧不能使球阀回位,造成油压持续降低。

(4) 集滤器有堵塞的地方。发动机低速或怠速时,需油量少,堵塞部分不影响油压建立;而当高速运转时所需油量较多,集滤器面积小,致使供油不及时,从而造成油压降低。

6. 机油压力大幅度波动

当发动机怠速运转时油压正常,中、高速运转时,机油压力幅度波动(机油压力表指针在 0~0.6 MPa 来回摆动或颤动),其原因主要有以下几个。

(1) 机油泵吸入空气。当发动机高速运转时,机油泵吸力增大,空气从机油管路密封不严处乘虚而入,由于空气具有可压缩性,从而造成油压波动。

(2) 调压阀或回油阀受弹簧异物卡滞,或弹簧弯曲与座孔碰擦,使弹簧运动受阻,球阀的打开和关闭都显得困难。当主油道内油压升高、球阀打开时,主油道内卸压,但因弹簧的阻滞作用,直至油压降至很低甚至接近于零时球阀才关闭,接着主油道内油压又上升,球阀又打开,如此循环往复,造成机油压力大幅度波动。

2.2.5 检测机油压力

1. 润滑油压力的检查

发动机运转时,必须保持正常油压。如果油压过低,各摩擦表面会因得不到足够的润滑而使磨损加快;如果油压过高,易使油封、油管压坏,且浪费发动机的动力。汽车行驶时,润滑油的压力一般应保持在 0.2~0.4 MPa 之间;发动机温度较高而转速较低时,油压应不低于 0.2 MPa;发动机温度较低而转速较高时,油压应不高于 0.4 MPa;发动机怠速运转时,油压应不低于 0.1 MPa(精确的油压规定值,可参看各汽车的说明书)。

发动机润滑油压力的检测如图 2.17 所示,当发动机运转时,若润滑油压力报警灯持续亮,则检查润滑油液面高度,如果润滑油液面高度适当,则按以下步骤安排。

(1) 连接上转速表。

(2) 拆下润滑油压力开关,并安装一个润滑油压力表。

(3) 起动发动机,如果压力表未显示润滑油压力,应立即将发动机停机,等排除故障后再继续工作。

(4) 使发动机达到工作温度(风扇转动),润滑油温度约为 80 ℃时,润滑油压力应为:怠速下时最小为 70 kPa,转速在 3 000 r/min 时最小为 340 kPa。

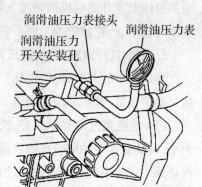

图 2.17 发动机润滑油压力的检测

(5) 如果润滑油压力不在说明书规定的范围内,则检查润滑油泵。

2. 发动机润滑油压力开关的检测

发动机润滑油压力开关的检测如图 2.18 所示,具体检测过程如下。

(1) 从润滑油压力开关上拆下黄/红导线。

(2) 检查正极端子和发动机(接地)之间的导通性。发动机停机时,应为导通。发动机运转时,应不导通。

(3) 如果开关不动作,应检查润滑油液面高度。如果润滑油液面高度正常,则检查润滑油压力。

3. 润滑油油面高度的检查

检查发动机的润滑油油面时,汽车应保持水平位置。发动机熄火几分钟后拔出油尺,以便润滑油靠自重流回油底壳内,然后把油尺重新插入。再次拔出油尺,油面必须在上限 max 与下限 min 之间。加注润滑油时,应使油面接近上限,如图 2.19 所示。

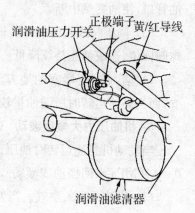

图 2.18 发动机润滑油压力开关的检测

 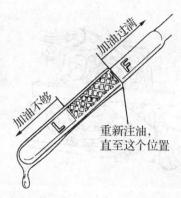

图 2.19 机油尺及油面位置

4. 机油压力表及传感器的检查

若主油道中的实际润滑油压力正常,而机油压力表指示的润滑油压力不正常,或低压报警灯点亮,则为油压报警开关短路损坏或其导线搭铁;若油压过低时,油压报警灯不亮,则为油压报警开关断路损坏或其导线断路、报警灯烧坏等。

检查断路故障可用万用表逐点检测,检查搭铁故障可用逐点拆线法检测。

2.2.6 机油泵检修

1. 齿轮式机油泵的检修

机油泵的作用是将油底壳中的机油加压送到各油道,以润滑发动机各部机件。构造型式以齿轮式和转子式采用最多,特点是结构简单,工作可靠,制造和修理方便。

1) 齿轮端面间隙的检修

齿轮端面与泵盖之间的间隙称为齿轮泵的端面间隙。这种间隙的逐渐增大一般是由于齿轮在轴向上与泵盖或泵体的磨损所造成的。检验时可选用直尺和塞尺进行测量,如图2.20所示。此间隙一般为 0.05～0.14 mm,极限值为 0.15 mm。端面间隙的大小对机油泵的工作指标影响较大。齿轮的端面间隙过大时应更换油泵。

2) 齿轮啮合间隙的检修

机油泵内部齿轮经过长期的互相摩擦,会使齿轮啮合间隙增大。检验时可选用塞尺测量齿轮的啮合间隙,如图 2.21 所示。检验时,一般选择相邻 120° 的 3 个位置进行测量,然后从这 3 个测量数据中求出平均值,这就是齿轮啮合的实际间隙。此间隙一般为 0.05～0.25 mm,使用限度不允许超过 0.28 mm。若齿轮的啮合间隙过大,应更换油泵。

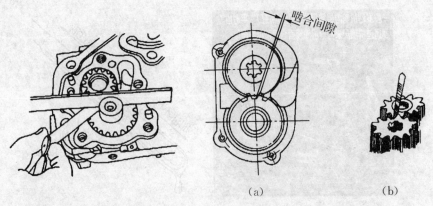

图 2.20 端面间隙的检测　　图 2.21 啮合间隙的检测

3) 齿轮齿顶间隙的检修

机油泵的泵体内壁与齿轮顶端的间隙称为齿顶间隙,如图 2.22 所示。此间隙的增大一般是由于主动轴与衬套或从动齿轮中心孔与从动轴间的间隙增大,导致泵体内壁与齿轮顶端互相摩擦所造成的。此间隙一般为 0.05~0.15 mm,极限间隙为 0.45 mm。检验时,可用塞尺进行测量。若测量出的结果超过极限间隙值,一般应成对更换齿轮或泵体。

4) 壳体的检修

机油泵壳与盖的平面度误差大于 0.05 mm 时,应更换。检测方法如图 2.23 所示。

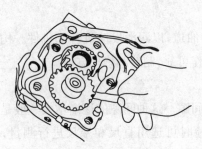　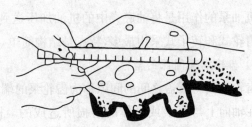

图 2.22 齿顶间隙的检测　　图 2.23 机油泵壳与盖的平面度误差的检测

5) 齿轮式机油泵的装配与试验

齿轮式机油泵装配时应按拆卸的相反顺序进行,装配后传动部分应转动灵活,无卡阻现象。然后把机油泵放在盛有机油的容器内,一边用大姆指堵塞机油泵出油口,另一边用手转动机油泵的主动轴,若在转动的过程中感觉大姆指有压力并有机油溢出,则说明机油泵的工作性能基本正常。

2. 转子式机油泵的检修

(1) 用塞尺检查外转子与泵体之间的间隙,如图 2.24 所示。此间隙的标准值为 0.10~0.16 mm,极限值为 0.20 mm。

(2) 检查内外转子齿顶端面之间的啮合间隙,如图 2.25 所示。此间隙的标准值为 0.04~0.12 mm,极限值为 0.18 mm。

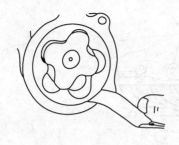
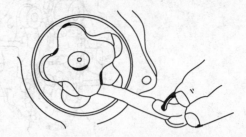

图 2.24　检查外转子与泵体之间的间隙　　　图 2.25　检查内外转子齿顶端面之间的啮合间隙

（3）用精密规板和塞尺检查内转子端面间隙，如图 2.26 所示。此间隙的标准值为 0.03～0.09 mm，极限值为 0.15 mm。

（4）检查限压阀是否有刮痕或损伤，限压阀柱塞在阀孔内的磨损及间隙是否已扩大，若松旷，则须更换。弹簧弹力若是松弛，不符合标准，也应更换。

（5）安装内外转子时，注意把有标记的一面对着机油泵的泵体（朝向上方），如图 2.27 所示。

（6）机油泵装复后，将机油集滤器浸入清洁的机油盆内，按顺时针方向转动油泵轴，直到机油从油孔中流出为止。再用大拇指堵住出油孔，继续转动油泵，检验油泵轴转动阻力是否增大，增大为良好。

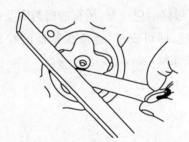
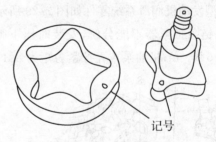

图 2.26　检查转子端面间隙　　　图 2.27　安装转子

桑塔纳 AJR 型发动机润滑系统的结构与维修

AJR 型发动机机油泵是直接由曲轴前端的链轮通过链条驱动，其驱动形式如图 2.28 所示。

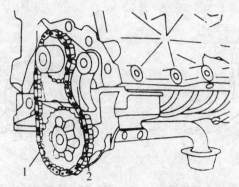

图 2.28　AJR 型发动机机油泵的传动

1—链条；2—链条张紧装置

AJR 型发动机机油泵的安装位置移到机体的前端底面，气缸体内通往机油滤清器支架的油道因此设计得较长，通过滤清后的机油在机油滤清器支架内分为三路：第一路进入气缸体主油道，经主油道将机油分配到各曲轴主轴承，再由曲轴上的斜油孔通往各连杆轴承，由连杆体上的油孔通往连杆小头衬套。第二路通过安装在机油滤清器的一个止回阀进入气缸体上的一个通向气缸体上平面的油道，经气缸盖上的第四个气缸盖螺栓孔进入气缸盖主油道，由此将机油分配到各凸轮轴轴颈和液压挺杆。止回阀的作用是在发动机停机时保持气缸盖油道内的存油，防止发动机再次起动时缸盖供油不足，导致液压挺杆不能正常工作。第三路通往一个限压阀，油道内的压力过大时该阀打开，将部分机油旁通流回油底壳。

AJR 型发动机润滑系统零件如图 2.29 所示。维修时应注意：所有的密封圈及衬垫拆卸后应更换；链条张紧器不能分解，安装时压下弹簧后即可安装，链条张紧器的拧紧力矩为 14.4～17.6 N·m；机油泵罩壳拧紧力矩为 8.1～9.9 N·m。

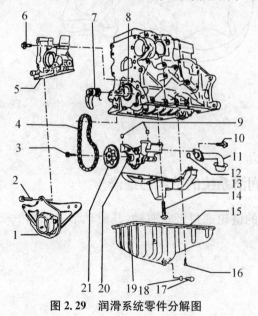

1—扭力臂；2—螺栓（拧紧力矩 25 N·m）；
3—螺栓（拧紧力矩 19～25 N·m）；
4—机油泵传动链；
5—曲轴前油封凸缘；
6—油封凸缘固定螺栓（拧紧力矩 15 N·m）；
7—链条张紧器；8—曲轴链轮；9—销钉；
10、14、16—螺栓（拧紧力矩 14.4～16.6 N·m）；
11—吸油管；12—O 形圈；13—挡油板；
15—衬垫；17—放油螺塞；18—放油螺塞密封圈；
19—油底壳；20—机油泵；21—机油泵链轮

图 2.29　润滑系统零件分解图

一、机油滤清器

机油滤清器零件如图2.30所示。拆装机油滤清器时应使用机油滤清器扳手,机油滤清器螺栓拧紧力矩为20 N·m。

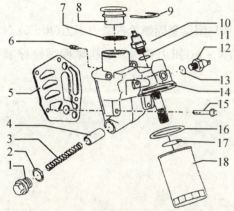

1—螺塞;2—密封圈;
3—弹簧(用于减压阀,约0.4 MPa);
4—柱塞(用于泄压阀);5—衬垫;
6—压力止回阀(在机油滤清器支架内);
7—密封圈;8—盖子;9—夹箍;
10—0.025 MPa机油压力开关(棕色绝缘层,拧紧力矩15 N·m);
11—密封圈;12—0.18 MPa机油压力开关(白色绝缘层,拧紧力矩25 N·m);
13—密封圈;14—机油滤清器支架;
15—机油滤清器支架紧固螺栓(拧紧力矩16 N·m+90°,拆卸后更换);
16—衬垫;17—密封圈;18—机油滤清器

图2.30 机油滤清器零件分解图

二、油底壳

1. 油底壳的拆卸

(1) 使发动机前端位于维修工作台上。

(2) 放出发动机机油。

(3) 拆卸离合器防尘罩板。

(4) 如图2.31箭头所示,旋下副梁螺栓和发动机橡胶支承。

图2.31 旋下副梁螺栓和发动机橡胶支承

(5) 缓缓放下副梁。

(6) 旋下油底壳上的所有螺栓。

(7) 拆卸油底壳,必要时用橡胶锤子轻轻敲击。

2. 油底壳的安装

(1) 更换油底壳衬垫。

(2) 交替对角拧紧油底壳与气缸体的紧固螺栓。

(3) 安装好副梁。

(4) 拧紧发动机橡胶支承。

(5) 注意主要部件螺栓拧紧力矩。发动机支承与副梁紧固螺栓拧紧力矩为(40±5)N·m，发动机支承与支架紧固螺栓拧紧力矩为(40±5)N·m，扭力臂与发动机紧固螺栓拧紧力矩为(23±3)N·m。

三、机油泵

1. 机油泵的拆卸

(1) 拆下油底壳。

(2) 旋下图2.32箭头所示螺栓。

(3) 将链轮和机油泵一起拆下来。

2. 机油泵的安装

(1) 将销钉插入到机油泵上端，机泵轴与链轮只能有一个安装位置。

(2) 安装机油泵，安装油底壳。

(3) 用(22±3)N·m的力矩拧紧链轮与机油泵的紧固螺栓，用(16±1)N·m的力矩拧紧机油泵与气缸体的紧固螺栓。

四、机油压力开关的检测

测试机油压力开关前应保证机油液面正常，当点火开关接通时机油报警灯应该闪亮；发动机机油温度约为80℃。

(1) 拔下低压开关(0.025 MPa，棕色绝缘层)，将其拧到V.A.G1342机油开关测试仪上，如图2.33所示。

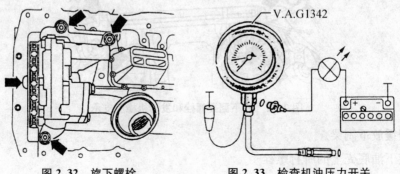

图2.32 旋下螺栓　　　图2.33 检查机油压力开关

(2) 将测试仪拧到机油滤清器支架低压油压开关的位置上。

(3) 将测试仪的棕色导线搭铁。

(4) 将二极管测试灯 V.A.G1527 连接到机油压力开关和蓄电池正极上。发光二极管必须发亮。

(5) 起动发动机,并缓慢提高发动机转速。

(6) 当机油压力为 0.015~0.045 MPa 时,测试灯必须熄灭,否则更换机油压力开关。

(7) 将二极管测试灯拧在高压油压开关上(0.18 MPa,白色绝缘层)。

(8) 当机油压力为 0.16~0.2 MPa 时,发光二极管必须发亮,否则更换机油压力开关。

(9) 继续提高发动机转速。在 2 000 r/min 和 80 ℃ 的机油温度下,机油压力应至少维持在 0.2 MPa。

任务实施

为解决情景导入中要求的排除发动机机油压力警告灯亮故障的问题,可按下述方式组织实施任务。

任务单元	发动机机油压力警告灯亮的诊断与排除	课时	6
任务要求	1. 掌握机油压力警告灯亮故障的诊断方法,确定故障诊断的思路 2. 分析机油压力警告灯亮产生的原因 3. 学会对引起机油压力警告灯亮的零部件进行检修		
设备器材	1. 三台技术状况良好的发动机台架 2. 常用工具三套 3. 专职试车员一名 4. 故障诊断流程图展板一块		
操作准备	1. 将常用、专用工具三套分别放于三个工作台,对应放在三台发动机台架位置 2. 将"任务工单"分发给每位学生		
注意事项	1. 运行前进行安全检查 2. 学生不得驾驶车辆 3. 场地道路不小于 50 m×100 m		
实施过程	通过设计更换已坏触点常通的机油压力传感器这个故障点,现象是有机油压力指示灯亮这个故障。重点培养目标:分析该发动机机油压力警告灯亮的故障诊断方法		

评价考核

评价与考核项目		评价与考核标准	配分	得分
知识点	润滑系统的组成	指出润滑系统的各零部件组成名称	10	
	发动机机油压力警告灯常亮的故障现象及危害	分析机油压力警告灯常亮的故障现象及危害	10	
	机油压力警告灯常亮故障的原因	分析机油压力警告灯常亮的原因	10	
	机油压力警告灯常亮故障的诊断思路	介绍机油压力警告灯常亮故障的诊断方法	10	
技能点	机油压力警告灯常亮的故障诊断	会对机油压力警告灯常亮进行故障诊断	20	
	机油压力警告灯常亮故障的排除	能够排除机油压力警告灯常亮的各类故障点	20	
情感点	纪律与劳动	不迟到早退，实训积极主动、认真记录	10	
	职业道德与敬业精神	具备良好的道德准则、道德情操与道德品质；能认真对待实训、明确职责、勤奋努力	5	
	团结协作与创新精神	必须分组分工协作共同完成；认真完成任务工单；制订工作计划；要做好记录，各小组选派代表展示学习成果；评议各小组展示的学习成果；能够综合运用自己的知识、信息、技能和方法，对遇到的问题能提出新方法、新观点	5	
合计			100	

任务工单

任务名称： 发动机机油压力警告灯亮的诊断与排除　　　　**任务成绩：**_____

学生姓名：_____　　　　**班　级：**_____　　　　**学　号：**_____

实训时间：_____　　　　**实训地点：**_____　　　　**组　号：**_____

● **任务资讯**

一、填空题

1. 汽车在正常行驶中，润滑系统的机油压力一般为_____MPa。

2. 轿车发动机机油需要换的里程一般为_____km。

3. 在齿轮式机油泵检修中，要检测"三隙"是否符合技术要求，其中_____隙对机油泵供油压力影响最大。

二、选择题

1. 机油黏度过大会使机油压力（　　）。

　　A. 升高　　　　　　B. 降低　　　　　　C. 不变

2. 技师甲在汽油机上用 SF/SG 机油涂在凸轮轴和挺柱上,技师乙用 CC/CD 机油涂在所有发动机的凸轮轴和挺柱上,则(　　)。

 A. 甲正确   B. 乙正确   C. 两人均正确   D. 两人均不正确

3. 技师甲说,齿轮泵泵出油量大于转子泵,技师乙说,发动机油压取决于油黏度,则(　　)。

 A. 甲正确   B. 乙正确   C. 两人均正确   D. 两人均不正确

4. 诊断检查时(　　)会引起低油压

 A. 机油吸油滤网堵塞   B. 机油过稀

 C. 温度过低   D. A 和 B 二者

5. 润滑系统中旁通阀的作用是(　　)。

 A. 保证主油道中的最小机油压力

 B. 防止主油道过大的机油压力

 C. 防止机油粗滤器滤芯损坏

 D. 在机油粗滤器滤芯堵塞后仍能使机油进入主油道内

三、判断题

1. 机油滤芯更换指示灯亮,表明应及时更换滤芯。 (　　)
2. 液压挺柱在柱塞和挺柱体之间应有轻微的机油泄漏。 (　　)
3. 把装好的机油泵放入润滑油中,用手堵住出油口,可用手转动主动齿轮轴,说明机油泵良好。 (　　)

四、简答题

1. 机油压力警告灯亮的原因有哪些？
2. 排除机油压力警告灯亮故障的具体措施是什么？

◉ **计划决策**

 请根据任务要求,确定所需要的设备器材,并对小组成员进行合理分工,制订机油压力警告灯亮的诊断与排除计划。

  1. 需要的设备器材

  _____
  _____

  2. 小组成员分工

  _____
  _____

  3. 实施计划

  _____
  _____

● **任务实施**

分组检测机油压力警告灯亮的故障,并正确填写下表。

附表 2.2　机油压力警告灯亮的诊断与排除工作状况参数记录表

检测项目	测量结果	故障判断
发动机机油液位		
机油黏性		
机油压力传感器的位置		
机油压力警告灯指示状况		
传感器工作状态		
传感器线路工作情况		
机油压力状况		

● **检查评价**

以小组为单位对完成任务情况进行评价(包括自我评价、小组评价、教师评价)。

1. 是否完成了所有实训项目?

　　自我评价:＿＿＿＿＿＿＿＿＿＿＿＿＿＿＿＿＿＿＿＿＿＿＿＿＿＿＿＿＿＿＿＿
　　＿＿＿＿＿＿＿＿＿＿＿＿＿＿＿＿＿＿＿＿＿＿＿＿＿＿＿＿＿＿＿＿＿＿＿＿＿＿

　　小组评价:＿＿＿＿＿＿＿＿＿＿＿＿＿＿＿＿＿＿＿＿＿＿＿＿＿＿＿＿＿＿＿＿
　　＿＿＿＿＿＿＿＿＿＿＿＿＿＿＿＿＿＿＿＿＿＿＿＿＿＿＿＿＿＿＿＿＿＿＿＿＿＿

　　教师评价:＿＿＿＿＿＿＿＿＿＿＿＿＿＿＿＿＿＿＿＿＿＿＿＿＿＿＿＿＿＿＿＿
　　＿＿＿＿＿＿＿＿＿＿＿＿＿＿＿＿＿＿＿＿＿＿＿＿＿＿＿＿＿＿＿＿＿＿＿＿＿＿

2. 检测计划制订得是否合理?检测操作是否正确?

　　自我评价:＿＿＿＿＿＿＿＿＿＿＿＿＿＿＿＿＿＿＿＿＿＿＿＿＿＿＿＿＿＿＿＿
　　＿＿＿＿＿＿＿＿＿＿＿＿＿＿＿＿＿＿＿＿＿＿＿＿＿＿＿＿＿＿＿＿＿＿＿＿＿＿

　　小组评价:＿＿＿＿＿＿＿＿＿＿＿＿＿＿＿＿＿＿＿＿＿＿＿＿＿＿＿＿＿＿＿＿
　　＿＿＿＿＿＿＿＿＿＿＿＿＿＿＿＿＿＿＿＿＿＿＿＿＿＿＿＿＿＿＿＿＿＿＿＿＿＿

　　教师评价:＿＿＿＿＿＿＿＿＿＿＿＿＿＿＿＿＿＿＿＿＿＿＿＿＿＿＿＿＿＿＿＿
　　＿＿＿＿＿＿＿＿＿＿＿＿＿＿＿＿＿＿＿＿＿＿＿＿＿＿＿＿＿＿＿＿＿＿＿＿＿＿

3. 附表填写是否详细、准确?

　　自我评价:＿＿＿＿＿＿＿＿＿＿＿＿＿＿＿＿＿＿＿＿＿＿＿＿＿＿＿＿＿＿＿＿
　　＿＿＿＿＿＿＿＿＿＿＿＿＿＿＿＿＿＿＿＿＿＿＿＿＿＿＿＿＿＿＿＿＿＿＿＿＿＿

　　小组评价:＿＿＿＿＿＿＿＿＿＿＿＿＿＿＿＿＿＿＿＿＿＿＿＿＿＿＿＿＿＿＿＿
　　＿＿＿＿＿＿＿＿＿＿＿＿＿＿＿＿＿＿＿＿＿＿＿＿＿＿＿＿＿＿＿＿＿＿＿＿＿＿

　　教师评价:＿＿＿＿＿＿＿＿＿＿＿＿＿＿＿＿＿＿＿＿＿＿＿＿＿＿＿＿＿＿＿＿
　　＿＿＿＿＿＿＿＿＿＿＿＿＿＿＿＿＿＿＿＿＿＿＿＿＿＿＿＿＿＿＿＿＿＿＿＿＿＿

学习项目 2　发动机故障诊断与排除

任务 2.3　汽油发动机怠速不良的诊断与排除

一辆本田 F23A3 轿车，起动正常，怠速偏高，慢加速正常，急加速响应慢甚至熄火，故障灯点亮，但连接仪器失败，无法读取故障码。你作为车间技术人员，接到此类发动机怠速不良的检修任务，要求学会分析造成发动机怠速不良的原因，确定诊断思路，制订故障检修计划，得到车间主任确认后，完成此任务，并提交一份排除故障的分析总结报告。

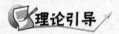

2.3.1　发动机怠速的含义

汽车发动机怠速是指发动机运行中，节气门开度最小，汽车处于空挡，发动机只带附件而维持最低转速的稳定，这时发动机就处于怠速状态，发动机怠速时的转速叫作怠速转速，它是维持发动机对外没有输出功率时的最低转速。怠速是一种工作工况，而不是一种速度。

汽车发动机经常在怠速下运转，例如：启动后预热、交通堵塞路段或等待红绿灯放行等等。因此，发动机怠速是否稳定，是否容易熄火，就直接影响到汽车的正常使用、交通畅通以至行车安全。轿车发动机的热车怠速转速一般在 850 r/min 左右，具体由厂家在说明书上标明。通常要求这个转速的波动不应超过 ± 25 r/min。在使用中，应当经常检查发动机的怠速稳定性，并予以适当调整。

2.3.2　怠速不良的表现形式

怠速不良是电控燃油喷射式发动机最常见的故障之一，它有多种表现形式，包括怠速不稳、怠速熄火、冷车怠速不良、热车怠速不良等。造成怠速不良的原因很多，也有可能是几种原因综合引起的。该故障牵涉面广，维修困难。在故障与排除过程中，要根据故障的具体表现来分析故障原因。

1. 怠速不稳、易熄火

（1）故障现象：发动机起动正常，但不论冷车或热车，怠速均不稳定，怠速转速过低，易熄火。

（2）故障原因：进气系统或真空系统漏气；空气滤清器堵塞；怠速控制阀失效；空气流量计有故障；EGR 阀卡住常开；怠速调整不当；燃油压力太低；喷油器雾化不良、漏油或堵塞；

火花塞工作不良;高压线漏点或断路;点火正时失准;气缸压缩压力过低。

(3) 故障诊断与排除思路

① 先进行故障自诊断,检查有无故障码出现。如有,则按所显示的故障码查找故障原因。要特别注意会影响怠速工作的传感器、执行器(如冷却液温度传感器、节气门位置传感器、怠速控制阀等)有无故障。

② 检查进气系统各管接头、各真空软管、废气再循环系统和燃油蒸气回收系统有无漏气。

③ 检查怠速控制阀的工作是否正常。对于脉冲电磁阀式怠速控制阀,可在发动机运转过程中拔下怠速控制阀接线插头。如果发动机转速无变化,说明怠速控制阀或控制电路有故障,应检修电路或更换怠速控制阀。对于步进电动机式怠速控制阀和旋转电磁阀式怠速控制阀,可以在怠速运转时打开汽车空调开关,若此时发动机转速随之下降,则说明怠速控制阀或其线路有故障,应进一步用示波器测量线束插头处有无脉冲电压信号,如有脉冲电压,则说明怠速控制阀有故障,应更换;如无脉冲电压,应检查控制线路。如果怠速控制阀及其线路均正常,应拆卸节气门体和怠速控制阀,用化油器清洗剂将所有积炭和气道清洗干净后装复。

④ 怠速时逐个拔下各缸高压线,检查发动机转速的下降量是否相等。如果在拔下某缸高压线时,发动机转速基本不变,说明该缸不工作或工作不良,应检查该缸点火模块、火花塞或喷油器有无故障,喷油器控制电路有无短路。

⑤ 检查高压火花、火花塞和各缸高压线。火花应为蓝白光,如火花微红太弱,说明电压低,则应检查点火系统。拆检各缸火花塞,检查电极有无烧蚀过甚或积炭,火花塞电极间隙一般为 1 mm 左右,不合格应更换。检查各缸高压线,如高压线外表有漏点或击穿的痕迹,或用万用表测量高压线,其电阻大于 25 kΩ,说明高压线损坏,应更换。

⑥ 检查燃油压力。怠速时进气歧管喷射的燃油压力应为 250 kPa 左右。如燃油压力太低,则应检查油压调节器、电动燃油泵、燃油滤清器。

⑦ 用解码器读取空气流量计等各电控元件的数据流,如不符合标准,应更换。

⑧ 仔细听各缸喷油器在怠速时的工作声音。如果各缸喷油器工作声音不均匀,说明各缸喷油器喷油不均匀,应拆检、清洗或更换喷油器。

⑨ 检查气缸压缩压力,如压力低于 0.8 MPa,或各缸压力差大于平均压力的 10%,则应拆检发动机。

⑩ 检查、调整气门间隙。

如上述检查均正常,可拆检、清洗各缸喷油器。如发现某个喷油器雾化不良或漏油,经清洗后仍不能恢复正常,则应更换该喷油器。最后检查发动机计算机。发动机怠速不稳、易熄火的故障诊断与排除流程如图 2.34 所示。

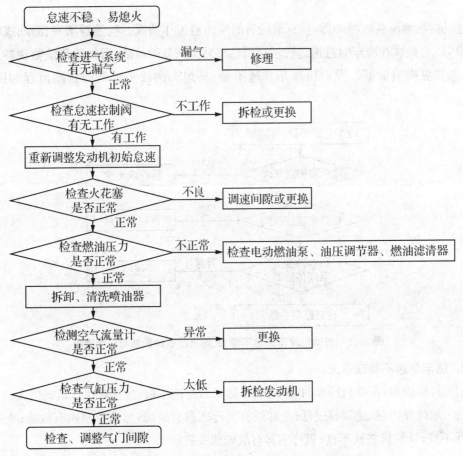

图 2.34 发动机怠速不稳、易熄火的故障诊断与排除流程

2. 冷车怠速不稳、易熄火

(1) 故障现像：发动机冷车运转时怠速不稳或过低，易熄火，热车后怠速恢复正常。

(2) 故障原因：怠速控制阀故障；冷却液温度传感器故障；喷油器雾化不良或堵塞。

(3) 故障诊断与排除思路

① 进行故障自诊断，检查有无故障码。如有，则按显示的故障码查找故障原因。

② 检查怠速控制阀。熄火后拔下怠速控制阀线束插头，待发动机起动后再插上。如果发动机转速没有变化，说明怠速控制阀不工作，应检查控制电路或拆检怠速控制阀。

③ 测量冷却液温度传感器。该传感器是负温度系数的热敏电阻，如有短路、断路或阻值不符合标准，应更换冷却液温度传感器。若拔掉冷却液温度传感器线束插头后，发动机怠速转速恢复正常，则说明冷却液温度传感器有故障，向计算机输入过低的冷却液信号。值得注意的是：在拔掉冷却液温度传感器插头后，发动机故障警告灯会亮起，此时计算机的失效保护功能起了作用，自动将冷却液温度设定为80℃。在重新插上冷却液温度传感器线束插头后，计算机仍会留下冷却液温度传感器的故障码。对此，可接上计算机检测仪将故障码

清除。

④ 拆检、清洗各缸喷油器,检查清洗后的喷油器工作情况。喷油器堵塞、漏油或喷油雾化不良,也会造成在冷车时怠速运转不稳而热车后又恢复的故障,可拆检清洗喷油器后装复试车,否则更换喷油器。发动机冷车怠速不稳、易熄火的故障诊断与排除流程如图2.35所示。

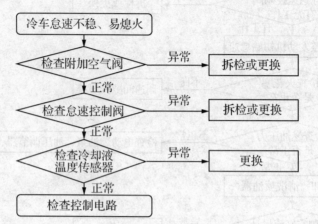

图 2.35　发动机冷车怠速不稳、易熄火的故障诊断与排除流程

3. 热车怠速不稳或熄火

(1) 故障现象:发动机冷车时怠速正常,热车后怠速不稳,怠速转速过低或熄火。

(2) 故障原因:怠速调整过低;冷却液温度传感器有故障;怠速控制阀有故障;火花塞或高压线不良;计算机搭铁不良;氧传感器有故障或失效。

(3) 故障诊断与排除思路

① 故障自诊断。如有故障码,则按所显示的故障码查找故障原因。

② 按正确的程序,检查发动机的初始怠速转速。若转速过低,则应按规定程序调整。

③ 检查冷却液温度传感器。

④ 检查怠速控制阀有无工作。

⑤ 检查各缸火花塞情况,视情况更换火花塞或调整火花塞间隙。

⑥ 测量各缸高压线电阻,若阻值大于 25 kΩ,或高压线外表有漏点或击穿的痕迹,则应更换高压线。

⑦ 检查计算机搭铁线及发动机机体是否搭铁良好。可在打开点火开关后,测量计算机搭铁线(或故障诊断座内搭铁线、发动机机体)和电瓶负极之间的电压。若该电压大于1 V,说明计算机搭铁线或发动机搭铁不良。可检查搭铁线的接地端有无松动或锈蚀,也可重新引一条搭铁线。发动机热车怠速不稳或熄火的故障诊断与排除流程如图2.36所示。

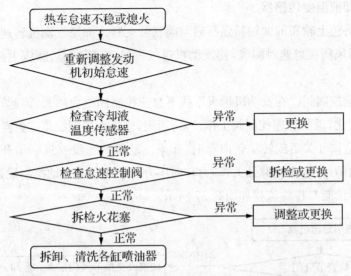

图 2.36 发动机热车怠速不稳或熄火的故障诊断与排除流程

4. 热车怠速过高

（1）故障现象：发动机冷车时能正常快怠速运转，但热车后仍保持快怠速，导致怠速转速过高。

（2）故障原因：节气门卡滞或关闭不严；怠速调整不当；怠速控制阀卡滞或控制电路故障；冷却液温度传感器故障；空调开关、动力转向器压力开关故障；曲轴箱强制通风阀故障；进气系统中有漏气现象；发电机充电电压过低等。

（3）故障诊断与排除思路

怠速转速过高是由怠速时进气量过多或发动机控制信号错误引起的。排除发动机怠速过高的故障时，应执行以下步骤。

① 检查怠速时节气门是否全关闭，节气门拉索是否无卡滞。用手将节气门摇臂朝关闭的方向扳动，如果发动机怠速能下降至正常转速，说明节气门卡滞关闭不严。若节气门拉索卡滞，应更换拉索；若节气门轴卡滞，应拆卸、清洗节气门体，清洗节气门体后，需用解码器重新匹配。

② 节气门匹配：按发动机的规定程序，用解码器对发动机计算机进行重新调整，设定怠速。所谓对发动机计算机进行重新设定，即清除发动机计算机中的故障记忆，让其重新学习怠速。对于大多数电控发动机，当发动机达到正常温度，怠速阀全关时，基本怠速转速设为 (800 ± 50) r/min。如调整、设定无效，则应做进一步的检查。

③ 检查进气系统管接头、真空软管等处有无漏气。

④ 进行故障自诊断。如有故障码，则按所显示的故障码查找故障原因。若无故障码，可进一步读取动态数据流，主要观察发动机的负荷信号、怠速控制阀开度或控制步数、发动机进气系统压力信号、冷却液温度信号、各开关信号等。

⑤ 检查冷却液温度传感器。

⑥ 用钳子将包上软布的曲轴箱强制通风阀软管夹紧。如果发动机转速随之下降,则说明曲轴箱强制通风阀在怠速时漏气,使发动机进气量过大,影响怠速,应更换曲轴箱强制通风阀。

⑦ 检查怠速控制阀。在发动机熄灭后拔下怠速控制阀线束插头,待起动后再插上。如果发动机随之变化,说明怠速控制阀工作正常;否则,应检查控制线路或更换怠速控制阀。

⑧ 在打开空调开关后或转动转向盘时,如果发动机转速没有进一步升高,说明怠速自动控制系统有故障,应检查空调开关,动力转向压力开关及怠速自动控制线路。发动机热车怠速过高的故障诊断与排除流程如图2.37所示。

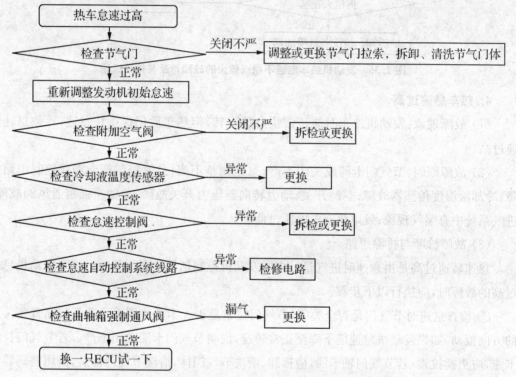

图 2.37　发动机热车怠速过高的故障诊断与排除流程

5. 怠速上下波动

(1) 故障现象:怠速时发动机转速不断地上下波动。

(2) 故障原因:怠速开关调整不当,在怠速时开关不闭合;喷油器雾化不良或堵塞;空气流量计有故障;怠速控制阀或怠速控制电路有故障;冷却液温度传感器信号不正确;氧传感器失效或反馈控制电路有故障等。

(3) 故障诊断与排除思路

① 进行故障自诊断。要特别注意有无怠速开关、冷却液温度传感器、空气流量计、氧传感器、怠速控制阀的故障码。如有故障码,应检查相应的传感器及控制电路。

② 怠速时逐个拔下各缸高压线或喷油器线束插头,检查发动机各缸工作是否均匀。如果拔下某缸高压线或喷油器线束插头时,发动机转速下降不明显,说明该缸工作不良,应拆检该缸火花塞和喷油器。

③ 检测节气门位置传感器,若节气门位置传感器内的怠速开关在节气门全关时不能闭合应重新调整或更换节气门位置传感器。

④ 检查水温传感器,可以利用汽车解码器测量冷却液温度传感器信号电压,若冷却液温度传感器传给发动机计算机的冷却液温度数值和实际冷却液温度不符,说明冷却液温度传感器有故障,应更换。

⑤ 用计算机检测仪或万用表、示波器检查空气流量计,如有异常应更换。

⑥ 在发动机怠速运转过程中,拔下怠速阀线束插头。如果怠速上下波动现象消失,但随之怠速不稳现象加剧,说明怠速控制阀工作正常,喷油系统有故障。如果怠速波动现象不变,则说明怠速控制造成怠速上下波动、喘车的故障原因基本与怠速抖动不稳的故障原因相同,但怠速控制阀故障、真空漏气、点火正时不正确和废气再循环阀在怠速时不能关闭是发动机怠速喘车的主要原因。发动机怠速上下波动的故障诊断与排除流程如图 2.38 所示。

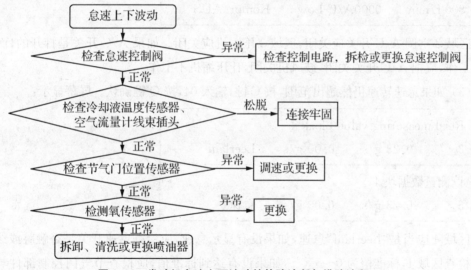

图 2.38　发动机怠速上下波动的故障诊断与排除流程

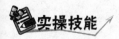

桑塔纳 AJR 型发动机怠速检测和喷油器检修

一、桑塔纳 AJR 型发动机怠速检测

怠速转速是由发动机控制单元预先设置,不可以调整。

怠速检测条件有:冷却液温度大于 80 ℃、测试时冷却风扇不能转、空调关闭、其他用电设备关闭、节气门拉索调节正常和发动机处于怠速。

(1) 用大众专业解码器 V.A.G1552 进入 08 功能"读测量数据块"显示组 03。屏幕显示：

Read measuring value block 3			→
800 r/min	13.650 V	92.0℃	43.2℃

读测量数据块 3			→
800 r/min	13.650 V	92.0℃	43.2℃

其中，区域 3 冷却液温度应大于 80℃，区域 1 发动机怠速标准值应为(800±30)r/min。

(2) 如果怠速不在标准范围内，按 C 键，输入 20，按 Q 键确认。屏幕显示：

Read measuring value block 20			→
800 r/min	0000A/C-Low		Kompr. AUS

读测量数据块 20			→
800 r/min	0000A/C-Low		Kompr. AUS

区域 2 空调 A/C 开关应关闭，区域 3 压缩机应关闭。如果 A/C 开关是打开的，而压缩机在工作，应把 A/C 开关关闭，鼓风机关闭，让压缩机不工作。

(3) 如果怠速转速仍然超出范围，按 C 键，输入 04，按 Q 键确认。屏幕显示：

Read measuring value block 4			→
3∠°	0.23 g/s	0.00 g/s	Leerlauf

读测量数据块 4			→
3∠°	0.23 g/s	0.00 g/s	怠速

区域 4 应当是"Leerlauf"怠速，如果没有显示怠速，应检查怠速开关是否触脏或线路开路。检查区域 1，标准植为 0～5∠°。如果没有达到标准值，应检查节气门控制部件与发动机控制单元的匹配。

(4) 按↑键。屏幕显示：

Read measuring value block 5			→
800 r/min	810 r/min	1.7%	2.9 g/s

读测量数据块 5			→
800 r/min	810 r/min	1.7%	2.9 g/s

区域 1，怠速转速标准值应为(800±30)r/min。

二、喷油器的检修

1. 喷油器的结构与连接电路

喷油器的连接电路如图 2.39 所示。

ECU 控制 4 个喷油器顺序开启(与点火顺序相对应：1—3—4—2)。喷油器的供电来自燃油泵继电器，当 ECU 接通喷油器负电后，喷油器开启喷油。喷油量只取决于 ECU 控制的喷油器开启时间的长短。

当喷油器堵塞、发卡、滴漏时，ECU 不能检测到，必须人工检查和排除。如果有一个喷油器不工作，发动机可能能会产生起动困难、怠速不稳或加速不良、动力差等现象。当喷油器控制电路开路或断路时，ECU 能检测到，使用故障阅读 V. A. G1551 的"执行元件诊断"可对喷油器进行测试。

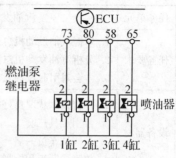

图 2.39 喷油器连接电路

2. 喷油器的检测

(1) 发动机运转时，用手指接触喷油器，应可察觉到喷油脉动。

(2) 检查喷油器电阻值，应符合规定的标准，常温下在 13～18 Ω 之间。

(3) 喷油器拆下后，通 12 V 电压时，应可听到接通和断开的声音。此项试验，通电时间应不大于 4 s，再次试验应间隔 30 s，以防喷油器发热损坏。

(4) 测量喷油器供电电压。打开点火开关时，端子 1 对地电压应等于蓄电池电压，如图 2.40 所示。如果符合要求，则应检查端子 1 到附加保险丝 S 间的线路有无断路或接触不良。

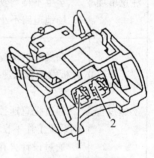

图 2.40 喷油器端子

(5) 检查喷油器的滴漏。拔下汽油压力调节器上的真空管和喷油器的插头及霍尔传感器的插头，从进气歧管上拆下汽油分配管连带四个喷油器，将 4 个喷油器头部放入 V. A. G1602 喷油器喷射速率测试仪的 4 个量杯内，把喷油器的一个触点与 V. A. G1594 测试线连接，测试线另一端夹住发动机接地点，把喷油器的另一个触点与 V. A. G1348/A 遥控开关、V. A. G1348—2 相配的导线连接，导线另一端夹住蓄电池的正极。用 V. A. G1552 进入 03 功能"电终控制诊断"，汽油泵运转，目测每个喷油器的滴漏。油泵运转时，每个喷油器在 1 min 内允许滴油 1～2 滴，否则应更换喷油器。

(6) 再次进入最终诊断，必须关闭点火开关 2 s 后再打开。按下 V. A. G1348/3A 遥控开关的按钮 30 s，用同样的方法测量喷油器在测量杯内的喷油速率，规定值为 70～80 mL。如果不符合要求，检查汽油压力调节器或喷油器。测试喷射速率的同时，可检查喷射形状，所有喷射形状应相同。

任务实施

为解决情景导入中要求的排除汽油发动机怠速不良故障的问题,可按下述方式组织实施任务。

任务单元	汽油发动机怠速不良的诊断与排除	课时	6
任务要求	1. 掌握汽油发动机怠速不良故障的诊断方法,确定故障诊断的思路 2. 分析汽油发动机怠速不良产生的原因 3. 学会对引起汽油发动机怠速不良的零部件进行检修		
设备器材	1. 三台技术状况良好的发动机台架 2. 常用工具三套 3. 专职试车员一名 4. 故障诊断流程图展板一块		
操作准备	1. 将常用、专用工具三套分别放于三个工作台,对应放在三台发动机台架位置 2. 将"任务工单"分发给每位学生		
注意事项	1. 运行前进行安全检查 2. 学生不得驾驶车辆 3. 场地道路不小于 50 m×100 m		
实施过程	1. 在发动机试验台上,把某一缸点火模块更换成已损坏的,利用这一缸不工作这个故障点,分析发动机怠速抖动的故障诊断方法。重点培养目标:让学生掌握发动机怠速不良的故障诊断 2. 通过把怠速控制阀的控制线断开或更换成阀芯工作卡滞的怠速控制阀,让发动机怠速控制系统工作不良。重点培养目标:发动机怠速控制系统的检修思路 3. 通过设计火花塞间隙过大或过小这个故障点,制造有燃油有高压电而不能怠速不良的故障。重点培养目标:让学生掌握有故障现象而无故障码的故障诊断思路		

评价考核

	评价与考核项目	评价与考核标准	配分	得分
知识点	怠速控制系统的组成	指出怠速控制阀的工作过程及作用	10	
	发动机怠速不良的故障现象	熟悉怠速不良的故障现象及危害	5	
	怠速不良故障的原因	分析怠速不良故障的原因	10	
	怠速不良故障的诊断思路	分析怠速不良故障的诊断方法	15	
技能点	怠速不良的故障诊断	会对怠速不良进行故障诊断	20	
	怠速不良的排除	能够排除怠速不良的各类故障点	20	

续表

	评价与考核项目	评价与考核标准	配分	得分
情感点	纪律与劳动	不迟到早退,实训积极主动、认真记录	10	
	职业道德与敬业精神	具备良好的道德准则、道德情操与道德品质;能认真对待实训、明确职责、勤奋努力	5	
	团结协作与创新精神	必须分组分工协作共同完成;认真完成学习任务单;制订工作计划;要做好记录,各小组选派代表展示学习成果;评议各小组展示的学习成果;能够综合运用自己的知识、信息、技能和方法,对遇到的问题能提出新方法、新观点	5	
		合计	100	

任务工单

任务名称:汽油发动机怠速不良的诊断与排除　　　　　任务成绩:＿＿＿＿

学生姓名:＿＿＿＿　　　班　　级:＿＿＿＿　　　学　　号:＿＿＿＿

实训时间:＿＿＿＿　　　实训地点:＿＿＿＿　　　组　　号:＿＿＿＿

● 任务资讯

一、填空题

1. 怠速控制系统用英文表示为＿＿＿＿。
2. 怠速控制阀是由＿＿＿＿直接控制的。
3. 怠速控制的实质就是对怠速工况下的＿＿＿＿进行控制。
4. 发动机起动时,怠速控制阀预先设定在＿＿＿＿位置。

二、选择题

1. 旁通空气式怠速控制是通过调节( )来控制空气流量的方法来实现的。
   A. 旁通气道的空气通路面积　　　　B. 主气道的空气通路面积
   C. 主气道或旁通气道的空气通路面积　　D. 节气门开度

2. 在讨论 EGR 系统的诊断时,技师甲说如果 EGR 阀在怠速和低速时是打开的,则发动机在低速工作过程中会喘振;技师乙说如果 EGR 阀在怠速和低速时是打开的,则发动机在减速时会过载熄火,则( )。
   A. 甲正确　　　B. 乙正确　　　C. 两人均正确　　　D. 两人均不正确

3. 讨论怠速转速比规定值高的原因时,技师甲说,进气管真空、泄漏可能引起高怠速;技师乙说,假如 TPS 电压信号比规定值高,怠速转速可以比正常值高,则( )。
   A. 甲正确　　　B. 乙正确　　　C. 两人均正确　　　D. 两人均不正确

4. 装有电子燃油喷射系统的发动机在冷车时怠速不稳。甲说:氧传感器损坏可引起此现象;乙说:可能是怠速空气控制系统有故障,则（　　）。

  A. 甲正确   B. 乙正确   C. 两人均正确   D. 两人均不正确

5. 一台电喷发动机有轻微的怠速不稳,且加速时经常熄火,甲说:可能是废气再循环阀（EGR阀）卡在关闭状态;乙说:可能是废气再循环阀（EGR阀）的膜片回位弹簧弹力不足或损坏,则（　　）。

  A. 甲正确   B. 乙正确   C. 两人均正确   D. 两人均不正确

6. 在电控怠速控制系统中,ECU首先根据各传感器的输入信号确定（　　）转速。

  A. 理论   B. 目标   C. 实际   D. 假想

7. 发动机不易发动,发动后怠速不均,消声器发出无节奏的"噗、噗"声,并冒黑烟,有时还伴有放炮声,则可断定是（　　）。

  A. 混合气过稀薄   B. 混合气过浓
  C. 点火时间过早   D. 点火时间过迟

三、判断题

1. 只要点火开关OFF,无论步进电机式怠速电磁阀位于何种位置,都将迅速退回到全部打开状态,为下次冷起动做好准备。（　　）

2. 步进电机式怠速控制阀,在点火开关关闭后处于全闭状态。（　　）

3. 占空比型电磁阀式怠速控制执行机构中电磁线圈的驱动电流为ECU送来的占空比信号。（　　）

4. 只有在节气门全关、车速为零时,才进行怠速控制。（　　）

5. 在怠速工况运行时,节气门位置传感器的怠速触点打开。（　　）

四、简答题

1. 发动机怠速不稳有哪些表现?
2. 如何排除发动机怠速不稳故障?

● 计划决策

  请根据任务要求,确定所需要的设备器材,并对小组成员进行合理分工,制订发动机怠速不稳的诊断与排除计划。

  1. 需要的设备器材

  2. 小组成员分工

3. 实施计划

_____

_____

_____

● **任务实施**

分组检测发动机怠速不稳的故障,并正确填写下表。

附表 2.3 汽油发动机怠速不稳的诊断与排除工作状况参数记录表

检测项目	测量结果	故障判断
起动前发动机基本检查		
起动后怠速状况		
起动后用解码器检测水温		
目标转速(用解码器读取)		
怠速阀导线连接状况		
火花塞跳火情况		
喷油情况		

● **检查评价**

以小组为单位对完成任务情况进行评价(包括自我评价、小组评价、教师评价)。

1. 是否完成了所有实训项目?

   自我评价:_____

   小组评价:_____

   教师评价:_____

2. 检测计划制订得是否合理?检测操作是否正确?

   自我评价:_____

   小组评价:_____

   教师评价:_____

3. 附表填写是否详细、准确？

自我评价：_____

_____

小组评价：_____

_____

教师评价：_____

_____

任务2.4　汽油发动机动力不足的诊断与排除

一辆凯美瑞轿车，发动机起动性能良好，怠速、低速和中速无负荷运转时基本正常，但带负荷运转时加速缓慢，上坡无力，加速踏板踩到底仍感到动力不足，转速提不高，达不到最高转速。作为车间技术人员，接到此类发动机动力不足的检修任务，要求学会分析造成发动机动力不足的原因，确定诊断思路，制订故障检修计划，得到车间主任确认后，完成此任务，并提交一份排除故障的分析总结报告。

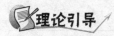

2.4.1　故障现象

发动机无负荷运动时基本正常，但带负荷运转时加速缓慢，上坡无力，加速踏板踩到底时仍感到动力不足，转速提不高，达不到最高车速。

2.4.2　发动机动力不足故障的原因分析

1. 点火系统的故障

它包括高压导线跳火过弱、点火线圈或点火模块工作不良、点火提前角过大或过小等。

（1）多数点火线圈与点火模块做成一体，或者采用分组点火或者直接点火。首先是点火线圈和点火模块本身发生故障或其线路发生故障，会使电火花过弱或不点火，造成不点火或燃烧室内混合气燃烧不好，致使发动机动力不足或不能起动。其次是火花塞和高压线故障。若火花塞型号不正确，间隙不当或烧蚀损坏，火花塞电极有积炭，高压线电阻过大，以及高压线漏电，都会造成发动机动力不足。

(2) 汽油机点火提前角不当。若点火提前角过大,则活塞在向上止点运动时,气压已达到很大的数值,活塞受到反向压力作用,压缩行程的负功增加使发动机功率下降,甚至有时造成反转使发动机不能工作,而且点火提前角过大也易于发生爆燃。若点火提前角过小,混合气的燃烧将在逐渐增大的容积内进行,因而燃烧最高压力降低,而且补燃增加,热损失增大,于是发动机功率下降,油耗增加,并使发动机过热。

2. 燃油系统的故障

1) 喷油器的故障

喷油器故障:一是喷油器的堵塞、滴漏,这样会使实际喷油量减少;二是喷出的燃油成线状,使燃油雾化不良,甚至成水滴状;三是喷油器的针阀的磨损,使实际的喷油量过大,计算机不能完全进行修正,使正确的空燃比得不到有效控制,以致发动机燃烧不正常。

2) 燃油系统的故障

燃油压力过低会使实际的喷油量减少,也使燃油雾化不良,严重时会造成喷不出油,或成水滴状。造成燃油压力过低的原因:一是燃油滤清器堵塞,或者燃油箱内滤网堵塞;二是燃油泵泵油能力不足;三是由于燃油泵内的安全阀弹簧的弹力过小,使得回油过多;四是进油管变形,导致堵塞的情况。

如果燃油压力过高,会使实际的喷油量过多,使混合器过浓。压力过高的原因:一是燃油压力调节器有故障,或回油管有被压瘪导致堵塞的情况,使燃油压力超过正常值;二是燃油泵不匹配,其供油压力偏高。

目前,有的燃油压力调节器安装在燃油滤清器内或油箱内,在燃油导轨处看不到油压调节器,这种类型的油压要高一点,一般在 6 bar(1 bar=100 kPa)以上,且不容易受热过多产生气阻,油压恒定,喷油压差变化小,是利用发动机控制单元调整喷油时间来修正喷油量的。这种供油系统一般都有进气压力传感器,发动机控制单元就是利用这个信号来修正喷油时间以弥补相对油压变化的。

3. 配气机构的故障

1) 排气受阻

在发动机加载时,进气歧管真空度明显偏低。如果进气管泄漏,部分空气未经空气流量传感器检测而进入进气管,将导致混合气过稀,引起发动机动力不足;汽油蒸气是在发动时从炭罐阀进入进气歧管,导致混合气过浓;EGR 阀损坏,使废气在发动时进入到进气管,会造成混合气过稀;PCV 阀故障,发动机箱内多余的废气在发动时进入进气管,致使混合气过稀。所有这些都会造成发动机混合气不正常燃烧,致使发动机动力不足。

2) 节气门和进气道积垢过多

电喷发动机动力的控制基本上以控制节气阀开度为主。若节气门和进气道积垢过多,使节气阀在同样开度的情况下,进入进气管的空气变少,使发动机负荷太低,带负荷运转时加速缓慢,低于正常的转速范围而导致发动机动力不足。

3) 进气系统传感器故障

进气系统有许多传感器,如进气温度传感器、水温传感器、节气门位置传感器、空气流量计(或进气压力传感器)、氧传感器等,由于这些传感器出现故障,无法反映出正常的进气量信号,致使发动机计算机接收到错误的信号以后发出的指令不正常,使最终的混合气达不到正常标准,导致发动机转速不正常。这些传感器本身出现故障,或者线路发生短路、断路故障,或者发动机计算机出现故障等,都会引起发动机动力不足。

4) 配气相位异常

配气相位是否准确,对发动机的动力性、经济性、环保性有很大的影响。配气相位不准,会导致进气不充分、排气不顺畅,将影响混合气的形成品质,造成燃烧不完全,使发动机的动力性下降,燃料消耗量增加,排放污染物中的一氧化碳、氮氧化合物、碳氢化合物将大大增加。

配气相位的准确与否,与发动机配气机构的技术状况有关。配气相位失准,一般应检查凸轮轴的磨损情况,气门传动机构气门组的配合情况,可视情况更换机件或调整。

4. 电控系统的故障

电控系统失常是指电控系统的传感器、执行器或 ECU 出现某些问题,导致喷油控制、点火提前角控制、进气控制、增压控制、可变配气相位及气门升程控制、可变排气控制等出现异常,导致发动机动力不足。

1) 节气门位置传感器故障

节气门位置传感器实质上是一只可变电阻器,安装于节气门体上,电阻器的转轴与节气门联动。节气门开度越大,节气门位置传感器输出信号电压越高,从节气门全关的 0.5 V 左右至全开的 4.5 V 之间,计算机便根据加速踏板的位置(发动机的负荷)向喷油器发出喷油的指令。

节气门位置传感器故障包括节气门过脏,灵敏度下降、反应迟钝等。

2) 空气流量传感器故障

电子控制汽油喷射发动机为了能在各种运转工况下都获得最佳浓度的混合气,必须正确地测定每一瞬间吸入发动机的空气量,以此作为 ECU 控制喷油量的主要依据。如果空气流量传感器或线路出现故障,ECU 得不到正确的进气量信号,就不能正常地进行喷油量的控制,将造成混合气过浓或过稀,使发动机运转不正常。空气流量传感器的故障包括所检测的数据不准、空气流量计热线上有积垢等。

3) 冷却液温度传感器故障

冷却液温度传感器的故障,如不能正确反映冷却液的温度、提供错误信号等。

4) 进气歧管压力传感器故障

进气歧管压力传感器检测的是节气门后方的进气歧管的绝对压力,发动机工作时,随着节气门开度的变化,进气歧管内的真空度、绝对压力以及输出信号特性曲线均在变化。

"真空度"和"绝对压力"含义不一样,在大气压力不变的条件下(标准大气压力为

101.3 kPa),歧管内的真空度越大,反映歧管内的绝对压力越低,真空度是大气压力减去歧管内绝对压力的差值,即大气压力等于真空度和绝对压力之和。

发动机工作中,节气门开度越小,进气歧管的真空度越大,歧管内的绝对压力就越小,压力传感器输出信号电压也越小。节气门开度越大,进气歧管的真空度越小,歧管内的绝对压力就越大,压力传感器输出信号电压也越大。输出信号电压与歧管内真空度的大小成反比,与歧管内绝对压力的大小成正比。

进气歧管压力传感器的故障,如不能输出信号;计算机按预先设置的信号,使发动机维持运转,但预先设置的信号不能随真空度的变化进行调节,导致发动机性能变坏。

5) 曲轴位置传感器故障

曲轴位置传感器是发动机电子控制系统中最主要的传感器之一,它提供点火时刻(点火提前角)、确认曲轴位置的信号,用于检测活塞上止点、曲轴转角及发动机转速。曲轴位置传感器所采用的结构随车型不同而不同,可分为磁脉冲式、光电式和霍尔式三大类。它通常安装在曲轴前端、凸轮轴前端或飞轮上。

ECU 根据每分钟接收曲轴位置传感器脉冲信号的数量,便能计算出发动机曲轴旋转的转速。发动机转速信号和负荷信号是电子控制系统最重要、最基本的控制信号,ECU 根据这两个信号就能计算出基本喷油提前角(时间)、基本点火提前角(时间)和点火导通角(点火线圈一次电流接通时间)三个基本控制参数。

如不能正确传递转速信号,会造成发动机点火不正时,动力不足。

6) 凸轮轴位置传感器故障

凸轮轴位置传感器的功用是采集配气凸轮轴的位置信号,并输入 ECU,以便 ECU 识别气缸压缩上止点,从而进行顺序喷油控制、点火时刻控制和爆燃控制。此外,凸轮轴位置信号还用于发动机起动时识别出第一次点火时刻。因为凸轮轴位置传感器能够识别哪一个气缸活塞即将到达压缩上止点,所以称为气缸识别传感器。

凸轮位置传感器如不能正确传递转速信号,也会造成发动机点火不正时,动力不足。

7) 线路故障

线束是电路中连接各电气设备的接线部件,由绝缘护套、接线端子、导线及绝缘包扎材料等组成。汽车线路常见的故障有:插接件接触不良,导线之间的短路、断路、搭铁等。

5. 发动机调整或装配不当,或发动机本身机械状态不佳

发动机的装配工艺顺序一般是以气缸体为基础,由内向外装配。在装配的过程中应边安装、边检查、边调整,以确保装配质量。特别是装配曲柄连杆机构和配气机构时注意记号标记位置,不能错乱。

6. 气缸压力不足

气缸压力不足会使发动机起动困难,工作无力,油料消耗增加。造成气缸压力不足的原因有:活塞环或气缸套磨损严重;气门头和气门座接触不良而漏气;气门弹簧的弹力不足或弹簧折断；气门间隙过小；活塞环走对口或卡死在环槽内；气缸垫损坏等。要正确排除气缸压力不足的故障，应先对有关部件进行检查，找到原因后采取相应的措施：更换活塞环，并视情况更换气缸套；对气门头和气门应进行研磨修复，必要时需更换新品；更换气门弹簧；调整气门间隙；消除活塞环及缸套上的积炭，重新调整或安装活塞环，对于易卡死在环槽内的活塞环可用砂纸进行侧磨后重新安装，对于那些间隙过大的无法修复的活塞环应予更换；更换气缸垫，并找到造成气缸垫损坏的原因，予以排除。另外，火花塞松动也会造成气缸压力不足，应拧紧。

2.4.3 故障排除思路

引起发动机动力不足的根本因素有三个：燃油雾化不好，压缩性能差和点火能量不足。即使传感器等方面有故障，也大都与这几个因素有关。

(1) 进行故障自诊断，检查有无故障码出现。有条件的话，需用专用诊断仪读取动态数据流，或用万用表检查数据。影响动力性的传感器和执行器有：冷却液温度传感器、空气流量计或进气歧管绝对压力传感器、节气门位置传感器、点火器和火花塞、喷油器等。按所显示的故障码或数据流分析故障，查找故障原因。

(2) 检查空气滤清器有无堵塞。如有堵塞，应清洁或更换。

(3) 用点火正时灯检查点火正时。在热车后的怠速运转中检查点火提前角，应为 10°～15°或符合原厂规定，加速时点火提前角应能自动提前至 20°～30°。如果点火提前角不正确，应检查点火提前控制线路及曲轴位置传感器、点火器等。

(4) 检查有无明显缺缸。可做单缸断火、断油试验。

(5) 检查所有火花塞、高压线、点火线圈。如有异常，应更换。可用点火示波器观察点火波形后确认。

(6) 检查燃油压力。如压力过低，应进一步检查电动燃油泵、油压调节器、燃油滤清器等。

(7) 拆卸喷油器，检查喷油量是否正常。如喷油量不正常或喷油雾化不良，应清洗或更换喷油器。

(8) 检测空气流量计、节气门位置传感器、曲轴位置传感器、凸轮轴位置传感器、冷却液温度传感器、氧传感器、爆燃传感器信号。

(9) 检查废气再循环装置工作是否正常。

(10) 检查配气相位、气门间隙是否正确。

(11) 检查进气增压装置、可变配气正时及气门升程装置的工作情况。

(12) 检查排气是否不畅通、三元催化转化器是否堵塞。可用真空表与排气背压表检查，或拆检。

(13) 测量气缸压缩压力、检查气门积炭、拆检发动机等。如气缸压力过低、气门弹簧过软、配气凸轮磨损等都可导致动力下降。

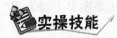

桑塔纳 AJR 型发动机点火系统主要组件的检修

一、具有两个点火线圈的双火花点火系的测试

AJR 型发动机点火系统采用无分电盘双火花直接点火系统。若点火线圈发生故障,发动机立即熄火或不能起动。ECU 不能检测到该故障信息。如果一个火花塞由于开路使这个点火回路断开,那么和它共用一个点火线圈的火花塞也因电气线路故障而不能跳火;如果一个火花塞由于短路而不能跳火,但电气回路没有断开,那么和它共用一个点火线圈的火花塞仍然能够跳火。图 2.41 所示为 AJR 型发动机点火系统电路接线图。

拔下点火线圈 4 针插头,用发光二极管测试灯连接蓄电池正极和插头上端子 4(见图 2.42),发光二极管测试灯应闪亮。如果测试灯不闪亮,检查端子 4 和接地点的线路是否有断路。

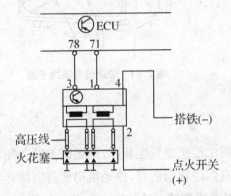

图 2.41　AJR 型发动机点火系统电路接线图

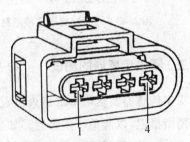

图 2.42　点火线圈 4 针插头

测试点火线圈的供电电压:拔下点火线圈的 4 针插头,用发光二极管测试灯连接在发动机接地点和插头上端子 2 之间,打开点火开关,发光二极管测试灯应闪亮。如果测试灯不闪亮,检查中央电器 D 插头 23 端子与 4 针插座端子 2 之间的线路是否断路。

测试点火线圈工作:拔下 4 个喷油器的插头和点火线圈的 4 针插头,打开点火开关,用发光二极管测试灯连接发动机接地点和插头上端子 1,接通起动电动机数秒,测试灯应闪亮,然后用测试灯连接发动机接地点和端子 3,接通起动电动机数秒,测试灯应闪亮。如果测试灯不闪亮,检查点火线圈插头上端子和发动机控制单元线束的插头间导线是否开路或短路,如果线路正常,应更换发动机 ECU。

二、爆燃传感器的测试

桑塔纳 2000GSi 型发动机采用两爆燃传感器,分别安装在气缸体进气管侧第 1、2 缸和第3、4缸之间。爆燃传感器发生故障时,发动机 ECU 能检测到故障信息,并能使发动机进入紧急状态下运行,此时各缸都相应推迟点火提前角约15°,发动机输入功率明显下降。爆燃传感器的连接电路如图2.43所示。

为了试验爆燃传感器的工作情况,可用08功能"读测量数据块",选择13、14、15、16显示组。如果在08功能中不能实现爆燃传感器的测试,可查询故障代码。为了确保爆燃传感器功能完好,必须按规定扭紧力矩(20 N·m)紧固。

爆燃传感器端子图如图2.44所示。三个端子之间不应有短路现象,否则应更换爆燃传感器。传感器插头和发动机控制单元线束插头间的线路若有断路或短路,应排除故障。

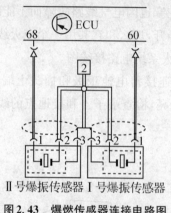

图2.43 爆燃传感器连接电路图

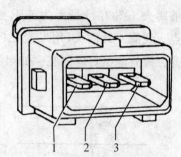

图2.44 爆燃传感器端子图

三、霍尔传感器的测试

霍尔传感器发送第1缸点火位置,如果霍尔传感器发生故障,则爆燃控制关闭,点火提前角稍微推迟,以避免产生爆燃。如果没有霍尔传感器信号,发动机仍然将继续运行,并且能再次起动,这是因为在双火花点火系统中发动机每转1转各缸产生1次火花,不是像通常情况每转2转各缸产生1次火花。另外,由于没有霍尔传感器信号,只是产生1转的偏差,对喷射来说影响不大。

不拔下霍尔传感器插头,用测试灯从背面连接插头端子1和2(见图2.45),接通起动电动机几秒种,发动机每转2转测试灯必须闪一下,如果测试灯不闪,拔下霍尔传感器插头,打开点火开关,测量插头端子1和3的电压(量程为20 V电压档),标准值应为约5 V;测量插头端子2和3的电压,标准应接近蓄电池电压。如果测量值符合标准,更换霍尔传感器;如果测量值不符合标准,应按图2.46所示检查霍尔传感器与控制单元的线路是否有开路或短路。

学习项目 2　发动机故障诊断与排除

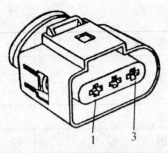

图 2.45　霍尔传感器插头端子图

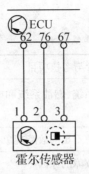

图 2.46　霍尔传感器与控制单元连接电路图

任务实施

为解决情景导入中要求的排除汽油发动机动力不足故障的问题,可按下述方式组织实施任务。

任务单元	汽油发动机动力不足的诊断与排除	课时	8
任务要求	1. 掌握汽油发动机动力不足故障的诊断方法,确定故障诊断的思路 2. 分析汽油发动机动力不足产生的原因 3. 学会对引起汽油发动机动力不足的零部件进行检修		
设备器材	1. 三台技术状况良好的发动机台架 2. 常用工具三套 3. 专职试车员一名 4. 故障诊断流程图展板一块		
操作准备	1. 将常用、专用工具三套分别放于三个工作台,对应放在三台发动机台架位置 2. 将"任务工单"分发给每位学生		
注意事项	1. 运行前进行安全检查 2. 学生不得驾驶车辆 3. 场地道路不小于 50 m×100 m		
实施过程	1. 在发动机试验台上,把某一缸火花塞或高压线更换成已损坏的(对外漏电),利用这一缸偶尔不工作或根本不工作这个故障点,分析发动机加速不良的故障诊断方法。重点培养目标:让学生掌握点火系统故障对发动机加速的影响 2. 通过把燃油泵换成压力不足的或将进油管换成泄漏(注意:安全防范)的,利用燃油供给量不足导致的发动机加速不良的故障点,分析发动机加速不良的诊断方法。重点培养目标:发动机燃油供给系统的检修思路 3. 将空气流量计换成故障的,或将进气压力传感器的真空管夹住,使加速时进气量信号失准。重点培养目标:利用数据流检测故障,关注主要数据的瞬间变化		

评价考核

评价与考核项目		评价与考核标准	配分	得分
知识点	点火系统、燃油系统和电控系统的组成	指出各系统的组成及作用	10	
	发动机动力不足的故障现象	熟悉动力不足故障的现象	5	
	动力不足故障的原因	分析动力不足故障的原因	10	
	动力不足故障的诊断思路	分析动力不足故障的诊断方法	15	
技能点	动力不足的故障诊断	会对动力不足进行故障诊断	20	
	动力不足的排除	能够排除动力不足的各类故障点	20	
情感点	纪律与劳动	不迟到早退，实训积极主动、认真记录	10	
	职业道德与敬业精神	具备良好的道德准则、道德情操与道德品质；能认真对待实训、明确职责、勤奋努力	5	
	团结协作与创新精神	必须分组分工协作共同完成；认真完成学习任务单；制订工作计划；要做好记录，各小组选派代表展示学习成果；评议各小组展示的学习成果；能够综合运用自己的知识、信息、技能和方法，对遇到的问题能提出新方法、新观点	5	
合计			100	

任务工单

任务名称：汽油发动机动力不足的诊断与排除　　　　　任务成绩：_____

学生姓名：_____　　　　班　　级：_____　　　　学　　号：_____

实训时间：_____　　　　实训地点：_____　　　　组　　号：_____

● **任务资讯**

一、填空题

1. 凸轮轴位置传感器一般有_____、霍尔式和光电式三种类型。

2. 在检查点火系统的跳火试验时，火花颜色正常为_____。

3. 在观察喷油器有无滴漏现象时，若在 1 min 内喷油器滴油超过_____滴，应更换喷油器。

4. 热车后怠速运转中检查点火提前角应为_____。

二、选择题

1. 在讨论燃油系统维修时，技师甲说在拆下燃油系统附件之前，必须先释放燃油系统的压力;技师乙说释放燃油系统的压力,可以在燃油压力测试口上接一个压力表,打开压力表上的释压阀,通过软管连接释压阀到一个完好的容器释压,则( )。

 A. 甲正确   B. 乙正确   C. 两人均正确   D. 两人均不正确

2. 发动机动力不足,这种故障往往伴随着( )。

 A. 气缸敲击声   B. 气门敲击声

 C. 排气烟色不正常   D. 排气烟色正常

3. 在讨论燃油泵压力故障诊断时,技师甲说燃油压力高于规定值可能由压力调节器堵塞引起;技师乙说燃油箱内有水可能会阻碍燃油泵泵油,则( )。

 A. 甲正确   B. 乙正确   C. 两人均正确   D. 两人均不正确

4. 甲说:燃油压力低表明燃油泵必须更换;乙说:燃油压力高表明燃油滤清器或燃油管堵塞,则( )。

 A. 甲正确   B. 乙正确   C. 两人均正确   D. 两人均不正确

5. 当进气歧管内真空度增大时,真空式汽油压力调节器将调节汽油压力( )。

 A. 提高   B. 降低   C. 保持不变   D. 以上都不正确

三、判断题

1. 涡轮增压器损坏会造成发动机动力性能下降。   ( )
2. 装在燃油分配管一端的压力调节器的作用是使燃油压力相对大气压力或进气负压保持一致。   ( )
3. 进气温度传感器中的热敏电阻随着进气温度的升高而变大。   ( )
4. 废气再循环是取决于EGR开度,而EGR开度是由ECU控制的。   ( )

四、简答题

1. 影响发动机动力不足的原因有哪些?
2. 发动机动力不足故障如何排除?

◉**计划决策**

  请根据任务要求,确定所需要的设备器材,并对小组成员进行合理分工,制订发动机动力不足的诊断与排除计划。

 1. 需要的设备器材

 2. 小组成员分工

3. 实施计划

　　_____

　　_____

● **任务实施**

　　分组检测发动机动力不足的故障,并正确填写下表。

附表 2.4　汽油发动机动力不足的诊断与排除工作状况参数记录表

检测项目	测量结果	故障判断
火花塞间隙		
各缸断火试验情况		
跳火试验情况		
喷油器电阻值		
喷油器工作电压		
燃油压力值		
电控系统		
气缸压力		

● **检查评价**

　　以小组为单位对完成任务情况进行评价(包括自我评价、小组评价、教师评价)。

　1. 是否完成了所有实训项目?

　　　自我评价:_____

　　　小组评价:_____

　　　教师评价:_____

　2. 检测计划制订得是否合理? 检测操作是否正确?

　　　自我评价:_____

　　　小组评价:_____

　　　教师评价:_____

3. 附表填写是否详细、准确？

自我评价：_____

小组评价：_____

教师评价：_____

任务 2.5　汽油发动机不能起动或起动困难的诊断与排除

情景导入

一辆 2013 年 6 月出厂的帕萨特 B4 轿车，装备 AEP 直列四缸电喷发动机，排量 1.8 L，行驶 1.4 万公里。车主反映早晨起动时，发动机起动困难，需多次坊动才能成功。白天热车时情况好一些，不过停车较长（3～4 h）时间后也难以起动。此现象已半月有余。作为技术人员，接到此类发动机起动困难的检修任务，要求熟悉发动机顺利起动的条件，分析故障原因，然后制订维修计划，排除故障后，提交一份分析总结报告。

理论引导

发动机不能起动的现象主要有以下几种：起动机不能带动发动机运转，或能带动运转但转动缓慢；起动机能带动发动机正常转动，但不能着车，且无着车征兆；有着车征兆，但不能起动。造成发动机不能起动的原因很多，有起动系统、防盗系统、电控点火系统、电控燃油喷射系统及发动机机械故障等。这里暂不分析由起动系统及防盗系统故障而造成的发动机不能起动。

发动机起动困难是指起动机能带动发动机按正常速度转动，有着车征兆，但需要连续多次起动或长时间转动起动机才能发动。发动机起动困难故障分为发动机冷态起动困难和热态起动困难。

下面就常见的几种发动机不能起动或起动困难故障的诊断与排除方法分别加以说明。

2.5.1　汽油发动机要正常起动需具备的条件

汽油发动机正常起动的三个要素是：强大而正时的高压火花、合适的空燃比和足够的气缸压力。这三方面均应符合要求，缺一不可。但要正常运转，还需要其他系统的配合，如冷却系统和润滑系统等。

2.5.2 电控发动机不能起动,且无着车征兆

1. 故障现象

接通起动开关时,起动机能带动发动机正常转动,但发动机不能起动,且无着车征兆。

2. 故障原因

油箱中无油;起动时节气门全开;电动燃油泵不工作;喷油器不工作;油路压力过低;点火系统故障;发动机气缸压力过低等。

3. 故障诊断与排除

如果出现了不能起动且无着车征兆的故障,其原因一定是发动机的点火系统、燃油系统或控制系统三者之中的一个或一个以上的系统完全丧失了功能。因此,不能起动的故障诊断与排除应重点集中在上述三个系统中。

(1) 对于不能起动的故障,应先检查油箱存油情况。打开点火开关,若汽油表指针不动或油量警告灯亮,则说明箱内无油,应加满油后再起动。

(2) 应采取正确的起动操作方法。通常电子控制燃油喷射式发动机的起动控制系统要求在起动时不踩节气门踏板。如果在起动时将节气门踏板完全踩下或反复踩节气门踏板以求增加供油量,往往会使控制系统的溢油消除功能起作用,从而导致喷油器不喷油,造成不能起动。

(3) 检查点火系统。导致发动机不能起动的最常见原因是点火系统不能点火。因此,在做进一步的检查之前,应先排除点火系统的故障。

正确的检查方法是:从火花塞上拔下高压线或点火模块,高缸盖 3~4 mm,用起动机带动发动机转动,同时观察高压线末端有无强烈的蓝色高压火花。如果没有高压火花或火花很弱,说明点火系统有故障。在查找故障部位之前,可先进行发动机故障自诊断,检查有无故障码。如有故障码,则可按显示的故障代码查找故障部位;如无故障代码,则应分别检查点火系统中的高压线、点火线圈、点火器、曲轴位置传感器及点火控制系统。点火系最容易损坏的零件是点火器,应重点检查。

(4) 检查电动燃油泵是否工作正常。电动燃油泵不工作也是造成发动机不能起动的最常见原因之一。打开点火开关,此时应能从油箱口处听到燃油泵运转的声音;或用手捏住进油管时能感觉到进油管的油压脉动,或拆下油压调节器上的回油管时应有汽油流出。

如果电动燃油泵不工作,应先检查熔断器、继电器及电动燃油泵控制电路等。如果电路正常,则应检查电动燃油泵电阻值,若不合格应更换。

(5) 检查喷油器是否喷油。如果点火系统和电动燃油泵工作均正常,则应进一步检查喷油控制系统。在起动发动机时,检查各喷油器有无工作的声音。

如果在起动发动机时测试灯能闪亮,说明喷油器控制系统工作正常,喷油器有故障,应

更换。如果测试灯不闪亮,则说明喷油器控制系统或控制线路有故障。对此,应检查喷油器电源熔断器有无烧断,喷油器降压电阻有无烧断,喷油器与电源之间的接线是否良好,喷油器与计算机之间的接线是否良好,计算机的电源继电器与计算机之间的接线是否良好。如果外部电路均正常,则可能是计算机内部有故障,可用计算机故障检测仪或采用测量计算机各接脚电压的方法来检测计算机有无故障;也可以用一个好的计算机换上试一下。如能起动,可确定为计算机故障,应更换。

(6) 检查燃油系统压力。燃油系统油压过低会造成喷油量太少,也会导致发动机不能起动。在电动燃油泵运转时检查燃油系统油压。在发动机未运转的状态下正常燃油压力应达到 300 kPa 左右。如果燃油压力过低,可用钳子包上软布,将油压调节器的回油管夹住,阻断回油通路。此时,若燃油压力迅速上升,说明是油压调节器漏油。造成油压过低故障时,应更换油压调节器;若燃油压力上升缓慢或基本上不上升,则说明油路堵塞或电动燃油泵有故障。对此,应先拆检汽油滤清器。如有堵塞,应更换;如滤清器良好,则应更换电动燃油泵。

(7) 检查气缸压缩压力。若上述检查为正常,则应进一步检查发动机气缸压缩压力。若气缸压缩压力低于 0.8 MPa,则说明发动机机械部分有故障,应进一步拆检发动机机体。

2.5.3 有着车征兆,但发动机不能起动

1. 故障现象

起动发动机时,起动机能带动发动机正常转动,有轻微着车征兆,但不能起动。

2. 故障原因

进气管道漏气;点火提前角不准确;高压火花太弱;燃油压力太低;水温传感器有故障;空气滤清器堵塞;空气流量计有故障;喷油器漏油;喷油控制系统有故障;气缸压力太低等。

3. 故障诊断与排除

有着车征兆而不能起动,说明点火系统、燃油喷射系统和控制系统虽然工作失常,但并没有完全丧失功能。这种不能起动故障的原因不外乎是高压火花太弱或点火正时不准确、混合气太稀、混合气太浓、气缸压力太低等。一般先检查点火系统,然后再检查进气系统、燃油系统、控制系统,最后检查发动机气缸压力。

(1) 先进行故障自诊断,检查有无故障码。如有故障码,则可按显示的故障码查找相应的故障原因。必须指出的是,所显示出的故障码不一定都与发动机有关:有些故障代码是发动机在以往的运行过程中因偶发性故障而留下的,有些故障码所表示的故障则不会影响发动机的起动性能。会影响起动性能的部件有:曲轴位置传感器、水温传感器、空气流量计等。

(2) 检查高压火花。采用跳火试验的方法检查是否有蓝白色高压火花。

(3) 检查空气滤清器。如果滤芯过脏堵塞,可拆掉滤芯后再起动发动机。如能正常起

动,则应更换滤芯。

(4) 检查进气系统是否漏气。采用空气流量计测量进气量的燃油喷射系统,只要在空气流量计之后的进气管道漏气就会影响进气量计量的准确性,从而使混合气变稀。严重的漏气会导致发动机不能起动。检查时应仔细查看空气流量计之后的进气软管有无破裂,各处接头卡箍有无松脱,谐振腔有无破裂,曲轴箱通风软管是否接好。

此外,燃油蒸发回收系统和废气再循环系统在起动及怠速运转中是不工作的。如因某种原因而使它们在起动时就进入工作状态,也会影响发动机的起动性能。将燃油蒸发回收软管或废气再循环管道堵塞住,再起动发动机,如果在这种状态下发动机能正常起动,说明该系统有故障,应认真检查。

(5) 检查火花塞。火花塞间隙太大也会影响发动机的起动性能。火花塞正常间隙一般为1 mm,有些高能量的电子点火系统火花塞间隙较大,可达到1.2 mm。如火花塞间隙太大,应按车型维修手册所示标准值进行调整或更换。

(6) 检查喷油器。先检查喷油器线圈的电阻。注意:是高阻型还是低阻型,通常是高阻型的,电阻值在12~18 Ω之间。再检查喷油器电磁阀是否工作。怠速运行时,用手接触喷油器,应有振动感,或用其他工具(如起子、听诊器)接触,应有动作的声音。若无,说明该缸喷油器不工作,若有就继续进行喷油情况检查。然后进一步检查喷油器控制电路。即检查喷油器控制电路的电源供应:拔下喷油器连接器插头,接通点火开关,不起动发动机,测量喷油器控制线连接器插头上的电源线的电压,应为蓄电池电压。若无电压则应检查点火开关及熔断丝或主继电器及线路。将330 Ω的电阻串联发光二极管接入喷油信号控制电路,起动发动机,观察发光二极管,信号正常时发光二极管闪烁。如果不正常闪烁,则检查线路及ECU等。

(7) 喷油量太大或太小也可能是空气流量计或水温传感器故障所致。如果出现这种情况,应对照车型维修手册中的有关数据测量这两个传感器。

(8) 检查气缸压缩压力是否正常。一般轿车汽油机若低于0.8 MPa,则说明气缸压力过低,应拆检发动机,检测气缸的密封性。

2.5.4 正常行驶中突然熄火后无法再起动的原因及排除

如果汽车在正常行驶中突然熄火后发动机无法再起动,其原因主要有:汽油箱内无油或电动汽油泵不工作;点火系统部件损坏,导致不能点火;发动机点火系统、燃油系统或控制系统的电源熔断丝烧断;正时皮带折断等。

先在起动起动机时检查发动机点火系统有无点火,如有点火,则通常是燃油系统有故障,应检查汽油箱中有无汽油、电动汽油泵有无工作、燃油压力是否正常、汽油滤清器有无堵塞等。

如果在起动起动机时发动机点火系统没有点火,则应先检查在起动起动机时发动机的凸轮轴能否正常转动,如凸轮轴没有转动,说明发动机的正时皮带已断裂,这种情况往往是由于正时皮带长期使用后没有及时更换,或发动机水温过高,或机油滤清器堵塞,使凸轮轴得不到润滑而卡死等原因所致。此时除了更换正时皮带外,还应注意检查发动机的进、排气门有无受活塞顶撞击而损坏。可转动凸轮轴检查各缸进、排气门有无卡滞,或更换正时皮带后起动起动机检查各缸的气缸压力是否正常。如个别气门有卡滞,或个别气缸没有压缩压力,则说明气门有损,应拆下气缸盖进行检修。如果凸轮轴能正常转动而发动机点火系统没有点火,应检查点火系统的电源电路。如电源正常,则说明点火系统的某个部件有故障,可分别检查点火线圈、点火控制器、曲轴位置传感器等。

2.5.5 发动机冷起动困难

发动机冷起动困难是指发动机在冷态下,起动机能带动发动机按正常速度转动,但起动困难,甚至不能起动。

1. 故障现象

发动机在冷车状态下起动性能差,但是当发动机起动以后或者冷却液温度上升到一定温度后,发动机起动性能良好。

2. 故障原因

空气供给装置有漏气部位;燃油供给装置供油压力太低;冷却液温度传感器工作不良;空气流量计故障;怠速控制阀或附加空气阀工作不良;喷油器漏油或雾化不良;气缸压力过低;点火正时失准。

3. 故障诊断与排除

(1) 起动后,观察"CHECK ENGINE"报警灯是否常亮?如果常亮,应进行故障自诊断,读取故障码,根据故障码内容检修;否则应用诊断仪或万用表检查冷却液温度传感器阻值或信号是否正常。

(2) 检查冷却液温度传感器。它用来检测水温,并将其转化为电压信号输入 ECU,作为 ECU 修正喷油量的依据。如果冷却液温度传感器失效或与 ECU 间配线断路、短路、表面水垢严重,都会导致输出信号出现较大偏差,最终使喷油器不能适时增大或减小喷油量,导致起动困难。

(3) 检查进气温度传感器。冷起动时,计算机也需根据进气温度传感器传输的温度信息,发出修正供油量,即加喷辅助供油指令,以向发动机供给冷起动时所需浓混合气。显然,如果进气温度传感器发生故障,发动机仅靠基本供油量也就难以起动。

(4) 喷油器故障一般表现为:喷油器喷孔被胶质物体堵塞,积炭或密封不严造成滴漏,从而导致混合气浓度过小或过大。其检测方法是:首先,起动发动机,用听诊器在每个喷油器处检查运作声音,如听不到声音,应检查配线连接器、喷油器或来自 ECU 的喷射信号;然后,用万用表测量喷油器端子间的电阻,如电阻值与规定值不符,则更换喷油器;最后,检查喷油器的喷油量,其值应在正常范围内且各缸喷油量差值小于 5 mL。

(5) 如果喷油器工作良好,则应检查怠速控制阀的动作,清洗怠速控制阀空气通道及旁通气道的积炭,清洗节气门体。

(6) 检查气缸压缩压力,如压力过低,应拆检发动机。

2.5.6　发动机热起动困难

发动机热起动困难是指冷车时起动正常,而热车时起动困难。

1. 故障现象

在热车状态下起动,起动机带动曲轴超过 4 圈后才能发动。

2. 故障原因

冷却液温度传感器断路;进气温度传感器断路;个别喷油器漏油或严重雾化不良;怠速控制阀常开;燃油压力过高;点火线圈、点火控制器温度过高后出现断路、短路故障等。

3. 故障诊断与排除

(1) 起动后,观察"CHECK ENGINE"报警灯是否常亮。如果常亮,应进行故障自诊断,读取故障码,根据故障码内容检修;否则应检查点火线圈是否发热。

(2) 如果点火线圈发热,则应检查发电机电压、点火线圈、点火控制器等是否有故障;如果点火线圈不发热,则应检查冷却液温度传感器和空气流量计阻值或信号是否正常。

(3) 检查冷却液温度传感器和空气流量计,拔下冷却液温度传感器和空气流量计线束插头,用万用表测量冷却液温度传感器或空气流量计各接线端子之间的电阻。如果冷却液温度传感器和空气流量计阻值或信号不正常,则应更换传感器或检查电路、插接件、搭铁线等是否有故障;如果冷却液温度传感器和空气流量计阻值或信号正常,则应检查进气温度传感器阻值或信号是否正常。

(4) 如果进气温度传感器阻值或信号不正常,则应更换传感器或检查电路、插接件、搭铁线等是否有故障。

(5) 对于检查燃油压力,应先将燃油压力表接入燃油管路中,然后起动发动机,测量燃油压力。假如燃油压力过高,则应该更换压力调节器;假如压力过低,可以尝试夹住回油软管,这种情况下假如燃油压力上升到正常值说明燃油压力调节器损坏,否则可检查燃油泵和燃油滤清器。燃油压力调节器的损坏,会使燃油无法在管路中循环流动,发动机熄火后因温度过高,油管中的燃油蒸发产生蒸气,在起动时喷油器无燃油喷出,导致混合气过稀。在切断点火开关后,5 min 内燃油压力应保持不低于 150 kPa。如果保持压力太低,应检查油压调节器、电动汽油泵、喷油器等是否漏油。

(6) 检查漏油部位的方法是:将油压表接在与喷油器相连的油管上,使发动机发动后油压达到正常值,在切断点火开关的瞬间,立即夹住油压调节器上的回油软管。若此时油压表读数较不夹时下降变慢了,则为油压调节器内的回油阀口处漏油,应清洗或更换油压调节器;若油压仍下降过快,可在切断点火开关的瞬间立即夹住汽油滤清器上的汽油软管。若油压下降变慢了,则为电动汽油泵上的止回阀关闭不严漏油;若油压仍下降过快,可在切断点火开关的瞬间立即同时夹住汽油滤清器及油压调节器上的回油软管,若油压仍下降过快,则为喷油器关闭不严漏油,应清洗或更换喷油器。

(7)假如燃油压力值正常,则应检查怠速控制阀的动作、旁通气道的积炭等。

AJR 型发动机不能起动或起动困难故障检修

一、冷却液温度传感器检修

AJR 型发动机冷却液温度传感器是一个热敏电阻,它由一个热敏电阻和金属外壳构成,安装在发动机冷却液出水管上。热敏电阻具有负温度特性,将感知的冷却液温度变化量转变成电信号送入 ECU,用以修正发动机的燃油喷射量。冷却液温度传感器结构与特性曲线如图 2.47 所示。

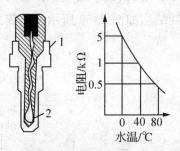

图 2.47 冷却液温度传感器结构与特性曲线

1—壳;2—热敏电阻

冷却液温度传感器的连接电路如图 2.48 所示。若冷却液温度传感器出现故障,发动机会出现冷车或热车起动困难,油耗增加,排放超标。

发动机怠速工况下,进入 08 功能"读测量数据块",选择 03 显示组,检查冷却液温度传感器,如果显示数据不真实,关闭点火开关,检查传感器插头上端子和发动机控制单元线束插头间的线路是否有断路或短路,如果线路正常,更换冷却液温度传感器。其中冷却液温度传感器端子图如图 2.49 所示。

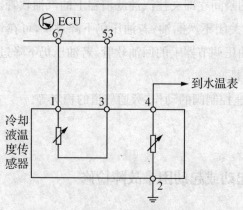

图 2.48 冷却液温度传感器连接电路图

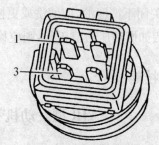

图 2.49 冷却液温度传感器端子

二、热膜式空气流量计的检测

1. 热膜式空气流量计的结构

热膜式空气流量计安装在空气滤清器和进气软管之间,主要由控制电路、热膜、上流温度传感器、金属护网等组成,其结构如图 2.50 所示。热膜式空气流量计的连接电路如图 2.51 所示。

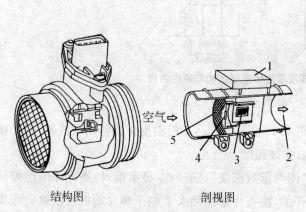

图 2.50 热膜式空气流量计

1—控制电路;2—通往发动机;3—热膜;
4—上流温度传感器;5—金属护网

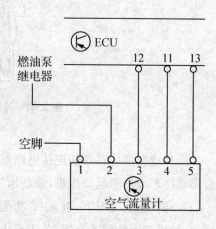

图 2.51 空气流量计连接电路图

1—供油管;2—回油管

2. 试验工作情况

发动机怠速运转下,进入 08 功能"读测量数据块"选择 02 显示组,检查进气流量。标准值应为 2.0~4.0 g/s。如果不在标准范围内或者查询到空气流量计有故障,应检查空气流量计的供电电压。

3. 检查空气流量计的供电电压

图2.52所示为空气流量计插头端子图。用发光二极管测试灯连接空气流量计插头端子2和发动机搭铁点,起动发动机,测试灯应亮。如果测试灯不亮,应检查保险丝与端子2间线路有无断路或短路,如正常,则检查汽油泵继电器。

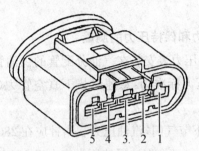

图2.52 空气流量计插头端子

测量空气流量计插头端子4对发动机搭铁点电压约为5 V。

如果空气流量计供电电压正常,应测试信号线路。如果不正常,更换发动机ECU。

4. 测试空气流量计线路

测试空气流量计端子上触点与发动机控制单元上相关端子间的线路,其电阻值应小于1 Ω。如果线路有断路或短路,应修复;如果线路没有故障,更换空气流量计。

三、电磁式转速传感器检修

发动机转速传感器发送发动机转速信号和上止点信号给控制单元,供ECU判别点火正时和计算基本喷油量。如果没有信号,则发动机不能起动;当发动机运转时,如果转速传感器或其连接线路出现故障,则发动机立即熄火。AJR型发动机转速传感器连接电路如图2.53所示。转速传感器端子如图2.54所示。

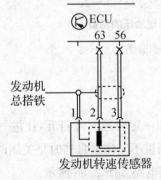

图2.53 发动机转速传感器连接电路图

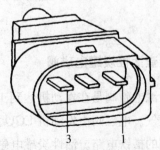

图2.54 转速传感器端子

关闭点火开关,拔下发动机转速传感器插头,见图2.54。测量传感器插座上端子2和3之间的电阻,其值应为480～1 000 Ω,否则应更换转速传感器。

四、汽油供给系统压力和保持压力的检测

1. 汽油供给系统压力和保持压力的检测条件

检测条件包括:汽油泵继电器正常;汽油泵工作正常;汽油滤清器正常;蓄电池电压正常。

2. 汽油供给系统的压力和保持压力的测量

(1) 如图 2.55 所示,将压力表安装在汽油分配管的供油管上,打开汽油压力表开关,起动发动机怠速运转。系统压力标准为:怠速时拔下真空管为(300±20)kPa;不拔真空管为(250±20)kPa。

(2) 接上真空管,轰一下节气门,汽油压力表指针应在 280~300 kPa 间跳动。

(3) 关闭点火开关,10 min 后,汽油保持压力应大于 150 kPa。

(4) 如果汽油保持压力小于 150 kPa,起动发动机,怠速运转。当汽油压力建立起来后,关闭点火开关,同时关闭汽油压力表开关,继续观察压力表指针是否会下降。

(5) 系统油压不足的原因:供油管接头或管子渗漏;汽油滤清器过脏;汽油泵不良或蓄电池电压不足;汽油压力调节器损坏。

(6) 系统油压过高的原因:汽油压力调节器损坏。

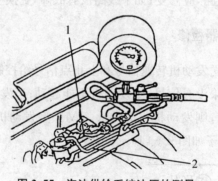

图 2.55 汽油供给系统油压的测量

1—供油管;2—回油管

五、检查活性炭罐电磁阀

活性炭罐电磁阀是在发动机达到工作温度和一定转速时才打开,让进气系统从炭罐中抽出汽油蒸气。电磁阀由发动机 ECU 操纵,发动机不工作及怠速时是关闭的,此时 ECU 切断了电磁阀的搭铁电路。活性炭罐电磁阀的连接电路如图 2.56 所示。

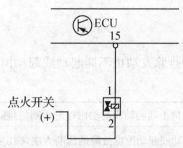

图 2.56　活性炭罐电磁阀连接电路

(1) 检测泄漏：当没有电信号时，电磁阀应关闭。拔下活性炭罐电磁阀连接软管，连接电磁阀插头，进入最终控制诊断，选择活性炭罐电磁阀 N80，对准电磁阀进气孔吹气，检查阀开、闭是否良好。

(2) 用数字式万用表测量活性炭罐电磁阀两触点间的电阻，如图 2.57 所示，其阻值应为 22～30 Ω。

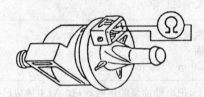

图 2.57　测量活性炭罐电磁阀电阻

(3) 测试 ACF 阀供电电压：当用发光二极管测试灯使插头端子 1 搭铁时，测试灯应闪亮，如图 2.58 所示。发光二极管测试灯可自制，由发光二极管串联一个 300 Ω 电阻组成。

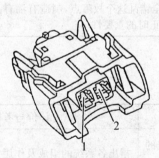

图 2.58　用发光二极管检查电磁阀线束插头

若灯不亮，先检查端子 1 和保险丝间有无开路，如线路正常，则检查汽油泵继电器（ACF 阀的电源供应也经过汽油泵继电器控制）；若灯常亮，检查端子 2 到 ECU 间线路有无对地短路现象。

(4) 测试 ACF 阀动作：用 V.A.G1527 发光二极管测试灯连接插头端子 1 和端子 2，进入最终控制诊断，选择活性炭罐电磁阀 N80，发光二极管测试灯应闪动。

如果测试灯不闪或者常亮，检查 ACF 阀插头端子 2 和测试盒端子 15 间的线路对正极有无开路或短路，若没有，则更换发动机 ECU。

任务实施

为解决情景导入中要求的排除发动机不能起动或起动困难故障的问题,可按下述方式组织实施任务。

任务单元	汽油发动机发动机不能起动或起动困难的诊断与排除	课时	6
任务要求	1. 掌握发动机不能起动或起动困难故障的诊断方法,确定故障诊断的思路 2. 分析不能起动或起动困难产生的原因 3. 学会对引起发动机不能起动或起动困难的零部件进行检修		
设备器材	1. 三台技术状况良好的发动机台架 2. 常用工具三套 3. 专职试车员一名 4. 故障诊断流程图展板一块		
操作准备	1. 将常用、专用工具三套分别放于三个工作台,对应放在三台发动机台架位置 2. 将"任务工单"分发给每位学生		
注意事项	1. 运行前进行安全检查 2. 学生不得驾驶车辆 3. 场地道路不小于 50 m×100 m		
实施过程	1. 在发动机试验台上,把电动油泵的熔断丝(10 A)更换成已烧断的,利用燃油泵不工作这个故障点,分析发动机不能起动故障的诊断方法。重点培养目标:让学生掌握发动机故障诊断检修的思路 2. 通过设计曲轴位置传感器信号断路,让发动机采集不到转速信号而不能起动。重点培养目标:发动机不能起动电控系统的检修思路 3. 通过设计点火顺序完全错乱这个故障点,制造有油有高压电而不能起动的故障。重点培养目标:让学生掌握点火正时的重要性		

评价考核

	评价与考核项目	评价与考核标准	配分	得分
知识点	点火系统、燃油系统和电控系统的组成	指出各系统的组成及作用	10	
	发动机不能起动或起动困难的故障现象及危害	熟悉不能起动或起动困难的故障现象及危害	10	
	不能起动故障的原因	分析不能起动故障的原因	10	
	起动困难故障的原因	介绍起动困难故障的原因	10	
技能点	不能起动或起动困难的故障诊断	会对不能起动或起动困难进行故障诊断	20	
	不能起动或起动困难的排除	能够排除不能起动或起动困难的各类故障点	20	

学习项目 2　发动机故障诊断与排除

续表

	评价与考核项目	评价与考核标准	配分	得分
情感点	纪律与劳动	不迟到早退,实训积极主动、认真记录	10	
	职业道德与敬业精神	具备良好的道德准则、道德情操与道德品质;能认真对待实训、明确职责、勤奋努力	5	
	团结协作与创新精神	必须分组分工协作共同完成;认真完成学习任务单;制订工作计划;要做好记录,各小组选派代表展示学习成果;评议各小组展示的学习成果;能够综合运用自己的知识、信息、技能和方法,对遇到的问题能提出新方法、新观点	5	
	合计		100	

任务工单

任务名称:汽油发动机不能起动或起动困难的诊断与排除　　　任务成绩:_____

学生姓名:_____　　　班　　级:_____　　　学　　号:_____

实训时间:_____　　　实训地点:_____　　　组　　号:_____

●任务资讯

一、填空题

1. 汽油发动机正常起动的三个要素是强大而正时的高压火花、合适的空燃比和_____。

2. 轿车汽油机若低于_____MPa,则说明气缸压力过低。

3. 火花塞正常间隙一般为_____mm。

二、选择题

1. 发动机运转几秒钟后或转速超过 500 r/min,故障灯熄灭表明(　　)。
   A. 控制单元已有故障存储　　　　　　B. 控制单元内无故障存储
   C. 传感器发生故障　　　　　　　　　D. 故障码清除

2. 热车起动困难的主要原因是(　　)。
   A. 供油不足　　　　　　　　　　　　B. 火花塞有故障
   C. 点火过早　　　　　　　　　　　　D. 混合气过浓

3. 第二代自诊断测试系统 OBD-Ⅱ 采用(　　)个端子。
   A. 14　　　　B. 15　　　　C. 16　　　　D. 17

4. 在讨论发动机爆燃传感器的维修与故障诊断时,技师甲说如果发动机爆燃传感器的固定力矩大于规定值,传感器的灵敏度将下降;技师乙说如果发动机爆燃传感器的固定力矩大于规定值,传感器将过于敏感,导致点火提前角变小,则(　　)。
   A. 甲正确　　　　　　　　　　　　　B. 乙正确
   C. 两人均正确　　　　　　　　　　　D. 两人均不正确

三、判断题

1. 如果发动机 ECU 检测不到曲轴转角信号,发动机将无法起动。　　　　　　（　）
2. 发动机工作时,用手触试喷油器,如有振动或声响,说明喷油器无故障。　　（　）
3. 起动时点火提前角是固定的。　　　　　　　　　　　　　　　　　　　（　）
4. 喷油器电阻值一般应在 13～18 Ω 之间。　　　　　　　　　　　　　　　（　）

四、简答题

1. 冷起动困难的原因有哪些?
2. 叙述发动机不能起动的诊断思路。

● **计划决策**

请根据任务要求,确定所需要的设备器材,并对小组成员进行合理分工,制订发动机不能起动或起动困难的诊断与排除计划。

1. 需要的设备器材

　　_____

2. 小组成员分工

　　_____

3. 实施计划

　　_____

● **任务实施**

分组检测发动机不能起动或起动困难的故障,并正确填写下表。

附表 2.5　汽油发动机不能起动或起动困难的诊断与排除工作状况参数记录表

检测项目	测量结果	故障判断
起动机前燃油量		
起动前水温及信号电压		
起动前进气温度及信号电压		
起动转速		
故障码情况用解码器检测		
跳火情况		
燃油压力		
各缸压力		

●检查评价

以小组为单位对完成任务情况进行评价(包括自我评价、小组评价、教师评价)。

1. 是否完成了所有实训项目?

自我评价:_____

小组评价:_____

教师评价:_____

2. 检测计划制订得是否合理?检测操作是否正确?

自我评价:_____

小组评价:_____

教师评价:_____

3. 附表填写是否详细、准确?

自我评价:_____

小组评价:_____

教师评价:_____

任务2.6　发动机异响的诊断与排除

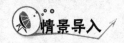情景导入

　　一辆本田雅阁在一次长途出车中,发动机出现异响并轻微抖动。接车后检查时发现,发动机冷起动正常、加速良好、怠速有轻微抖动;废气排放在正常范围内。进行路试,车速到70 km/h以上时有"嘎嘎"异响,声响很轻,在车内听得很清晰,且发动机有轻微抖动。停车时发动机故障不明显。请就此故障进行诊断,排除故障后写出一份故障诊断与排除的总结报告。

📝 **理论引导**

技术状况良好的发动机转速是均匀的,运转声是轻微的,有节奏的机械振动和排气声音是正常的。如果发动机在运转过程中,伴随有其他声响,如发出间歇且无规律的碰撞声、连续的金属敲击声、金属摩擦声和强烈的振抖声等,均视为发动机异响。所以,要正确区分属于正常的"良性声响"和属于异响的"恶性声响"。发动机异响往往是发动机发生破坏性故障的前兆,对于有异响的发动机,应根据异响特点,分析产生的原因,找出异响部位,准确地将其诊断出来,避免可能发生的事故性损伤。

2.6.1 发动机异响分析

异响分析法就是通过采用听诊器或直接用耳朵听声音的方法,对汽车的振动和异响进行诊断分析,从而对发动机故障进行诊断的一种方法。汽车异响分析是人工经验诊断方法的一种,它是通过异常声响的位置、声响的特征以及声响发生时的工况和环境等特征,对汽车振动与噪声产生的原因进行故障诊断。

1. 发动机异响的类型

1)机械异响

机械异响主要是指机械运动副配合间隙过大和配合面有损伤后,在运动过程中由冲击和振动造成的异常声响。例如:曲轴主轴承响、连杆轴承响、凸轮轴承响、活塞敲缸响、活塞销响、气门脚响等。

2)燃烧异响

燃烧异响主要是指发动机不正常燃烧造成的异常声响。例如:发动机因爆燃引起的异常声响,还有进气管回火、排气管放炮或"突突"等异常声响。

3)气流振动异响

气流振动异响主要指发动机中因气体流动而导致的异常声响。例如:进气口或排气口处的气流声、漏气声、活塞漏气导致的曲轴箱窜气声等。

4)高压漏电异响

高压漏电异响主要指高压点火电路漏电短路产生的跳火声响。例如:点火线圈漏电声、高压线漏电声等。

2. 异响特征的分析

异响的特征包括转速、负荷、温度、缸位、工作循环、润滑条件、音频、听诊位置和伴随现象等。通过对异响进行特性分析,可充分利用异响特征来区分发动不同部位的异响。

1)异响与发动机转速的关系

一般情况下,转速越高机械异响越强烈,但高转速时各种声响混杂在一起,某些异响反而不易辨清,所以诊断转速要视异响情况而定,如听诊气门和活塞敲缸响时,在怠速或低速时异响非常明显,当主轴承响、连杆轴承响和活塞销响较为严重时,在怠速和低速下也能听到。总之,诊断异响应在响声最明显的转速下进行,并尽量在低速下进行,以减少不必要的噪声和损耗。

① 异响仅在怠速或低速运转时存在,当转速提高后又消失。

发响的原因有:活塞与气缸壁间隙过大;活塞销装配过紧或连杆轴承装配过紧;挺杆与其导孔间隙过大;配气凸轮轮廓磨损。

② 维持在某转速时声响紊乱,急减速时相继发出短暂声响。

发响的原因有:活塞销衬套松旷;曲轴折断;凸轮轴正时齿轮破裂或其固定螺母松动;凸轮轴轴向间隙过大或其衬套松旷。

③ 异响在发动机急加速时出现,维持高速运转时声响仍存在。

发响的原因有:连杆轴承松旷、轴瓦烧熔或尺寸不符而转动;曲轴轴承松旷或轴瓦烧熔;活塞销折断;曲轴裂纹或折断。

2) 异响与负荷的关系

许多异响与发动机负荷有明显的关系,有的随负荷增大而增强,有的随负荷减小而减弱。诊断时可采取逐缸解除负荷的方法进行试验,通常采用单缸或双缸断火法解除1或2缸的负荷,以鉴别异响与负荷的关系。

① 某缸断火,异响减轻或消失。

发响的原因有:活塞敲缸;连杆轴承松旷;活塞环漏气;活塞销折断。

② 某缸断火,则声响加重,或原来无响,此时反而出现声响。

发响的原因有:活塞销衬套松旷;活塞裙部锥度过大;活塞销窜出;连杆轴承盖固定螺栓松动过甚或连杆轴瓦合金烧熔脱净;飞轮固定螺栓松动过甚。

③ 相邻两缸断火,异响减轻或消失。

发响的原因是:曲轴主轴承松旷。

3) 异响与温度的关系

有些异响与发动机温度有关,有些异响会因发动机温度升高而消失,而有些异响则因温度升高而加重,或低温时不响而升温后出现声响。对于热膨胀系数大的配合要特别注意在发动机热态时的工作状况。

① 低温发响,温度升高后声响减弱,甚至消失。

发响的原因有:活塞与气缸壁间隙过大;活塞因主轴承油槽深度和宽度失准;机油压力低而润滑不良。

② 温度升高后有声响,温度降低后声响减弱或消失。

发响的原因有:过热引起的早燃;活塞椭圆度小;活塞与气缸壁的间隙过小;活塞变形;活塞环各间隙过小。

4) 异响与缸位的关系

异响与缸位的关系，通常用上缸、不上缸及反上缸表示。所谓上缸是指异响在单缸断火后声响减弱或消失；不上缸则指异响在单缸断火后响声既不减弱也不增强，单缸是否工作对异响没有影响；反上缸则是指单缸断火后，声响不但不减弱，反而明显增强，反上缸的异响通常都是恶性影响，应立即排除。

5) 异响与工作循环的关系

发动机的异响故障往往与发动机的工作循环有明显的关系，尤其是曲柄连杆机构和配气机构的异响都与工作循环有关。连响是指曲轴每转一周响一次，间响是指曲轴每转两周响一次。以转速 850 r/min 为例，连响每秒约响 14 次，而间响每秒约响 7 次。气门机构所发出的响声属于间响，活塞连杆组间隙过大发出的响声一般也是间响。这是由于摩擦副配合间隙较大，活塞在工作行程中产生的冲击所造成的。如果活塞顶部与气缸盖相撞，更换活塞环时未刮缸口或燃烧室里进入异物，所发出的撞击声一般都是连响。

为了便于鉴别异响故障与发动机工作循环的关系，可用正时灯并联到某缸的火花塞上。当发动机运转时，注意察听声响与闪光的对应关系。若每闪光一次发响两次，则通常为曲柄连杆机构某处不良所致；若每闪光一次仅发响一次，则表明配气机构某处有故障。

① 由曲柄连杆机构引起的异响，其原因有：活塞敲击气缸壁；活塞销发出的敲击声；活塞顶缸盖；连杆轴承松旷过甚；活塞环漏气。

② 由配气机构引起的异响，其原因有：气门间隙过大；挺杆与其导孔间隙过大；凸轮轮廓磨损；气门杆与其导管间隙过大；气门弹簧折断；凸轮轴正时齿轮径向破裂；气门座圈松脱；气门卡滞不能关闭。

③ 若异响与工作循环无关，即发响次数与曲轴转速没有规律可循，发动机运转时出现的异常响声随其转速升高而增强，并伴有连续性摩擦声，多为发动机附件有故障。如发电机皮带和轴承响、曲轴皮带轮或正时皮带轮与盖罩接触而发生的摩擦声。

6) 异响与听诊部位的关系

发动机有异响时，在发动机某部位就会引起振动，其振动频率与异响声频相一致。掌握和利用这个特点，可分别在缸体缸盖中上部、缸体下部及油底壳部位察听。在缸盖部位用螺丝刀或听诊器触听气缸盖各燃烧室各部位，能辅助诊断活塞顶碰缸盖、气缸上部凸肩、气门座圈脱出、上置凸轮轴轴承响等故障；在缸体中上部，可辅助诊断活塞敲缸、活塞销响等故障；在气缸体与油底壳结合面的附近，可辅助诊断曲轴轴承异响或曲轴断裂等故障。再结合工作循环、负荷、水温及转速变化，就可以准确地查明异响故障。

7) 发动机主机异响与附件异响的区分

在诊断时还应注意区分是发动机自身主机异响还是附件异响，因此，发动机有异响时应对发电机、转向助力泵、二次空气喷射泵、空调压缩机和水泵等附件进行仔细检查和察听。对此类异响故障，可按其发响部位，用切断动力源(拆卸驱动皮带等)方法，察听异响的变化来判断。

① 传动带异响：这是极普通而又经常出现的异响，如果怀疑是传动带发响，应拆下传动带并使发动机运转一会儿，或在发动机运转时将肥皂水喷在传动带上，如果噪声消失即可断定为传动带发响。

② 风扇离合器异响：风扇离合器也会产生一种让人难以判断的严重响声。由于风扇在转动，无法使用听诊器来听诊，在发动机熄火后检查时会感到风扇离合器松动，可拆下风扇传动带，然后再使发动机运转并察听是否仍有异响。

③ 转向助力泵异响：转向助力系统缺油或有空气、油罐内过脏等也会造成异响。发动机转速升高时，响声频率及强度随之变化，转动转向盘的力越大，响声越严重，助力效果会越来越差，用长柄螺丝刀或听诊器在动力转向泵上听察，有明显异响。

2.6.2 汽车发动机异响的原因

1. 配合间隙过大

配合间隙是汽车装配质量的重要指标，当润滑、温度、负荷和速度一定时，异响会随配合间隙的增大而越发明显。发动机某些运动机件因自然磨损使间隙增大超出范围，导致异响，如活塞与气缸壁的敲击响声，连杆轴承与轴颈的撞击响声等。

2. 润滑不良

润滑是发动机正常工作的重要条件，通过润滑系统可实现润滑、冷却、清洗、密封和防锈，当配合间隙、温度、负荷和速度一定时，润滑油膜的厚度受润滑系统压力和润滑油品质影响，适宜的压力和品质好的润滑油就能产生较好的润滑油膜，润滑油膜越厚，机械冲击越小，越不易发生异响。如果润滑油膜过薄，导致磨损加剧，则易发生异响且明显而清晰。

3. 紧固件松动

发动机运转过程中产生振动，导致某些部件松动，而发出撞击声，如飞轮固定螺栓松动、连杆螺栓松动等引起的异响。

4. 个别机件变形或损坏

发动机某部件变形或损坏也可导致异响，如连杆弯曲导致敲缸、气门弹簧折断、曲轴断裂引起的异响。

5. 不正常燃烧

正常燃烧的过程是从电火花强制点火，经火焰传播，最终将燃烧室内的混合气全部烧完的一个完整过程。如果燃烧过程不按这一步骤进行，则为不正常燃烧。常见的不正常燃烧有两种，一种是爆燃燃烧，另一种是表面点火。汽油发动机点火时间过早或过火导致爆燃、柴油发动机喷油时间过早导致过早粗暴引起金属敲缸声。

6. 装配调整或修理不当

因装配调整或修理不当导致机件配合间隙失准可引起发动机异响，如活塞销装配过紧、气门间隙调整不当引起的异响。

2.6.3 常见异响故障的诊断与排除

1. 曲轴主轴承响

1) 故障现象

① 发动机稳定运转时并无响声,当转速突然变化时,发出沉闷连续的"镗镗"敲击声,转速越高,声响越大,同时伴有机体振动现象。

② 发动机负荷增大时,响声加剧,有时上坡加速时,在驾驶室内就可听到沉闷的"镗镗"敲击声。

③ 声响与发动机温度无关,温度变化而异响不变化。

④ 单缸断火时声响变化不大,而相邻两缸断火时声响明显减弱。

2) 故障原因

① 曲轴主轴颈与轴承配合间隙过大。

② 曲轴轴向间隙过大。

③ 曲轴轴承盖紧固螺栓松动。

④ 润滑不良导致合金烧损脱落。

⑤ 曲轴弯曲。

3) 故障诊断与排除

诊断曲轴轴承响时,可在发动机缸体下部及油底壳部位辅助听诊。

① 在发动机低、中速状态下抖动节气门,一般由 2 000 r/min 急加速至 3 000 r/min 发出明显而沉闷的连续敲击声,同时伴随机体振动现象,则可确定为曲轴主轴承响。

② 进行单缸断火试验,声响变化不大,而相邻两缸断火时,声响明显减弱或消失,则为两缸之间的曲轴主轴承响。

③ 高速运转发动机,机体振动较大,同时伴随机油压力显著下降现象,则为曲轴主轴承与轴颈配合间隙过大或轴承合金脱落。

④ 异响随温度升高而增强,高速时声响变得杂乱,则可能是曲轴弯曲。

2. 连杆轴承响

1) 故障现象

① 发动机怠速运转时无明显声响,稍高于怠速时有清晰的"嗒嗒"敲击声,有点类似钢球落在钢板上所发出的声音,而高速时有"咯咯"敲击声,急加速时声响尤为明显,连杆轴承声响较曲轴主轴承声响轻缓而短促。

② 当发动机负荷增加时声响也随之增强,单缸断火时声响明显减弱或消失。

2) 故障原因

① 连杆轴承与轴颈磨损过量导致失圆配合间隙过大。

② 连杆轴承盖紧固螺栓松动。

③ 连杆轴承润滑不良,合金烧蚀脱落。

3) 故障诊断与排除

① 加大节气门开度,发动机转速由怠速向中速速过渡时声响变得清晰,一般由 1 000 r/min 反复急加速至 2 000 r/min 抖动节气门时,声响特别清脆,随着转速的增高,敲击声更为明显。

② 对某缸进行断火试验,若声响明显减弱或消失,说明是该缸连杆轴承异响。

③ 不论发动机转速和温度的高低,都发出严重而无节奏的"镗镗"声响,且伴随机体振动,单缸断火时声响不变,甚至更加明显(反上缸),说明连杆轴颈失圆、轴承合金烧蚀或连杆螺栓严重松动,应立即停机进行拆检,找出连杆轴承烧蚀的故障原因,视情况更换连杆轴承。

3. 活塞敲缸响

活塞敲缸响是指活塞上下运动时在气缸内摆动,其头部或裙部与气缸壁碰撞产生的异响,这是一种恶性故障,通常产生于发动机严重磨损时。有时因修配不当,在发动机大修之初也会出现这种故障。

1) 故障现象

① 发动机低速时有"嗒嗒"的敲击声,转速提高后声响消失,或低速时发出有节奏且强弱分明的"杠杠"声响,有时会短暂消失,但很快又出现,转速提高后消失。

② 火花塞跳一次,发响两次,某缸断火后声响或减弱或反而加大,并由节奏声响变为连续声响。

2) 故障原因

发动机在冷、热态均敲缸,一般是活塞连杆组技术状况恶化所致,主要原因如下。

① 活塞销与连杆小头装配过紧。

② 连杆轴承装配过紧。

③ 活塞裙部圆柱度误差过大。

3) 故障诊断与排除

① 逐缸做断火试验,某缸断火后声响减弱,但不消失,则为该缸连杆与曲轴或活塞销装配过紧所致。

② 断火试验时该缸声响加强,且从间断声响变为连续声响,则为活塞磨损变形所致。

③ 低速时有"嗒嗒"敲击声,当转速提高后声响消失,则为活塞裙部圆柱度误差过大所致。

发动机冷车时有轻微的敲缸声,热车后响声消失,这种现象是正常的,可不必检修。发动机出现严重敲缸响声时,必须对发动机进行全面检修,更换活塞和气缸套,按规范要求选配好活塞和气缸的配合间隙,才能彻底排除敲缸故障。

4. 活塞销响

活塞销是连接活塞与连杆的重要零件,它承受较大的交变载荷,与活塞销座孔以及连杆小头的衬套之间,都会发生相对的磨损,使配合间隙增大而松旷,特别是采用全浮式活塞销,常因销子安装不当而导致连杆小头衬套磨损过大而窜动、活塞销锁环脱落或活塞销断裂,引起不正常的敲击声和机件的损坏,甚至出现打坏气缸等情况。

1）故障现象

① 发动机怠速时发出有节奏而清脆的声响,或尖锐的金属敲击声,突然加大节气门时出现响亮、尖脆而有节奏的"嘎嘎"金属敲击声,类似两个钢球相碰的声音,呈上下双响。高速时响声混纯不清,当恢复怠速时随即转为节奏声响。

② 当提高到某一转速声响消失时,做断火试验,声响复出,此缸即为故障缸。

③ 火花塞跳火一次,发响两次,单缸断火时声响减弱或消失,严重时反上缸。

④ 发动机升温后,响声通常会加重,有时冷车时响声小,热车时响声大。

2）故障原因

① 活塞销与连杆衬套、与活塞销座孔之间磨损过大而松旷。

② 润滑不良引起的活塞销严重烧蚀。

③ 活塞销环锁脱落导致活塞窜动。

④ 活塞销折断。

3）故障诊断与排除

① 抖动节气门试验。让发动机以怠速运转,响声也随之周期性变化,从怠速向低速加速时,每抖动一次节气门都能听到清脆而连贯的"嗒嗒嗒"响声,则为活塞销异响。

② 单缸断火试验。如果异响较小,可将发动机稳定在响声相对较强的转速上,逐缸进行断火试验,响声减弱或消失,复火时响声会明显出现一响或连续两响。严重时,在响声较大的转速下进行断火试验,响声往往不消失且变得杂乱。

③ 听诊。用螺丝刀或听诊器抵触在发动机上部两侧或气缸盖上察听,同时微动节气门变换转速,可听到清脆的响声,并且在气缸壁上部听诊比在下部明显,则为活塞销异响。

④ 根据不同症状具体诊断。若转速越高,响声越大,单缸断火时,声响不仅不消失反而由间断异响变为连续异响且听起来更加杂乱,则为活塞销与衬套间隙过大。怠速运转时,响声为有节奏而较沉重的"吭吭"响声,提高转速时声响不减,同时伴有机体轻微抖动,有间响,断火试验时响声加重,则说明活塞销自由窜动。若急加速时,声响尖锐而清晰,断火试验时响声减轻,但不消失,则很可能是活塞销折断。

5. 活塞环响

活塞环响有两种,即活塞环敲击异响和活塞环漏气异响。活塞环响在气缸上部听诊比较明显。

1）活塞环敲击异响的诊断与排除

① 如果活塞环侧隙过大,其在环槽内过于松动,加速时会产生高节奏的"咔嗒"声。要排除这种故障,应更换活塞环,必要时应更换活塞。

② 如果气缸磨损严重,缸壁出现缸肩时,第一道活塞环敲击台肩发出高节奏的"咔嗒"声,发动机加速时异响更为明显,此时应镗磨气缸,更换活塞连杆组。

③ 进行单缸断火试验。如果单缸断火时响声减弱但不消失,把螺丝刀放在火花塞上细听,有"唰唰唰"的响声,加速时,常常会发出高节奏的"啪啪"声,同时在加机油口有脉动性冒烟现象,单缸断火后冒烟现象消失,则为活塞折断。

2) 活塞环漏气异响的诊断与排除

① 打开加机油口盖检查,如有脉动性地向外冒淡蓝烟,且频率与响声吻合;做断火试验时,窜气减弱,则为活塞环漏气异响。

② 若温度低时,发出"崩崩崩"的响声,转速升高时响声随之增强;发动机温度升高后,响声逐渐减弱或消失;做单缸断火试验时响声消失,恢复工作后响声随即又出现,即可断定为活塞环漏气异响。

6. 气门响

气门组的主要功能是在配气凸轮直接或间接的驱动下按配气定时的要求开启和关闭进、排气口,并在关闭时能保证气缸良好的密封。作为一个组件来说,要求气门头部与气门座严密贴合,气门导管应使气门杆上下运动时有良好的导向,气门弹簧的弹力应始终大于由气门传动组及气门组内运动件负加速度所产生的惯性力,从而确保气门能按凸轮型线的要求运动。

1) 故障现象

① 发动机怠速时,在气门室处发出有节奏且清脆的"嗒嗒"声,转速升高时节奏加快,声响也随之增大,中速以上时,声响变得混杂,若有多只气门脚响,则声音杂乱。

② 发动机温度变化或单缸断火时,声响不变。

2) 故障原因

① 因润滑不良,或因磨损或调整不当,导致气门间隙过大而产生撞击声。

② 气门杆端或气门间隙调整螺钉磨损偏斜。

③ 气门杆与气门导管配合间隙过大。

④ 摇臂轴配合松旷。

3) 故障诊断与排除

① 在气门室罩处听察,异响节奏随发动机转速的变化而变化,发动机温度变化或单缸断火时声响不变且点火一次发响一次。

② 拆下气门室罩,选择适当厚度的塞尺逐个插入各气门间隙处,听察异响有无变化,如果插入某气门间隙后,异响明显减弱或消失即可确诊此气门间隙过大,调整气门间隙排除异响。

③ 若气门间隙正常,气门仍发响则为气门杆与气门导管磨损严重致间隙过大,将机油喷注到可能发出异响的气门导管,如果响声减弱或消失,即表明此气门杆与导管有碰撞

异响。

7. 液压挺杆响

液压挺杆与导孔配合面磨损,油缸与柱塞偶件磨损,机油压力不足等将导致液压挺杆异响,通常液压挺杆响在怠速时比较清晰,中速以上响声减弱或消失,察听时在凸轮轴附近最为明显且单缸断火时响声无变化,具体症状及原因如下。

① 怠速或低速时出现断续的响声,一般由挺杆单向阀磨损或脏污所致。

② 怠速时有异响转速提高后异响消失,一般是挺杆体和柱塞之间磨损过度所致,油压过低或机油黏度过小也会出现这种响声。

③ 怠速时不响高速时发响,表明挺柱机油有空气,可能是机油液面过高,曲轴搅动机油使空气进入机油中,也可能是油路渗漏,机油泵吸入空气。

④ 液压挺杆始终发响,在任何转速下液压挺杆都发响,其主要原因为液压挺杆脏污或被沉积物卡位,机件严重磨损,机油压力过低等。

⑤ 在起动发动机时,液压挺杆往往会产生不大的响声,如果在短时间内消失则液压挺杆正常,若转速超过 250 r/min 以上液压挺杆仍有异响应首先检查和调整机油压力,若压力正常则更换液压挺杆。

8. 凸轮轴响

1) 故障现象

① 发动机中速时从缸体凸轮轴一侧或缸盖处发出金属的敲击声,高速时声响混纯不清。

② 异响出现时凸轮轴轴承附近有响声且振动,单缸断火时声响不变。

2) 故障原因

① 凸轮轴与轴承座磨损过大,间隙超标。

② 凸轮轴轴承合金烧蚀剥落或过度磨损。

③ 凸轮轴轴向间隙过大。

④ 凸轮轴弯曲。

⑤ 凸轮轴磨损,一旦出现磨损其磨损速度会很快。

3) 故障诊断与排除

① 异响出现时,常伴有机油压力明显降低现象,进行单缸断火试验声响无变化。

② 缓慢变换节气门,若怠速和中速时声响清晰明显,高速时声响由杂乱变弱,则为凸轮轴轴向间隙过大或轴承滑转。

③ 使发动机在声响最强的转速下运转,对下置或中置式凸轮轴,在缸体凸轮轴一侧用听诊器或螺丝刀抵触在各凸轮轴轴承部位听诊,对上置或凸轮轴可拆下气门室盖直接在各凸轮轴轴承部位听诊,若某轴承外声响较强,并伴有振动,则可确诊为该轴承发响。

④ 如果凸轮轴的 1 个凸轮轴磨损,当发动机在 2 000 r/min 加速至 3000 r/min 工作时

可以听到较重的"嗒嗒"声,当有几个凸轮轴及挺柱刮伤时,在急速时会有连续且沉闷的"咔嗒"声,在急速平稳、加速却不良的情况下,排气凸轮磨损有时会导致发动机回火。

9. 正时齿轮响

1) 故障现象

① 当发动机怠速运转或转速变化时,在正时齿轮盖处发出乱而轻微的"嘎啦"声,转速提高后声响可能消失,急加速时声响尾随出现,有时在正时齿轮室盖处有振动现象。

② 声响有时受温度影响,高温时声响明显,单缸断火时声响无变化。

2) 故障原因

① 正时齿轮磨损或装配不当,导致啮合间隙过大或过小。

② 曲轴和凸轮轴中心线不平行,导致啮合不良。

③ 正时齿轮润滑不良。

④ 正时齿轮松动破裂或折断。

3) 故障诊断与排除

① 发动机怠速运转时发出有节奏的"嘎啦嘎啦"声,中速时明显高速时杂乱,用听诊器或螺丝刀触及正时齿轮盖部听诊,若声响更明显,则可确诊为正时齿轮啮合间隙过大。

② 改变发动机转速后声响随之变化,且声响类似于"呼呼"声,或在怠速运转时发出有节奏的"嘎嘎"声响,转速提高时声响加大,则多为正时齿轮啮合不良。

③ 将发动机转速逐渐提高到某一较高转速,突然发出强烈而杂乱的声响,急减速时同样会发出一声"嘎"的声响(正时齿轮盖有振动感),然后消失,则多为凸轮轴正时齿轮松动。

④ 若新车或更换正时齿轮后出现连续不断的"呜呜"声,转速越高响声越明显,则为正时齿轮啮合间隙过小。

⑤ 正时链条链轮响产生的原因是:正时链条损坏,正时链轮及张紧轮磨损严重或正时链轮(或正时齿轮)松动,在发动机前端正时齿轮室盖处会发出"咯拉"的声响,情况严重时链条还会将正时齿轮室盖磨破,并产生漏油现象,凸轮轴承严重磨损还会造成正时链条间隙过大。

10. 燃烧异响

爆燃是指气缸里面的油气混合物不是有规则的燃烧,而是突然间在被点火后的短时间里受到强烈的压缩和热辐射导致爆炸性燃烧。爆燃由于形成爆炸冲击波,猛烈冲击气缸壁、活塞顶部等部位,而发出尖锐的敲击声。早燃是气缸在火花塞还没有点火的时候就由燃烧室内炽热沉积物(如排气门头部、火花塞电极、积炭)点燃。早燃使气缸内的压力升高率和最高燃烧压力急剧增大,触发爆燃,而爆燃又助长表面点火,二者互相促进形成激爆,并发出尖锐的高频率振音。

爆燃响是汽油发动机最典型的燃烧异响,会出现金属敲击声,严重时响声较大并引起发动机的强烈振动,造成活塞与气缸、连杆与曲轴轴承等部位的强烈冲击产生异响,点火敲击声与金属敲击声类似。

爆燃产生的原因是点火提前角过大、压缩比过高、汽油辛烷值过低、发动机温度过高、燃烧室积炭过多或有炽热点、混合气过稀、废气再循环(EGR)装置失效等。

发动机加速时点火提前角过大,往往产生爆燃,且点火过早还可能引起活塞烧顶,电控发动机上装有爆燃传感器,将点火正时控制在最佳范围内。

EGR装置失效也是爆燃的一个主要原因,在平稳的巡航速度下发生的爆燃以及在发动机高速空转(2 000 r/min以上)时仍出现爆燃都可能是由于废气再循环阀失效或与之相关的控制系统失效引起的。对于增压发动机,增压压力过高也会使燃烧室积炭形成炽热点而产生早燃,引起"积炭爆燃",在发动机冷态时非常明显。发动机爆燃一般在有负荷时出现,而"积炭爆燃"甚至在无负荷时也会出现。

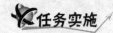

为解决情景导入中要求的排除发动机异响的故障问题,可按下述方式组织实施任务。

任务单元	发动机异响的诊断与排除	课时	6
任务要求	1. 掌握发动机异响故障诊断方法,确定故障诊断的思路。 2. 分析发动机异响产生的原因。 3. 学会对引起发动机异响的零部件进行检修。		
设备器材	1. 三台技术状况良好的发动机台架。 2. 常用工具三套。 3. 专职试车员一名。 4. 故障诊断流程图展板一块。		
操作准备	1. 将常用、专用工具三套分别放于三个工作台,对应放在三台发动机台架位置。 2. 将"任务工单"分发给每位学生。		
注意事项	1. 运行前进行安全检查。 2. 学生不得驾驶车辆。 3. 场地道路不小于50 m×100 m。		
实施过程	1. 将损坏的某一液压挺柱换上,利用机械故障,让学生分析发动机异响的原因及诊断方法。重点培养目标:机械原因对发动机异响的影响。 2. 在汽车上,故意设计异响对发动机会造成一定程度的损伤,因此建议将某一附件(如发电机皮带或张紧轮)换成有故障的,然后上道行驶试车,分析原因。重点培养目标:让学生掌握发动机转速对异响的影响。		

评价考核

	评价与考核项目	评价与考核标准	配分	得分
知识点	曲柄连杆机构和配气机构的组成	指出能导致异响的各摩擦副的名称	10	
	发动机机油压力指示灯常亮的故障现象及危害	分析发动机异响故障现象及危害	10	
	发动机异响故障的原因	分析发动机异响故障的原因	10	
	发动机异响故障的诊断思路	介绍发动机异响故障的诊断方法	10	
技能点	发动机异响的故障诊断	会对发动机异响进行故障诊断	20	
	发动机异响的排除	能够排除发动机异响的各类故障点	20	
情感点	纪律与劳动	不迟到早退,实训积极主动、认真记录	10	
	职业道德与敬业精神	具备良好的道德准则、道德情操与道德品质;能认真对待实训、明确职责、勤奋努力	5	
	团结协作与创新精神	必须分组分工协作共同完成;认真完成学习任务单;制订工作计划;要做好记录,各小组选派代表展示学习成果;评议各小组展示的学习成果;能够综合运用自己的知识、信息、技能和方法,对遇到的问题能提出新方法、新观点	5	
	合计		100	

任务工单

任务名称:发动机异响的诊断与排除　　　　　　　　**任务成绩:**＿＿＿＿＿＿

学生姓名:＿＿＿＿＿＿　　**班　　级:**＿＿＿＿＿＿　　**学　　号:**＿＿＿＿＿＿

实训时间:＿＿＿＿＿＿　　**实训地点:**＿＿＿＿＿＿　　**组　　号:**＿＿＿＿＿＿

●任务资讯

一、填空题

1. 影响发动机异响的因素很多,如＿＿＿＿＿＿、转速、负荷和润滑条件等。

2. ＿＿＿＿＿＿是指发动机不正常燃烧造成的异常声响。

3. 相邻两缸断火异响减弱或消失是＿＿＿＿＿＿异响。

二、选择题

1. 发动机工作时,发出一种沉闷敲击声,且发动机有振动,在断火检查时,响声无明显减弱,这种现象是(　　)。

　　A. 气门敲击声　　　　　　　　　　B. 连杆轴承敲击声

　　C. 曲轴主轴承敲击声　　　　　　　D. 活塞敲击声

2. 汽车发动机大修竣工后,(　　)允许有轻微响声。
   A. 正时齿轮　　　　　　　　　　B. 活塞销
   C. 连杆轴承　　　　　　　　　　D. 曲轴轴承
3. 单缸断火试验时,声响减弱或消失,则说明(　　)。
   A. 该缸活塞敲缸响　　　　　　　B. 气门脚响
   C. 该缸连杆轴承响　　　　　　　D. 该缸活塞环折断
4. 当发动机温度升高后,仍有明显的窜气响,再做断火试验,若窜气虽有减弱,但机油加注口处仍有明显漏气现象,则说明(　　)。
   A. 活塞环折断　　　　　　　　　B. 气门脚响
   C. 活塞环碰撞气缸凸肩　　　　　D. 活塞环与缸壁密封不良

三、判断题

1. 曲轴轴承响的现象为单缸断火时,声响消失。　　　　　　　　　　(　　)
2. 连杆轴承响的现象为发动机温度变化,声响不变化。　　　　　　　(　　)
3. 发动机气门响的现象为声响不随断火改变。　　　　　　　　　　　(　　)

四、简答题

1. 发动机曲轴主轴承异响有什么特点?
2. 叙述活塞敲缸响的故障诊断思路。
3. 常见异响的部位有哪些?

● 计划决策

请根据任务要求,确定所需要的设备器材,并对小组成员进行合理分工,制订发动机异响的诊断与排除计划。

1. 需要的设备器材

2. 小组成员分工

3. 实施计划

学习项目2 发动机故障诊断与排除

● **任务实施**

分组检测发动机异响的故障,并正确填写下表。

附表2.6 发动机异响的工作状况参数记录表

检测项目	测量结果	故障判断
发电机的皮带张紧度		
凸轮轴的驱动方式		
气门间隙		
冷起动时响声情况		
热车后响声情况		
气门响的部位		

● **检查评价**

以小组为单位对完成任务情况进行评价(包括自我评价、小组评价、教师评价)。

1. 是否完成了所有实训项目?

    自我评价:_____

    小组评价:_____

    教师评价:_____

2. 检测计划制订得是否合理?检测操作是否正确?

    自我评价:_____

    小组评价:_____

    教师评价:_____

3. 附表填写是否详细、准确?

    自我评价:_____

    小组评价:_____

    教师评价:_____

任务2.7 发动机排烟异常的诊断与排除

情景导入

一辆奥迪A6 1.8T手动挡轿车行驶10万公里,车主反映前段时间在外地该车出现冒黑烟、加速无力的现象。在当地服务站维修,更换了发动机控制单元,清洗了空气流量计后恢复正常。但过了一段时间后,又出现加速无力、冒黑烟的现象,且黑烟更浓。作为技术人员,接到此类发动机冒黑烟的故障,要求熟悉发动机排烟异常的症状,分析故障原因,然后制订维修计划,故障排除后提交一份总结报告。

理论引导

汽车发动机工作时,燃料在气缸内燃烧后生成废气排出机外。当发动机工作正常和燃料完全燃烧时,废气中主要有水蒸气(H_2O)、二氧化碳(CO_2)和氮气(N_2),废气一般是呈无色透明或浅灰色的气体。当燃料不完全燃烧或发动机工作不正常时,废气中还会有碳氢化合物(HC)、一氧化碳(CO)、氮氧化物(NO_x)和碳颗粒(PM)等有害物质存在,使废气呈现白色、黑色或蓝色。可见,发动机排气的颜色能反映燃料燃烧状况和发动机技术状态。因此,汽车驾驶员和汽车维修人员可以通过发动机排气的颜色判断发动机的技术状态。发动机排烟异常,指的是排气的烟色为黑色、蓝色或白色。

2.7.1 汽车冒黑烟的检修

1. 汽油机排气管冒黑烟

(1) 故障现象:发动机动力不足,混合气燃烧不完全,排气管排黑烟、放炮,油耗增加,气缸内大量积炭。

(2) 故障原因:混合气过浓;点火系统高压火花过弱;点火时刻过迟;气门间隙调整不当;个别气缸工作不良;空气滤清器堵塞,造成进气量不足。

(3) 故障诊断与排除方法。

① 拆下空气滤清器,观察排气烟色。若冒黑烟情况好转,则故障是空气滤清器脏污或堵塞造成的,应清洗或更换空气滤清器滤芯。

② 拔出高压线试火,若火花弱,则是点火能量不足导致混合气不能完全燃烧而冒黑烟,故障在点火系统的低压电路。

③ 在发动机运转时,做各缸断火试验。若拔出某缸高压分线后,发动机工作无明显变

化,则表明该缸不工作或工作不良。进一步检查火花是否太弱,若火花弱,应检查点火模块是否击穿漏电,高压线和火花塞是否有故障。如果火花正常,则应检查气缸压力是否过低。导致气缸压力过低的因素有活塞环卡滞或磨损、气缸磨损、气门磨损、积炭导致关闭不严等,应视情况进行排除。

④ 检查点火正时,若过迟应进行调整。

⑤ 若汽车在行驶时,随着车速的提高及节气门开度的加大,排气冒黑烟、放炮现象越来越严重,拆下火花塞检查,火花塞湿,则故障为混合气过浓。

2. 柴油机排气管冒黑烟

(1) 故障现象:发动机动力不足,运转不稳,排气管冒黑烟,加速时出现敲击声。

(2) 故障原因:空气滤清器严重堵塞,造成进气量不足;喷油泵供油量过多或各缸供油不均匀度过大;喷油器喷雾质量不佳或喷油器滴油;供油时间过迟;气缸压缩压力不足;柴油质置低劣。

(3) 故障诊断与排除方法。

柴油机排气黑烟多,大多是由各缸供油量不均匀或过多、吸入空气不足、雾化不良、喷射时间过早等原因引起的不完全燃烧造成的。

① 拆下空气滤清器,观察排气烟色。若排黑烟情况好转,则故障系空气滤清器脏污严重造成的。

② 检查供油时间是否过早,若过早应调整。

③ 在传统的柱塞泵或转子泵柴油机上,发动机运转时进行断油试验。当某缸断油时,若发动机转速降低,黑烟明显减少,敲击声变弱或消失,说明该缸供油量过多;若发动机转速变化小而黑烟消失,说明该缸喷油器喷雾质量差。找出有故障的单缸后,拆检喷油器。必要时,可换装新喷油器进行对比,若用新喷油器时故障消失,说明原喷油器有故障。

④ 用上述方法仍不能排除故障时,对于喷油泵柱塞挺杆具有调整螺钉的,应检查各缸喷油是否一致,必要时进行调整。

⑤ 检查喷油泵供油量过大和供油不均匀度是否符合标准时,应在试验台上进行。

⑥ 若以上各项均无问题,应对有故障的单缸测试压缩压力,以判断是否有气缸、活塞、活塞环等磨损漏气或气门密封不良现象。

2.7.2 汽车冒白烟的检修

在冬季环境温度低时,发动机排气管往往排出水蒸气,类似"白烟",但离开排气口很快能自行消失,甚至排气口有水滴流出,这是正常现象。

1. 汽油机排气管冒白烟

(1) 故障现象:发动机运转不均匀,排气管冒白烟。

(2) 故障原因:汽油或机油中含有水;发动机气缸体或气缸盖有裂纹;气缸盖螺栓拧紧

力矩不足或扭力不均,气缸垫损坏使冷却液进入燃烧室;天气温度低,燃烧水蒸气遇冷变白烟。

（3）故障诊断或与排除方法。

① 检查汽油或机油中是否掺杂有水。

② 冷车时取下水箱盖,起动发动机,若水箱口的冷却水呈沸腾状态并排出大量气泡,则故障为气缸垫损坏,致使水道与气缸相通,应更换气缸垫。

③ 若油底壳油平面上升且机油呈乳状,说明气缸盖或气缸体有裂纹,拆下气缸盖,对气缸盖与气缸体进行检修。

2. 柴油机排气管冒白烟

（1）故障现象:发动机动力不足,运转不均匀,排气管排出大量白烟。

（2）故障原因:供油时间过迟;柴油中有水或因气缸垫烧穿、缸套缸盖破裂漏水等原因造成气缸进水;气缸温度过低或气缸压缩压力不足;喷油器喷雾质量不佳等。

（3）故障诊断与排除方法。

柴油机排气管所冒白烟分为灰白烟和水汽白烟两种。

① 首先检查发动机水温,若温度过低,则是由保温措施不足或空气格栅控制不佳造成的。

② 若发动机温度正常,排气管排水蒸气烟雾时,在排气管口处将干净玻璃片挡住排气管口几秒钟后取出,观察玻璃片上是否有水珠。若有水珠,则应检查柴油中是否有水或缸垫烧穿、缸体缸盖破裂漏水等。

③ 发动机动力不足,排气管冒灰白色烟雾时,一般是供因为油时间过迟,应检查和调整供油时间。

④ 检查喷油器的喷雾质量,在传统的柱塞泵或转子泵柴油机上,首先采用单缸断油的方法,找出工作不良的气缸。拆下喷油器,在缸外仍连接到原来的高压油管上,起动柴油机运转,观察喷雾质量。若喷雾质量不佳,应检查、调整,必要时更换喷油器。柴油共轨系统中禁止用这种断油的方法。

⑤ 若发动机刚起动时冒白烟,温度升高后冒黑烟,通常是气缸压力过低造成的。

2.7.3 汽车冒蓝烟的检修

汽车排气管冒蓝烟是由于机油窜入气缸而未燃烧随废气排出,俗称"烧机油"。汽油机和柴油机的故障原因及诊断方法是一致的。

（1）故障现象:汽车在运行过程中排气冒蓝烟,机油量消耗过大。

（2）故障原因:机油加入量过多,使机油飞溅过多,油环来不及刮下缸壁多余的机油;油环上回油孔被积炭堵塞,失去刮油作用;活塞环开口转到一起,造成机油从活塞环开口上窜,活塞环断裂;活塞环磨损严重或被积炭卡滞在环槽内,失去密封作用;气环上下方向装反,把机油刮入气缸内烧掉;活塞环弹力不够,质量不合格;气门杆与气门导管的配合间隙过大;气门油封装配不当或老化失效、失去密封作用;活塞与气缸严重磨损;曲轴箱通风装置进风过多。

(3) 故障诊断与排除方法。

① 检查发动机机油量及机油压力。若油面过高,则放掉部分机油。若机油压力过高,则应检查油路是否堵塞、机油泵限压阀是否损坏。

② 当踩下加速踏板,发动机高速运转时,排气管大量排出浓蓝色烟,机油加注口也大量冒蓝烟或脉动性冒烟,说明气缸与活塞、活塞环磨损过大,活塞环装反或对口,应拆下活塞连杆组进行检查分析,对症检修。

③ 若发动机大负荷运转时,排气管冒浓蓝色烟,但机油加注口并不冒烟,则故障为气门杆与气门导管的配合间隙过大或气门油封损坏,使机油窜入燃烧室烧掉,应更换气门油封、气门或气门导管。

④ 检查曲轴箱通风情况。若曲轴箱强制通风系统阻塞,通风流量控制阀装反、失效或丢失,也可能导致发动机冒蓝烟,应及时检修。

⑤ 对于增压发动机,如果增压器压气机侧浮动轴承损坏,可能导致大量机油通过压气机进入发动机进气管并进入气缸参与燃烧,导致作业时严重冒蓝烟。若出现"烧机油"、排烟呈蓝色,且在压缩空气出口处或进气软管上可看到粘附有机油油污,可基本判定是涡轮增压器漏油。机油随气流进入燃烧室燃烧,此时应更换增压器,还应检查润滑油是否已被污染,必要时予以更换。

机油、燃油消耗比一般为 0.5%~0.8%,机油消耗超过此值时排气中将有蓝烟产生。发动机冒蓝烟的故障,一般要通过发动机解体、检查,才能找出原因并确定排除故障的方案。

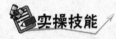

一、加热型氧传感器的检修

氧传感器也称为 λ 传感器。比较空气中的氧含量和废气中的残余氧含量,并输送给控制单元一个电压信号,如果传感器头部的孔堵塞、传感器受到过度的热应力、氧传感器太冷或氧传感器加热器不工作、λ 控制关闭(在喷射系统中控制单元检测到故障),将使电压不变化或者缓慢变化,发动机可能出现怠速不稳定、油耗上升和排放超标等现象。氧传感器的连接电路如图 2.59 所示。

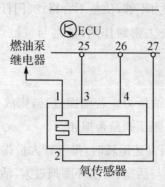

图 2.59 氧传感器连接电路图

1. 测试氧传感器工作情况

(1) 用解码器选择功能 08"读测量数据块"显示组 03。屏幕显示：

Read measuring value block 3			→
1	2	3	4

读测量数据块 3			→
1	2	3	4

在区域 3 中，冷却液温度必须大于 80℃才可检查氧传感器工作情况。

(2) 按 C 键，输入 07，按 Q 键确认。屏幕显示：

Read measuring value block 7			→
1	2	3	4

读测量数据块 7			→
1	2	3	4

区域 2 显示氧传感器信号电压，如果氧传感器电压读数波动缓慢，检测氧传感器加热器；如果氧传感器电压读数维持在 0.45～0.50 V 不变，说明信号线开路；如果氧传感器电压读数维持在 0～+0.3 V（混合气太稀），表明 λ 控制已经达到最大浓度极限，但氧传感器仍记录"混合气太稀"；如果氧传感器电压读数维持在 0.7～1.0 V（混合气太浓），表明 λ 控制已经达到最稀浓度极限，但氧传感器仍记录"混合气太浓"。

(3) 按 C 键。如果氧传感器工作适当，检查 λ 调节值。输入 08，按 Q 键确认。屏幕显示：

Read measuring value block 8			→	
2 ms	0.7%	−0.5%		AKF active
读测量数据块 8			→	
2 ms	0.7%	−0.5%		AKF 阀打开

混合气调节系统具有调节能力,也就是说 λ 控制能识别发动机(喷油器喷油、气缸压缩压力、汽油压力等)的差异,并对控制单元预编程序的基本喷油时间进行补偿调节。喷油时间延长或减少,直至达到"λ=1"混合气成分。实际喷油时间和控制单元中最初设定的喷油时间的点阵图之间的差值用百分比表示。

正值(+…%):预先设定基本喷油时间太短,为了达到"λ=1"混合气成分,实际喷油时间应增加的%。

负值(−…%):预先设定基本喷油时间太长,为了达到"λ=1"混合气成分,实际喷油时间应减少的%。

2. 测试氧传感器加热器

拔下氧传感器 G39 上的 4 针插头。测量传感器端子 1 和 2 之间的电阻(见图 2.60),在室温时氧传感器加热器电阻约 1~5 Ω,温度上升一点,电阻值迅速上升。如果断路,则更换氧传感器。如果氧传感器加热器是通路,应测试氧传感器加热器的供电电压。

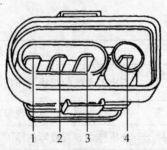

图 2.60 氧传感器端子图

3. 测试氧传感器信号线路的电压

如果氧传感器加热正常,而在 08 功能和 07 显示组区域 2 中氧传感器信号电压不正常,可拔下传感器插头。打开点火开关,测量氧传感器端子 3 和 4 之间的电压,标准值为 (450±50)mV(测试量程 2 V),如果读数不对,检查氧传感器是否对正极或对地断路或短路。如果线路正常,更换发动机 ECU。

任务实施

为解决情景导入中要求的排除发动机排烟异常的故障,可按下述方式组织实施任务。

任务单元	发动机排烟异常的诊断与排除	课时	6
任务要求	1. 掌握发动机排烟异常故障诊断方法,确定故障诊断的思路 2. 分析排烟异常产生的原因		
设备器材	1. 三台技术状况良好的发动机台架 2. 常用工具三套 3. 专职试车员一名 4. 故障诊断流程图展板一块		
操作准备	1. 将常用、专用工具三套分别放于三个工作台,对应放在三台发动机台架位置 2. 将"任务工单"分发给每位学生		
注意事项	1. 运行前进行安全检查 2. 学生不得驾驶车辆 3. 场地道路不小于 50 m×100 m		
实施过程	1. 在发动机试验台上,把燃油压力调节器中回油滤网部分堵塞,利用燃油压力过高这个故障点,重点分析发动机冒黑烟的故障诊断方法。重点培养目标:让学生掌握发动机冒黑烟的故障诊断方法 2. 通过添加机油油位过高这个故障点,现象是冒蓝烟学生应掌握发动机冒蓝烟而检修思路。重点培养目标:让学生掌握发动机冒蓝烟的危害		

评价考核

	评价与考核项目	评价与考核标准	配分	得分
知识点	点火系统、燃油系统和电控系统的组成	指出各系统的组成及作用	10	
	发动机排烟异常的故障现象及危害	熟悉排烟异常的故障现象及危害	10	
	冒蓝烟、黑烟和白烟故障的原因	分析排烟异常故障的原因	10	
	冒蓝烟、黑烟和白烟的诊断思路	介绍排烟异常故障的诊断方法	10	
技能点	排烟异常的故障诊断	会对冒蓝烟、黑烟和白烟故障进行分析诊断	20	
	排烟异常的排除	能够排除排烟异常的各类故障点	20	
情感点	纪律与劳动	不迟到早退,实训积极主动、认真记录	10	
	职业道德与敬业精神	具备良好的道德准则、道德情操与道德品质;能认真对待实训、明确职责、勤奋努力	5	
	团结协作与创新精神	必须分组分工协作共同完成;认真完成学习任务单;制订工作计划;要做好记录,各小组选派代表展示学习成果;评议各小组展示的学习成果;能够综合运用自己的知识、信息、技能和方法,对遇到的问题能提出新方法、新观点	5	
	合计		100	

学习项目 2　发动机故障诊断与排除

任务工单

任务名称：发动机排烟异常的诊断与排除　　　　　　**任务成绩**：_____

学生姓名：_____　　**班　　级**：_____　　**学　　号**：_____

实训时间：_____　　**实训地点**：_____　　**组　　号**：_____

● 任务资讯

一、填空题

1. 发动机排烟异常是指排气的烟色为_____。
2. 若发动机刚起动时冒白烟,温度升高后冒黑烟,通常是_____造成的。
3. 若发动机机油位过高会导致冒_____烟。
4. 柴油机动力不足,排气管冒灰白色烟雾时,一般是_____原因。

二、选择题

1. 发动机排气管冒蓝烟的主要原因是(　　)。
   - A. 活塞环与缸壁磨损严重
   - B. 活塞环与缸壁间隙小
   - C. 喷油泵供油量过大
   - D. 冷却液进入气缸
2. 柴油机排气冒黑烟的主要原因之一是(　　)。
   - A. 喷油时间过早
   - B. 喷油时间过迟
   - C. 喷油量过小
   - D. 速燃期过短
3. 在诊断柴油机排白烟,不能起动的故障时,起动发动机,用手接近排气管消声器出口处,手上不会留有水珠,说明(　　)。
   - A. 水箱破裂
   - B. 水进入气缸
   - C. 气缸体冷却水套有破裂处
   - D. 气缸盖冷却水套有破裂处

三、判断题

1. 柴油机在低温起动时(特别是冬季),排气管排白烟,温度升高后不再排白烟,这种异常现象,应予以及时排除。　　　　　　　　　　　　　　　　　　　　　　　　(　　)
2. 柴油机刚起动时排白烟,温度升高后冒黑烟,则说明气缸压缩压力过高。　(　　)
3. 空气滤清器脏污或堵塞会造成发动机冒黑烟。　　　　　　　　　　　(　　)

四、简答题

1. 叙述发动机冒黑烟的故障排除方案。
2. 叙述柴油机冒白烟的故障排除方案。
3. 叙述发动机冒蓝烟的故障排除方案。

◉ 计划决策

请根据任务要求,确定所需要的设备器材,并对小组成员进行合理分工,制订发动机排烟异常的诊断与排除计划。

1. 需要的设备器材

_____

_____

2. 小组成员分工

_____

_____

3. 实施计划

_____

_____

◉ 任务实施

分组检测发动机排烟异常的故障,并正确填写下表。

附表 2.7.1　汽油机冒黑烟的工作状况参数记录表

检测项目	测量结果	故障判断
空气过滤器堵塞情况		
高压跳火试验情况		
各缸断火试验时转速变化		
点火正时		
缸压		
火花塞头部,混合气浓度		

附表 2.7.2　柴油机冒白烟的工作状况参数记录表

检测项目	测量结果	故障判断
发动机水温		
排气口水蒸气烟雾情况		
发动机动力情况		
喷油器的喷雾质量		
缸压		

附表 2.7.3　发动机冒蓝烟的工作状况参数记录表

检测项目	测量结果	故障判断
机油油位		
高速运转时机油加注口排气烟色		
提高负荷时排气口烟色		
曲轴箱通风情况		
增压发动机压气机出口油污情况		

● 检查评价

以小组为单位对完成任务情况进行评价（包括自我评价、小组评价、教师评价）。

1. 是否完成了所有实训项目？

　　自我评价：_____

　　小组评价：_____

　　教师评价：_____

2. 检测计划制订得是否合理？检测操作是否正确？

　　自我评价：_____

　　小组评价：_____

　　教师评价：_____

3. 附表填写是否详细、准确？

　　自我评价：_____

　　小组评价：_____

　　教师评价：_____

任务 2.8　高压共轨柴油发动机动力不足的诊断与排除

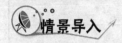

一辆 2013 年长城风骏皮卡，柴油共轨，行驶 4.5 万公里，暖机后行驶时灭车，怠速时也会自动熄火，作为技术人员，接到共轨柴油机的故障排除任务，要求熟悉共轨柴油机的结构，分析故障原因，然后制订维修计划，故障排除后提交一份总结报告。

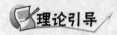

2.8.1　高压共轨燃油喷射系统概述

1. 高压共轨系统的主要特点

电控高压共轨喷油系统与传统的凸轮驱动的机械调节式喷油系统相比，其与柴油机匹配的灵活性要大得多，主要表现在以下几个方面。

(1) 应用领域宽广（用于小型乘用车和轻型载重车，每缸功率可达 30 kW；用于重型载重车、内燃机车和船舶，每缸功率可达 200 kW 左右）。

(2) 喷油压力可达 180 MPa，甚至更高。

(3) 喷油始点可变。

(4) 可实现预喷射、主喷射和后喷射。

(5) 喷油压力可随柴油机运转工况而变化。

2. 高压共轨系统的功能

在共轨喷油系统中，喷油压力的建立与喷油量互不相关，喷油压力不取决于柴油机的转速和喷油量。在高压燃油存储器（即"共轨"）中，始终充满着高压燃油。而喷油量、喷油正时和喷油压力由电控单元 ECU，根据其中存储的特性曲线（脉谱图）和传感器采集的柴油机运转工况信息算出，然后通过控制每缸喷油器的高速电磁阀开闭来实现。

(1) 共轨喷油系统的各传感器的功能（见表 2.2）。

表 2.2 共轨喷油系统的各传感器的功能

序号	名称	功能描述
1	曲轴传感器	精确计算曲轴位置,用于喷油时刻和喷油量计算、转速计算
2	凸轮轴传感器	判缸和曲轴传感器失效时跛行回家
3	进气温度传感器	测量进气温度,修正喷油量和喷油正时,过热保护
4	增压压力传感器	监测进气压力,调节喷油控制,通常与进气温度集成在一起
5	冷却水温度传感器	测量冷却水温度,用于冷起动、目标怠速计算等,还用于修正喷油提前角、最大功率保护等
6	机油压力温度传感器	测量机油压力和温度,用于喷油的修正和发动机的保护
7	共轨压力传感器	测量共轨管中的燃油压力,保证油压控制稳定,此信号作为决定喷油量及时间的主要依据
8	节气门位置传感器	将驾驶员的意图送给控制器 ECU
9	车速传感器	提供车速信号给 ECU,用于整车驱动控制,由整车提供
10	大气压力传感器	用于不同海拔高度校正喷油控制参数,通常集成在 ECU 中

各传感器的结构原理及检修方法,可参考电控汽油机上所用的同类型的传感器。

(2) 执行器的组成及功能。

① 燃油计量阀。用于控制高压油泵进油量,保持共轨压力满足指令需求。

② 喷油器电磁阀。用于精确控制喷油提前角、喷油量。

③ 继电器。用于空调压缩机、排气制动和冷起动装置的控制。

④ 指示灯。包括故障指示灯、冷起动指示灯。

⑤ 转速输出。用于整车转速表。

⑥ CAN 总线。用于整车动力总成、ABS、ASR、仪表、车身等系统的联合控制。

⑦ K 线(ISO-Line)。用于故障诊断和整车标定。

(3) ECU 的概念功能。

ECU 是电控发动机的控制中心,通过接受各传感器传送来的发动机运行信息,加以运算处理后控制各执行器动作。

① 基本功能:是在正确时刻以精确的数量和合适的压力控制燃油的喷射,从而保证柴油机的平稳运行,并实现降低低燃油消耗、减少废气排放和减小运转噪声的目的。

② 附加功能:附加的控制和调节功能用于减少废气排放和降低燃油消耗,或提高安全性和舒适性。例如,实现废气再循环(EGR)、增压压力调节、车速控制和电子防盗锁等都是 ECU 的附加功能。

ECU 借助于传感器得知驾驶员的要求(加速踏板位置)以及柴油机和车辆的实时工作状态。它处理由传感器产生并经数据导线输入的信号,对柴油机进行控制和调节。曲轴转速传感器测定柴油机的转速,凸轮轴相位传感器确定发火顺序和相位。加速踏板传感器是一种电位计,它通过电压信号告知 ECU 关于驾驶员对扭矩的要求。空气流量计告知 ECU 柴油机实时的进气质量流量,以根据排放法规的要求来匹配相应的基本喷油量。在带有增压压力调节的增压柴油机上,增压压力传感器用以测定增压压力。在低温和柴油机处于冷态时,ECU 可根据冷却水温度传感器和进气空气温度传感器的信号值确定合适的喷油始点、预喷射油量和其他参数的额定值。

图 2.61 所示为一种四缸柴油机所用电控共轨喷油系统的主要组件结构示意图。

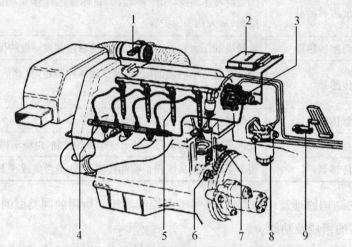

图 2.61 四缸柴油机电控共轨喷油系统组成

1—空气流量计;2—ECU;3—高压油泵;4—共轨;5—喷油器;
6—曲轴位置传感器;7—冷却水温度传感器;8—柴油滤清器;9—节气门踏板位置传感器

2.8.2 高压共轨系统的喷油特性

1. 燃油喷射的种类

1) 预喷射

预喷射可在上止点前 90°内进行。如果预喷射的喷油始点早于上止点前 40°曲轴转角,则燃油可能喷到活塞顶面和气缸壁上使润滑油稀释到不允许的程度。预喷射时,少量燃油($1 \sim 4 \, mm^3$)喷入气缸,促使燃烧室产生"预调节",从而改善燃烧效率。压缩压力由于预反应或局部燃烧而略有提高,因此缩短了主喷油量的着火延迟期,降低了燃烧压力上升幅度和燃烧压力峰值,燃烧较为柔和。这种效果减小了燃烧噪声,降低了燃油消耗,许多情况下还减少了废气排放。

在无预喷射时的压力特性曲线(见图 2.64)中,在上止点前的范围内,压力上升尚较平缓,但随着燃烧的开始压力迅速上升,达到压力最大值时,形成一个较陡的尖峰。压力上升幅度的增加和尖峰导致柴油机的燃烧噪声明显增大。而在有预喷射的压力特性曲线(见

图 2.65)中,在上止点前范围内,压力值略高,但燃烧压力的上升变缓。

预喷射间接地通过缩短着火延迟期而有助于发动机扭矩的增加。根据主喷射始点和预喷射与主喷射之间的时间间隔的不同,燃油消耗降低或增加。

2) 主喷射

主喷射提供了发动机输出功率所需的能量,从而基本上决定了发动机的扭矩。在共轨喷油系统中,整个喷油过程的喷油压力近似恒定不变。

3) 后喷射

对于那些催化 NO_x 的催化器而言,后喷射的燃油充当还原剂,用于还原 NO_x。它在主喷射之后的做功行程或排气行程中进行,其范围一般在上止点后 200°内。

与预喷射和主喷射不同,后喷射的燃油在气缸中不会燃烧,而是在废气中剩余热量的作用下蒸发,带入 NO_x 催化器中作为 NO_x 的还原剂,以降低废气中 NO_x 的含量。

过迟的后喷射会导致燃油稀释发动机的润滑油,其喷射范围要由发动机制造厂家通过试验来确定。

2. 传统喷油系统的喷油特性

在传统喷油系统中,如在分配泵和直列泵中,只有主喷射而没有预喷射和后喷射,而在电磁阀控制的分配泵中仅可实现预喷射。传统喷油系统中压力的产生和喷油量的计量是通过凸轮和供油柱塞来实现的。这种喷油方式会产生下列现象:喷油压力随转速和喷油量的增加而升高;喷油过程中喷油压力上升,但到喷油终了时又降低到喷油嘴关闭压力。传统喷油系统的喷油特性如图 2.62 所示。

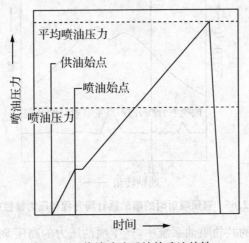

图 2.62 传统喷油系统的喷油特性

因此,会产生下列结果:小喷油量时的喷油压力较低;峰值喷油压力是平均喷油压力的两倍以上;喷油过程曲线近似于三角形,这有利于燃烧完善。

峰值喷油压力对喷油泵及其驱动装置构件承受的负荷具有决定性的影响。对传统喷油系统而言,峰值喷油压力是燃烧室中混合气形成质量好坏的评价尺度。

3. 共轨喷油系统的喷油特性

对理想的喷油特性,除了传统喷油特性的要求之外,还有下列要求。

第一,对发动机的任何一个工况点,喷油压力和喷油量的确定都可以是互为独立的。

第二,喷油开始初期(即在喷油开始到燃烧开始之间的点火延迟期内)的喷油量应尽可能小。

带有预喷射和主喷射的共轨喷油系统可满足上述要求,如图2.63~图2.65所示。

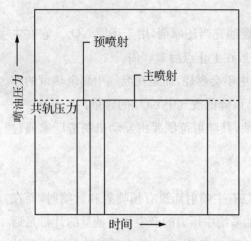
图2.63 共轨喷油系统的喷油特性

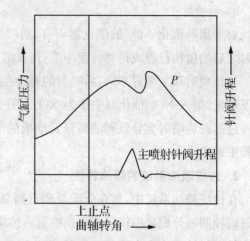
图2.64 无预喷射时的喷油器针阀升程和压力特性曲线

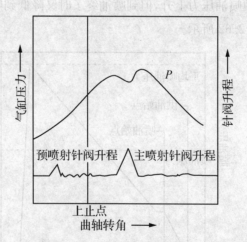
图2.65 有预喷射时的喷油器针阀升程和压力特性曲线

在小型乘用车上用的共轨喷油系统中,产生喷油压力的高压泵采用径向柱塞泵,其转速以固定的传动比与发动机转速相关,而压力的建立与喷油量无关。由于近乎连续的供油,高压泵可设计得比传统喷油系统中用的高压泵小得多,设计时考虑的峰值驱动扭矩也较小。

喷油器通过高压油管与共轨相连,它主要由一个燃油喷射器和一个电磁阀构成。ECU使电磁阀通电后,就开始喷油。在一定压力下,喷入的燃油量与电磁阀的接通时间成正比,而与发动机或泵的转速无关(时间控制的喷油方式)。喷油量可通过电磁阀控制的相应设计，并在 ECU 中采用高电压和大电流来控制，以提高电磁阀的响应特性。

喷油正时是通过电控系统中的角度-时间系统来控制的。为此在曲轴上装有一个转速传感器，并且为了识别缸序或相位，在凸轮轴上也装有一个相位传感器。

2.8.3 高压燃油共轨系统的组件结构和功能

汽车柴油机电控高压共轨喷油系统由低压供油部分和高压供油部分组成，其组件结构如图 2.66 所示。

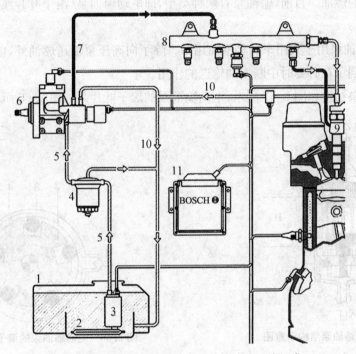

图 2.66 汽车柴油机电控高压共轨喷油系统组成

1—燃油箱；2—滤网；3—电动输油泵(电动)；4—燃油滤清器；5—低压油管；
6—高压泵；7—高压油管；8—共轨；9—喷油器；10—回油管；11—ECU

1. 低压供油部分

共轨喷油系统的低压供油部分包括：燃油箱(带有滤网)、低压油管、输油泵及燃油滤清器。

1) 燃油箱

燃油箱必须抗腐蚀，且至少能承受两倍的实际工作油压，并在不低于 0.03 MPa 的情况下仍保持密封。如果油箱出现超压，需经过适当的通道和安全阀自动卸压。即使车辆发生倾斜，或在弯道行驶，甚至发生碰撞时，燃油不会从加油口或压力平衡装置中流出。同时，燃油箱必须要远离发动机，这样就算车辆发生交通事故，也可减小发生火灾的危险。

2)低压油管

低压油管除采用钢管外,还可使用阻燃的包有钢丝编织层的柔性管。油管的布置必须能够避免机械损伤,并且确保在其上滴落的燃油既不能聚积,也不会被引燃。

3)输油泵

输油泵是一种带有滤网的电动泵或齿轮泵,它将燃油从燃油箱中吸出,将所需的燃油连续供给高压泵。

输油泵的任务是在任何工况下,为燃油提供所需的压力,并在整个使用寿命期内,向高压泵提供足够的燃油。目前,输油泵有两种类型,即电动输油泵(滚子叶片泵)和机械驱动的齿轮输油泵。

① 电动输油泵用于乘用车和轻型商用车。除了向高压泵输送燃油外,电动输油泵在监控系统中还起到了在必要时中断燃油输送的作用。

电动输出泵结构如图2.67所示,电动输油泵的滚子叶片泵如图2.68所示。

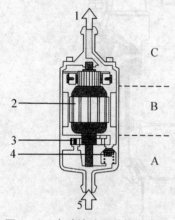
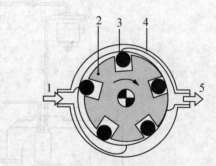

图2.67 电动输油泵结构示意图　　　　　　图2.68 电动输油泵的滚子叶片泵示意图

1—压油端;2—电动机电枢;　　　　　　　1—吸油端;2—圆盘形转子;
3—滚子叶片泵;4—限压阀;　　　　　　　3—滚子;4—油泵外壳;
5—吸油端;A—泵油元件;B—电动机;C—连接盖　　5—压油端

发动机起动过程开始时,电动输油泵就开始运行,且不受发动机转速影响。电动输油泵持续从油箱中抽出燃油,经燃油滤清器送往高压泵,多余的燃油经溢流阀流回油箱。电动输油泵具有安全电路,可防止在停机时向发动机输送燃油。

电动输油泵有油管安装式和油箱安装式两种。油管安装式输油泵安装在车辆底盘上油箱与燃油滤清器之间的油管上。而油箱安装式输油泵则安装在油箱内的专用支架上,其总成通常还包括吸油端的吸油滤网、油位显示器、储油罐以及与外部连接的电气接头和压油端的液压接头。

电动输油泵由泵油元件、电动机和连接盖三个功能部分组成。泵油元件的工作原理取决于电动输油泵的应用领域,有多种型号。乘用车共轨喷油系统采用的滚子叶片泵(容积式泵)由偏心布置的内腔和在其中转动的开槽圆盘构成,每个槽内有可活动的滚子。利用开槽圆盘转动的离心力和燃油压力的作用,滚子紧压在外侧的滚子滚道上和槽的驱动侧面上。在这种情况下,滚子的作用就好比是做圆周运动的密封件。开槽圆盘的每2个滚子与滚道之间构成了1个腔室,当进油口关闭,腔室容积不断缩小时,便产生泵油作用。燃油在出油口打开以后从电动机流过,并经压油端的连接盖输出。

电动机由永久磁铁和电枢组成,其设计取决于在一定系统压力之下所要求的供油量。电动机和泵油元件装在共用的外壳中,燃油不间断地流过,从而使其得到冷却,因此无需在泵油元件与电动机之间设置复杂的密封件便可获得较高的电动机功率。

连接盖包含电气接头和压油端的液压接头,另外还可以在连接盖中设置防干扰装置。

② 齿轮输油泵用于乘用车和轻型商用车的共轨喷油系统中,向高压泵输送燃油。其装在高压泵中与高压泵共用驱动装置,或装在发动机旁配有单独的驱动装置。驱动装置一般为联轴节、齿轮或齿带。齿轮输油泵结构如图2.69所示。

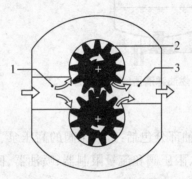

图2.69 齿轮输油泵的示意图

1—吸油端;2—驱动齿轮;3—压油端

齿轮输油泵的基本构件是两个互相啮合反向转动的齿轮,它们将齿隙中的燃油从吸油端送往压油端。齿轮的接触线将吸油端和压油端互相密封以防止燃油倒流。齿轮输油泵的输油量与发动机转速成正比,因此输油量的调节借助于吸油端的节流调节阀或压油端的溢流阀进行。

齿轮泵在工作期间无需保养。为了在第一次起动时或燃油箱放空后排空燃油系统中的空气,可在齿轮泵或低压管路上装配手动泵。

4) 燃油滤清器

燃油滤清器将进入高压泵前的燃油滤清净化,从而防止高压泵、出油阀和喷油器等精密件过早磨损和损坏。

燃油中的杂质可能使泵油元件、出油阀和喷油器损坏,因此使用满足喷油系统要求的燃油滤清器是保证发动机正常工作和延长使用寿命的前提条件。通常燃油中会含有化合形态(乳浊液)或非化合形态(温度变化引起的冷凝水)的水。如果这些水进入喷油系统,会对其产生腐蚀并造成损坏,因此与其他喷油系统一样,共轨喷油系统也需要带有集水槽的燃油滤清器,每隔适当时间必须将水放掉。随着乘用车采用柴油机数量的增加,自动水报警装置的使用也在不断增加。当系统必须将水排出时,该装置的报警灯就会闪亮。燃油滤清器结构如图2.70所示。

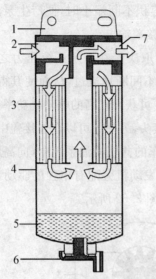

1—滤清器盖;
2—进油口;
3—纸质滤芯;
4—外壳;
5—集水槽;
6—放水螺栓;
7—出油口

图2.70 燃油滤清器结构示意图

2. 高压供油部分

共轨喷油系统的高压供油部分包括:带调压阀的高压泵、高压油管、作为高压存储器的共轨(带有共轨压力传感器)、限压阀和流量限制器、喷油器、回油管。高压部分除了产生高压力的组件外,还有燃油分配和计量组件。

1) 高压泵

高压泵将燃油压送到共轨的压力为160 MPa,高压燃油经高压油管进入类似管状的共轨中。

(1) 任务:高压泵位于低压部分和高压部分之间,它的任务是在车辆所有工作范围和整个使用寿命期间,在共轨中持续产生符合系统压力要求的高压燃油,以及提供快速起动过程和共轨中压力迅速升高时所需的燃油储备。

高压泵纵剖面结构如图2.71所示。

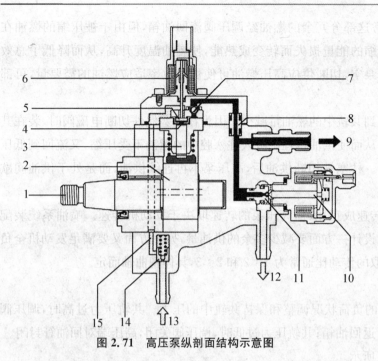

图 2.71　高压泵纵剖面结构示意图

1—驱动轴；
2—偏心凸轮；
3—柱塞泵油元件；
4—柱塞腔；5—吸油阀；
6—柱塞偶件切断电磁阀；
7—排油阀；
8—密封件；
9—通向共轨的高压接头；
10—调压电磁阀；
11—球阀；
12—回油口；
13—进油口；
14—带节流孔的安全阀；
15—通往泵油元件的低压通道

（2）结构：高压泵通常像传统分配泵那样装在柴油机上，以齿轮、链条或齿形皮带连接在发动机上，最高转速为 3 000 r/min，依靠燃油润滑。因为安装空间大小的不同，调压阀通常直接装在高压泵旁，或固定在共轨上。

燃油是由高压泵内三个相互呈 120°径向布置的柱塞压缩的。由于每转 1 圈有 3 个供油行程，因此驱动峰值扭矩小，泵驱动装置受载均匀。驱动扭矩为 16 N·m，仅为同等级分配泵所需驱动扭矩的 1/9 左右，所以共轨喷油系统对泵驱动装置的驱动要求比传统喷油系统低，泵驱动装置所需的动力随共轨压力和泵转速（供油量）的增加而增加。排量为 2 L 的柴油机，额定转速下共轨压力为 160 MPa 时，高压泵（机械效率约为 90%）所消耗功率为 3.8 kW。喷油器中的泄漏和所需的喷油量，以及调压阀的回油，使其实际消耗功率要更高些。

（3）工作方式：燃油通过输油泵加压经带水分离器的滤清器送往安全阀，通过安全阀上的节流孔将燃油压到高压泵的润滑和冷却回路中。带偏心凸轮的驱动轴或弹簧根据凸轮形状相位的变化而将泵柱塞推上或压下。如果供油压力超过了安全阀的开启压力（0.05～0.15 MPa），则输油泵可通过高压泵的进油阀将燃油压入柱塞腔（吸油行程）。当柱塞达到下止点后而上行时，则进油阀被关闭，柱塞腔内的燃油被压缩，只要达到共轨压力就立即打开排油阀，被压缩的燃油进入高压回路。到上止点前，柱塞一直泵送燃油（供油行程）。达到上止点后，压力下降，排油阀关闭。柱塞向下运动时，剩下的燃油降压，直到柱塞腔中的压力低于输油泵的供油压力时，吸油阀再次被打开，重复进入下一工作循环。

（4）供油效率：由于高压泵是按高供油量设计的，在急速和部分低负荷工作状态下，被压缩的燃油会有冗余。通常这部分冗余的燃油经调压阀流回油箱,但由于被压缩的燃油在调压阀出口处压力降低,压缩的能量损失而转变成热能,使燃油温度升高,从而降低了总效率。若泵油量过多,使柱塞泵空,切断供应高压燃油可使供油效率适应燃油的需要量,可部分补偿上述损失。

柱塞被切断供油时,送到共轨中的燃油量减少。因为在柱塞偶件切断电磁阀时,装在其中的衔铁销将吸油阀打开,从而使供油行程中吸入柱塞腔中的燃油不受压缩,又流回到低压油路,柱塞腔内不增加压力。柱塞被切断供油后,高压泵不再连续供油,而是处于供油间歇阶段,因此减少了功率消耗。

高压泵的供油量与其转速成正比,而高压泵的转速取决于发动机转速。喷油系统装配在发动机上时,其传动比的设计一方面要减少多余的供油量,另一方面又要满足发动机全负荷时对燃油的需要。可选取的传动比通常为1∶2和2∶3,具体视曲轴而定。

2) 调压阀

(1) 任务:根据发动机的负荷状况调整和保持共轨中的压力。共轨压力过高时,调压阀打开,一部分燃油经回油管返回油箱;共轨压力过低时,调压阀关闭,高压端对回油管封闭。

调压阀结构如图 2.72 所示。

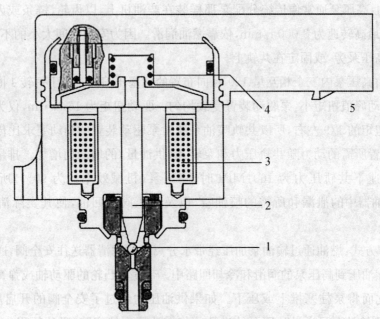

图 2.72 调压阀结构示意图

1—球阀;2—衔铁销;3—电磁线圈;4—弹簧;5—电气接头

(2) 结构:调压阀有安装法兰,用以固定在高压泵或共轨上。衔铁销将钢球压在密封座上,以使高压端对低压端密封。一方面弹簧将衔铁销往下压,另一方面电磁线圈还对衔铁销有作用力。为进行润滑和散热,整个电磁阀周围都有燃油流过。

(3)工作方式:调压阀有两个调节回路,一是低速电调节回路,用于调整共轨中可变化的平均压力值;二是高速机械液压调节回路,用于补偿高频压力波动。

共轨或高压泵出口处的高压燃油通过高压油进口作用在调压阀上。由于无电流的电磁线圈不产生作用力,则燃油的高压力大于弹簧弹力,调压阀打开。根据供油量的大小,调压阀调整打开的开度。该弹簧是按最大压力约 10 MPa 设计的。

如果要提高高压回路中的压力,就必须在弹簧力的基础上再建立电磁力。当电磁力和弹簧力与燃油高压力达到平衡时,调压阀停留在某个开启位置,燃油压力保持不变。泵油量的变化和燃油从喷油器中喷出时,调压阀通过不同的开度予以补偿。电磁阀的电磁力与控制电流成正比,而控制电流的变化通过脉宽调制来实现。脉宽的调制频率为 1 kHz,可避免衔铁销的运动干扰共轨中的压力波动。

3)共轨油管

共轨油管又称共轨、油轨、蓄能器,将高压燃油分配到各喷油器中,是高压油管接头、压力传感器、限压阀的安装载体。

(1)任务:存储高压燃油。高压泵的供油和喷油所产生的压力波动由共轨的容积进行缓冲。在输出较大燃油量时,所有气缸共用的共轨压力也应保持恒定,从而确保喷油器打开时喷油压力不变。

(2)结构:由于发动机的安装条件不同,带流量限制器(选装件)、共轨压力传感器、调压阀和限压阀的共轨可进行不同的设计。共轨油管结构如图 2.73 所示。

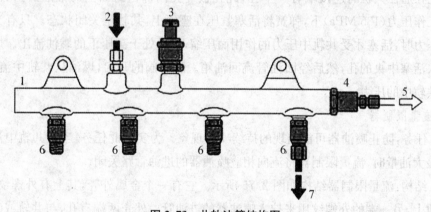

图 2.73 共轨油管结构图

1—共轨;2—高压进油口;3—共轨压力传感器;4—限压阀;
5—回油管;6—流量限制器;7—通往喷油器的高压油管

(3)工作方式:共轨中通常注满了高压燃油,充分利用高压对燃油的压缩来保持存储压力,并用高压泵来补偿脉动性供油所产生的压力波动,因此即使从共轨中喷射出燃油,共轨中的压力也近似为恒定值。

4)限压阀

(1)任务:相当于安全阀,用来限制共轨中的压力,当压力过高时打开放油孔泄压。共轨内允许的短时最高压力为 180 MPa。

(2)结构和功能:限压阀是类同溢流阀的机械原理工作的,它包括具有便于拧装在共轨上的外螺纹的外壳、通往油箱的回油管接头、可活动的活塞、压力弹簧。限压阀结构如图 2.74 所示。

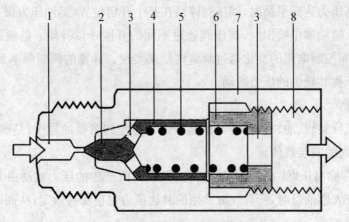

图 2.74 限压阀结构图

1—高压接头;2—锥形阀头;3—通流孔;4—活塞;5—压力弹簧;6—限位件;7—阀体;8—回油孔

外壳在通往共轨的连接端有一个孔,此孔被外壳内部密封面上的锥形活塞头部关闭。在标准工作压力(135 MPa)下,弹簧将活塞紧压在座面上,共轨呈关闭状态。只有当超过系统最大压力时,活塞才受共轨中压力的作用而压缩,于是处于高压下的燃油流出。燃油经过通道流入活塞中央的孔,然后经回油管流回油箱。随着阀的开启,燃油从共轨中流出,结果降低了共轨中的压力。

5)流量限制器

(1)任务:防止喷油器可能出现的持续喷油现象。为实现此任务,当从共轨中流出的油量超过最大油量时,流量限制器将流向相应喷油器的进油管路关闭。

(2)结构:流量限制器结构如图 2.75 所示。它有一个金属外壳,其上有外螺纹,以便拧装在共轨上,另一端的外螺纹用来拧入喷油器的进油管。外壳两端有孔,与共轨或喷油器进油管建立液压连接。

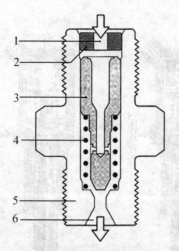

图 2.75 流量限制器结构图

1—通向共轨的接头;2—限位件;3—柱塞;4—压力弹簧;5—外壳;6—通向喷油器的接头;7—节流孔

流量限制器内部有一个柱塞,弹簧将此柱塞向共轨方向压紧。柱塞对外壳壁部密封。柱塞上的纵向孔连接进油和出油口,其直径在末端是缩小的节流孔,起节流作用。

(3)工作过程:正常工作状态下喷油器不喷油时,柱塞处在静止位置,即在共轨端的限位件上。喷油器喷油时,喷油器端的压力下降,柱塞克服弹簧弹力向喷油器方向运动。柱塞下降的容积补偿了喷油器喷出的燃油容积。在喷油终止时,柱塞运动到中部位置停止,不关闭下端的密封锥面,弹簧弹力将柱塞推回到静止位置,燃油经节流孔流出。

持续喷油时的故障工作状态下,当喷油器持续喷油时,柱塞从静止位置被推向出油端的密封锥面,从而关闭通往喷油器的进油口,使该缸停止喷油。

6)喷油器

(1)任务:电控喷油器是共轨式燃油系统中最关键和最复杂的部件,它的作用是根据ECU发出的控制信号,通过控制喷油器内电磁阀的开启和关闭,将高压油轨中的燃油以最佳的喷油定时、喷油量和喷油率喷入柴油机的燃烧室。喷油器工作过程如图2.76所示。

(2)结构:喷油器由孔式喷嘴、液压伺服系统、电磁阀组件构成。

(3)工作原量:电磁阀断电时,球阀关闭,控制腔压力+针阀弹簧压力>针阀腔压力,针阀关闭,不喷射。

电磁阀通电时,球阀开启,泄油孔泄油,控制腔压力+针阀弹簧压力<针阀腔压力,针阀抬起,喷射。

针阀抬起速度取决于泄油孔与进油孔的流量差,针阀关闭速度取决于进油孔流量。喷射响应=电磁阀响应+液力系统响应,一般应为 0.1~0.3 ms(喷油速率控制的要求)。

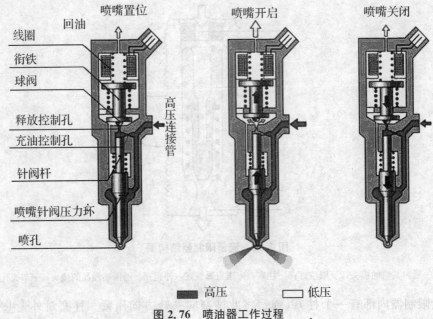

图 2.76 喷油器工作过程

7) 高压油管

高压燃油油管必须能够经受喷油系统的最大压力和喷油间歇时的局部高频压力波动。该油管是由钢管制成,通常外径为 6 mm,内径为 2.4 mm。

各缸的高压油管长度是完全相同的,共轨与各缸喷油器之间的不同间距是通过各缸高压油管的弯曲程度进行长度补偿的,但油管长度应尽可能短一些。

2.8.4 共轨系统故障诊断与排除

1. 起动困难

对于电控共轨式发动机,一般起动发动机旋了 3~4 转,即能着车。若用起动机带动发动机曲轴正常速度转动,虽有明显着车征兆,但不能着火运转或需要多次起动或长时间启用起动机起动或起动后出现熄火,都属于起动困难故障。

(1) 故障主要原因有:燃油不达标;燃油系统压力低;油路有空气、喷油器漏油等。

(2) 诊断与排除方法。

① 先进行故障自诊断:检查仪表板信息显示屏故障信息,可按显示的故障或信息查找相应的故障部位。必要时可用柴油机专用解码器进行检测,读取故障码,确认故障部位。

② 燃油箱无油或燃油品质不达标:电控共轨燃油喷射系统中,喷油器为高压小孔径预喷电控技术,燃油品质要求较高,对燃油的污染十分敏感。燃油应选用符合柴油标准的轻柴油,并随地区环境气温的不同而选用不同型号的柴油,一般夏季选用 0 号,当环境温度为 －30℃时应选用－35 号。若加注品质低劣的柴油,可能会造成油路堵塞,过油不畅,喷油器

雾化不良,燃烧不充分,导致起动困难。

③ 轨压无法建立的检查:可能从故障诊断仪显示而故障信息或使用发动机专用诊断仪检测共轨压力,确认故障部位。实际轨压值小于设定的轨压值500 bar时,发动机无法起动。轨压不能建立的原因有两种可能:一是低压油路有堵塞泄漏;二是高压油路有泄漏,无论哪种原因,严重的泄漏会造成共轨油压无法建立。

常规的判断办法:首先用手触摸高压油管,起动发动机,如明显感觉有较强的脉动油流,则说明共轨能提供一定压力的燃油,其次查看喷油器回油管回油情况是否均正常,反之回油过多泄漏,则导致共轨系统中燃油压力低。

喷油器失常的检查:通过检查比较各缸回油情况来判定喷油器的好坏,若某个回油管出现异常过多泄漏,则表明喷油器柱塞卡死在封闭位置,喷嘴不能正常喷油,燃油不能进缸,造成起动困难。其次,高压油泵中燃油计量阀或共轨控制装置出现故障,也不能为共轨提供足够的油量,共轨中不能建立足够的燃油压力,喷油器电磁阀损坏,都会造成起动困难。

④ 低压油路堵塞、进入空气:低压油路配置了手油泵,可用手油泵判断油路故障。压动手油泵,应有明显反弹阻力,能感到柴油在流动,并能听到手泵阀门"吱吱"响声,压下去有弹力,拉上来有吸力,松开放气螺钉,柴油喷涌而出,感到压力很大,而且没有气泡和油沫,则证明油路正常;反之则说明低压油路有问题。

低压油路堵塞检查:打开手油泵压动几下,感觉阻力较大,有时甚至压不下去,可能原因是柴油只进不出,说明手油泵后端到输油泵进油口前的油路有堵塞现象。排除方法:逐个松开该段油路部件的油管接头,一边松开一边泵油,就能很快找到堵塞部位。

低压油路进入空气的检查:利用手油泵泵油时,燃油流量不是很大,泵出的油夹杂着气泡或泡沫,总感觉空气排不尽。可能原因是手油泵进油口前端到油箱有进气现象。柴油箱油面过低,吸油立管脱焊裂缝、ECU冷却板内泄,ECU出油管处焊接不实或有裂缝等都会引起低压油路进气。注意:共轨式发动机禁止运转时拧松高压管路接头进行排气,禁止使用起动机拖动发动机进行燃油系统排气。

⑤ 高压泵供油能力的诊断:首先,将高压泵出油阀处的出油接头松开,不能完全拧开,只需拧开3~4扣的螺纹,此时起动发动机,如果该接头燃油溢出,则表明低压油路正常。若该接头无油流出,则可能是低压油路堵塞或泄漏或是高压油泵回油压力阀,电子计量单元溢流阀封闭不严(如存在铁屑或异物,导致阀处于常开状态)造成低压油路不来油。

2. 发动机动力不足

所谓发动机动力不足,主要指发动机转速达不到标定的转速,其扭矩达不到使用规定要求的最大扭矩指标。其主要表现为:发动机无负荷运转时基本正常,带负荷运转加速缓慢,上坡无力,节气门踏板踩到底仍感到动力不足,转速提不高,达不到最高车速。

(1) 故障主要原因有:燃油品质差;系统油压力低;高压油泵、喷油器出现问题等。

(2) 诊断与排除方法。

① 先进行故障自诊断或用专用诊断仪检测,如有故障信息则按故障信息指示查找相应的故障原因。

② 检查燃油油品是否达到国Ⅲ标准,若燃油中有过多杂质,将会导致喷油器雾化效果不佳,燃烧不充分。

③ 检测燃油系统低压压力。发动机在无负荷运转时,缓慢踩节气门踏板到最大位置,同时观察仪表盘发动机转速表能否直达最高标定转速,不能的原因可能是油路堵塞较严重,反之则进行下一步检查;快速踩节气门踏板到最大位置,同时观察仪表盘发动机转速表能否快速达到最高标定转速,若一瞬间达到最高标定转速,随之立即转速下降到额定转速时。遇此情况,一般是低压油路有轻度堵塞。

④ 检测燃油系统压力。使用发动机专用诊断仪检测共轨压力是否正常。共轨压力偏低的可能原因是油路供油不畅,这样将不可能保证共轨中所需的足够的压力,共轨压力不足,导致喷油器不能正常足量喷射。

⑤ 高压油泵柱塞偶件、溢油阀偶件磨损过大,造成燃油泄漏压力降低;个别喷油器雾化不良或堵塞,将会造成发动机动力不足。

3. 发动机工作不稳

发动机起动后,急速约750 r/min时易熄火,不论是急速或全负荷运转,发动机均出现抖动现象。

(1) 故障主要原因有:燃油品质低劣;燃油系统油路不通畅;高压油泵、喷油器出现故障等。

(2) 诊断与排除方法。

① 先进行故障自诊断或用专用诊断仪检测,确认故障部位。

② 供油系统燃油不佳,夹杂水分杂质,或少量空气进入,各缸喷油器之间的喷油差异变大,使各缸喷油不能保证均匀。

③ 燃油系统有轻度堵塞,造成系统燃油压力过低,不能保证急速所需的供油压力。

④ 喷油器工作不良,喷油器喷嘴烧死或喷油器电磁阀损坏,都可能造成某缸工作不良,使发动机产生抖动。检查喷油器电磁阀是否损坏,可用数字万用表测量喷油器电磁阀阻值,在20℃时阻值应为0.3 Ω左右,否则应更换。

⑤ 高压油泵内部精密元件出现磨损造成泄漏,共轨压力传感器出现故障信号——电压异常,ECU将控制共轨流量限制器出现错误,在没有达到规定压力时便泄压使发动机抖振。

⑥ 直观回油法检测故障:电控共轨发动机中,发动机所需的燃油喷射量,是根据ECU给喷油器的通电开启时间长短指令来控制,如果不控制燃油压力为相对恒定值,即使给喷油器的通电时间相同,当燃油压力高时,喷油量就多,反之,喷油量就少,势必造成发动机工作不稳定,所以,电控共轨发动机采用燃油计量阀、压力传感器和ECU组成的闭环系统对共轨油压进行精确的控制,以提高喷油量控制的计量精度,故在供油系统中设有三种油压过高保

护装置:一是高压油泵总成回油,通过泵的回油压力阀,经回油管将多余燃油回到油箱。二是共轨管高压保护回油,当共轨中燃油压力过高时,轨压泄压阀打开放油孔泄压,将多余燃油流回油箱。三是喷油器回油,喷油器工作后剩余的燃油经回油管流回到滤清器。

若上述回油管出现异常的回油,除会出现工作不稳故障外,还可能造成难以起动和无法起动的故障。检查这三处是否存在故障时,可直观回油管泄油量进行判断。高压油泵总成回油过多,可能是回油压力阀出现了故障,存有杂质异物,导致阀门处于关闭不严或常开状态。共轨高压回油发生的概率小,一般不会泄油,达不到这么高的油压。若共轨泄压阀出现了泄油,可能发动机在异常的高压下运行,燃油喷射压力超过工作范围,燃油流量调节电磁阀出现故障,故障排除后也须将共轨泄压阀更换。喷油器回油管泄油过多,可能是喷油器出现了故障。

⑦ 喷油器工作情况的故障诊断:电控共轨发动机燃油喷射压力可高达 1 650 bar,为防止对维修人员造成伤害,特别要注意的是,严禁采用高压断油法对喷油器工作好坏进行判断。应通过采用专用诊断仪断缸检测发动机工作情况来判断喷油器的工作性能。常规检查:发动机起动后刚开始工作时,用手感知各缸排气管温度上升情况,若某缸排温上升明显低于其他缸,说明该缸不工作。然后进一步检查,用手触摸通往喷油器的各缸高压油管,应明显感觉到均有较强的脉动情况,节奏与转速成正比。若某缸节奏重,可能该缸喷油器柱塞卡死在常闭位置或半开半封闭位置,此时该缸回油管明显感觉泄油偏多。若某缸节奏轻滑,可能喷油器柱塞卡在常开位置,喷油器喷嘴将会给气缸内连续喷射高压燃油,造成发动机工作不稳,排气管伴有大量白烟,而且发动机缸内发出类似的"敲缸"声,这是喷油器故障。

实操技能

共轨柴油机(CP3.3)高压油泵的安装与调试

一、高压油泵驱动齿轮的安装

与传统的柴油机高压泵的安装要求不一样,电控共轨柴油机(CP3.3)高压油泵安装具有如下特点
(1) 高压油泵齿轮安装没有正时要求。
(2) 通过齿轮室盖板,用螺栓将高压油泵固定到高压油泵连接盘上。
(3) 高压油泵紧固螺栓拧紧力矩为 25～35 N·m。
(4) 高压油泵驱动齿轮拧紧力矩为 100～110 N·m。

二、高压油泵安装与拆卸的注意事项

(1) 首先谨慎小心地从包装盒中取出高压油泵,不要握住高低压连接口(MPROP)等低强度部件,而只能握住高压油泵的泵体。

(2) 在安装过程中,非必要时,不能去除高压油泵上的各种防护套;在高压油泵已经安装到柴油机上,且需要连接低压油管时才允许去掉油泵上的相关防护套。

(3) 将高压油泵安装到柴油机上时,最好按拧紧力矩的要求同时或多次均匀拧紧3个紧固螺栓。

(4) 安装连接高压油管时才允许去掉高压出油口的防护套,并应立即安装好高压油管。

(5) 高压油泵不允许"干转",转动前必须注入 60 mL 的燃油且排除泵内空气。

(6) 完成机械安装后才可以进行电气接口的安装。

(7) 拆除高压油泵上的相关油管时,必须立即用原有的防护套罩住已拆接口。

(8) 拆卸高压油管时,注意用专用工具保持油泵高压油出口接头,防止该接头因拆卸高压油管时可能产生的松动。

三、高压油泵系统初始充油与排空

(1) 在对高压油泵初次充油时,由于其齿轮式输油泵内有空气而导致供油不足,之前应用附加输油泵对其进行预先供油。

(2) 附加输油泵可以是加装在车架上的一个起动辅助输油泵,或者是加装在低压油路系统中的一个手油泵,或者是其他形式的辅助输油泵。

(3) 在所有运行的环境压力下,为高压油泵(CP3/ZP)供油所需的最小进油压力为 0.2 MPa,最大进油油压力为 0.6 MPa(CP3/ZP18.1 或 ZP18/3)或 0.4 MPa (CP3/ZP18.4 或 ZP18.5 或 ZP20),这是选择自带手油泵的柴油粗滤器的依据。

(4) 车上排空建议:松开燃油滤清器的出口油管,压动手油泵直到燃油滤清器出油口流出没有气泡的燃油为止。

任务实施

为解决情景导入中要求的排除高压共轨柴油机动力不足的故障问题,可按下述方式组织实施任务。

任务单元	高压共轨柴油机动力不足的诊断与排除	课时	12
任务要求	1. 掌握共轨柴油机动力不足故障诊断方法,确定故障诊断的思路 2. 分析共轨柴油机不能起动和动力不足产生的原因 3. 能够对引起发动机动力不足的零部件进行检修		
设备器材	1. 三台技术状况良好的共轨柴油发动机台架 2. 常用工具三套 3. 专职试车员一名 4. 故障诊断流程图展板一块		

续表

任务单元	高压共轨柴油机动力不足的诊断与排除	课时	12
操作准备	1. 将常用、专用工具三套分别放于三个工作台,对应放在三台发动机台架位置 2. 将"任务工单"分发给每位学生		
注意事项	1. 运行前进行安全检查 2. 学生不得驾驶车辆 3. 场地道路不小于 50 m×100 m		
实施过程	1. 在共轨发动机试验台上,通过断开某一喷油器的控制线路使其不工作这一故障点,分析发动机动力不足的故障诊断方法。重点培养目标:让学生分析影响柴油发动机动力不足的因素 2. 通过把燃油泵继电器换上触点已经烧蚀但还能够导通却无法维持长时间运转的故障元件,利用燃油供应不上导致无法起动的故障点,分析发动机无法起动的诊断方法。重点培养目标:柴油发动机燃油供给系统的检修思路		

评价考核

	评价与考核项目	评价与考核标准	配分	得分
知识点	共轨柴油机燃油系统的组成	指出燃油供给系统各零部件的名称	10	
	高压共轨系统的功能	说明共轨柴油机喷射系统各主要零件的功能	10	
	共轨发动机不能起动的原因	分析共轨发动机不能起动的原因	10	
	柴油共轨发动机动力不足的原因	分析共轨发动机不力不足故障的主要原因	10	
技能点	共轨柴油发动机不能起动的故障诊断	会对共轨发动机不能起动进行故障诊断	20	
	共轨柴油发动机动力不足的故障排除	能够排除共轨发动机动力不足的各类故障点	20	
情感点	纪律与劳动	不迟到早退,实训积极主动、认真记录	10	
	职业道德与敬业精神	具备良好的道德准则、道德情操与道德品质;能认真对待实训、明确职责、勤奋努力	5	
	团结协作与创新精神	必须分组分工协作共同完成;认真完成学习任务单;制订工作计划;要做好记录,各小组选派代表展示学习成果;评议各小组展示的学习成果;能够综合运用自己的知识、信息、技能和方法,对遇到的问题能提出新方法、新观点	5	
		合计	100	

任务工单

任务名称：高压共轨柴油机动力不足的诊断与排除　　　　任务成绩：_____
学生姓名：_____　　　　班　级：_____　　　　学　号：_____
实训时间：_____　　　　实训地点：_____　　　　组　号：_____

● 任务资讯

一、填空题

1. 高压共轨管的作用：一是存储高压燃油，二是抑止因_____而产生的压力波动。
2. _____传感器将燃油压力变化信号传至ECU，由ECU控制并对计量阀进行有效调节。
3. 流量限制器的任务是防止喷油器可能出现的_____现象。
4. 共轨柴油喷射系统中每个工作循环可实现_____、_____和_____等多次喷射。

二、多项选择题

1. 柴油机起动困难的可能原因有(　　)。
   A. 高原空气稀薄造成进气压力不足
   B. 曲轴转速传感器失效
   C. 凸轮轴转速传感器失效
   D. 曲轴和凸轮轴转速传感器均失效

2. 造成共轨内燃油压力低的原因有(　　)。
   A. 低压油路漏气　　　　　　　　　B. 喷油器有泄漏
   C. 共轨限压阀损坏　　　　　　　　D. 同步信号不正确

3. 以下可能造成电控高压共轨发动机进入"跛行回家"自保护运行模式的有(　　)。
   A. 流量计量单元断路　　　　　　　B. 轨压传感器电压值超限
   C. 共轨限压阀打开　　　　　　　　D. 高压油泵不供油

4. 发动机起动后始终运行在1 000 r/min，踩节气门踏板转速没有任何变化，可能的原因有(　　)。
   A. 进气压力传感器失效　　　　　　B. 电子节气门踏板传感器失效
   C. 电子节气门踏板连接线断路　　　D. 水温传感器失效

三、判断题

1. 若曲轴转速传感器和凸轮轴转速传感器信号同时失效，则柴油机不能起动。　　(　　)
2. 共轨的常见故障类型为轨压传感器故障或限压阀故障。　　(　　)
3. 共轨上的轨压传感器是电控高压共轨系统中最关键的传感器之一。　　(　　)

四、简答题

1. 简述共轨柴油机无法起动的故障排查步骤。
2. 简述共轨柴油机动力不足的故障诊断思路。

●**计划决策**

请根据任务要求,确定所需要的设备器材,并对小组成员进行合理分工,制订共轨柴油机动力不足的诊断与排除计划。

1. 需要的设备器材

_____

_____

_____

2. 小组成员分工

_____

_____

_____

3. 实施计划

_____

_____

_____

_____

●**任务实施**

分组检测共轨柴油机动力不足的故障,并正确填写下表。

附表 2.8 共轨柴油机动力不足的诊断与排除工作状况参数记录表

检测项目	测量结果	故障判断
故障自诊断		
燃油品质状况		
燃油系统压力		
从动盘安装情况		
压紧弹簧、膜片弹簧状况		
从动钢片、摩擦片或铆钉状况		
从动盘不能轴向移动原因		

●**检查评价**

以小组为单位对完成任务情况进行评价(包括自我评价、小组评价、教师评价)。

1. 是否完成了所有实训项目?

    自我评价:_____

小组评价：_____

_____

教师评价：_____

_____

2. 检测计划制订得是否合理？检测操作是否正确？

自我评价：_____

_____

小组评价：_____

_____

教师评价：_____

_____

3. 附表填写是否详细、准确？

自我评价：_____

_____

小组评价：_____

_____

教师评价：_____

_____

学习项目 3　底盘故障诊断与排除

项目目标

1. 了解底盘常见故障的现象。
2. 熟悉底盘常见故障发生的主要原因及处理办法。
3. 掌握底盘常见故障的诊断方法。
4. 学会底盘常见故障的检修方法。

项目描述

汽车底盘包括传动系统、行驶系统、转向系统及制动系统。由于其使用、维护不当等,常常会出现离合器分离不彻底、变速器换挡困难、转向沉重、制动失效或失准、ABS防抱死故障警告灯常亮、行驶低速摆振高速抖动、行驶时跑偏、行驶异响及轮胎异常磨损等常见故障。为了合理使用、维护保养及检修,必须了解各故障的诊断检查步骤、排除的技巧和维修时的注意事项等,并掌握底盘常见故障诊断的思路,提高运用数据分析等方法诊断故障的能力。

课时计划

任务	任务内容	参考课时(h)			合 计
		教学课时	实训课时	小 计	
3.1	离合器分离不彻底的诊断与排除	2	4	6	48
3.2	手动变速器换挡困难的诊断与排除	2	4	6	
3.3	转向沉重的诊断与排除	2	4	6	
3.4	制动失效的诊断与排除	2	4	6	
3.5	ABS防抱死故障警告灯常亮的诊断与排除	2	4	6	
3.6	悬架跑偏的诊断与排除	2	4	6	
3.7	行驶异响的诊断与排除	2	4	6	
3.8	轮胎磨损异常的诊断与排除	2	4	6	

任务 3.1 离合器分离不彻底的诊断与排除

 情景导入

2013年2月10日,车主黄先生来到某4S店反映,他的汽车挂挡困难且容易熄火。经问询并检查,该汽车使用不到一年,最近几天发现挂挡时车主将离合器踏板踩到底勉强能够挂上挡位,而在离合器踏板尚未完全放松时,汽车容易前冲和熄火,初步判断为离合器分离不彻底故障。作为维修人员,接到此类离合器检修任务,要求熟悉汽车离合器系统构造并能够维修。然后制订维修计划,得到经理确认后,完成此任务,提交一份分析报告并存档。

理论引导

离合器是依靠摩擦片力矩来传递动力的,其功用是保证发动机顺利起动和汽车平稳起步,保证传动系统换挡时工作平顺,防止传动系统过载。离合器主要由主动部分、从动部分、压紧机构和操作机构组成,图3.1与图3.2所示分别为带扭转减振器的从动盘分解图和膜片弹簧离合器盖分解图。离合器使用频率较高,常见故障主要包括:离合器分离不彻底、离合器打滑、接合不平顺、异响等,其常见故障部位及分析如表3.1所示。

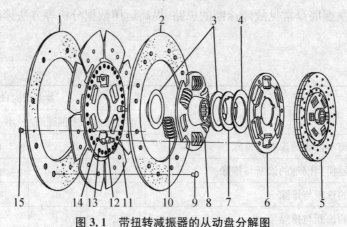

图 3.1 带扭转减振器的从动盘分解图

1,2—摩擦衬片;3—摩擦垫圈;4—盘形垫圈;5—装合后的从动盘总成;6—减振器盘总成;7—摩擦片;
8—从动盘毂;9,13,15—铆钉;10—减振弹簧;11—波浪形弹簧钢片;12—止动销;14—从动盘钢片

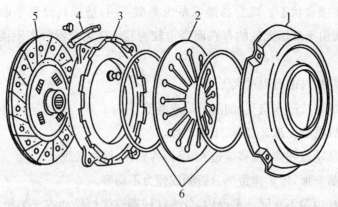

图 3.2 膜片弹簧离合器盖分解图

1—离合器盖；2—膜片弹簧；3—压盘；4—传动片；5—从动盘；6—支承环

表 3.1 离合器常见故障部位及分析

序号	故障部位	故障原因	故障现象
1	踏板	不能回位,自由行程过小	打滑,分离不彻底
2	分离杠杆	调整不当,不在一个平面内;支架螺母松动	调整不当,打滑或分离不彻底;支架松旷发响
3	从动盘	油污,变薄,烧毁,破裂,铆钉外露,钢片翘曲,盘毂键槽锈蚀	打滑,异响,分离不开
4	分离轴承	严重缺油,回位弹簧过软、脱落	烧蚀卡滞,发响
5	压紧弹簧	过软,折断,弹力不均,膜片弹簧变形	打滑,起步发抖
6	离合器盖	变形,分离杠杆座磨损	壳盖高度不高,分离杠杆位置过低,分离不开
7	压盘	翘曲划伤,龟裂	起步发抖
8	减振弹簧	断裂失效	发抖
9	飞轮	端面翘曲,连接螺栓松动	离合器打滑
10	分离轴承	衬套松旷	间隙过大,分离不开

1. 故障现象

(1)汽车起步时,将离合器踏板踩到底仍感到挂挡困难或勉强挂上挡,而离合器踏板尚未完全放松汽车就前移或发动机立即熄火。

(2)变速器挂挡困难或不能换挡。

2. 故障原因

离合器分离不彻底的故障实质是将离合器踏板踩到底时,从动盘与主动盘没有完全分离,离合器处于半接合状态。离合器操纵系统类型不同,造成其分离不彻底的原因略有不同,液压操纵系统由于液压元件的存在而变得较为复杂。离合器分离不彻底的故障主要原因如下。

(1) 离合器踏板自由行程过大。

(2) 液压操纵系统进入空气,油液不足或漏油。

(3) 液压操纵系统主缸、工作缸工作不良。

(4) 离合器从动盘翘曲、偏移量过大、摩擦片破损、铆钉松脱。

(5) 膜片弹簧变形,压紧弹簧部分折断或弹力不均等。

(6) 分离杠杆内端不在同一平面内,分离杠杆调整螺钉松动或支架松动,个别分离杠杆弯曲或调整螺钉折断。

(7) 离合器压盘变形失效。

(8) 发动机前后支承固定螺栓松动等。

(9) 刚维修后的离合器则可能是更换的新摩擦片过厚、从动盘装反等。

(10) 双片离合器中间压盘限位螺钉调整不当,其个别支承弹簧折断、过软、弹簧相差过大,定位块损坏等。

3. 故障诊断与排除

离合器分离不彻底的故障诊断流程,如图 3.3 所示。

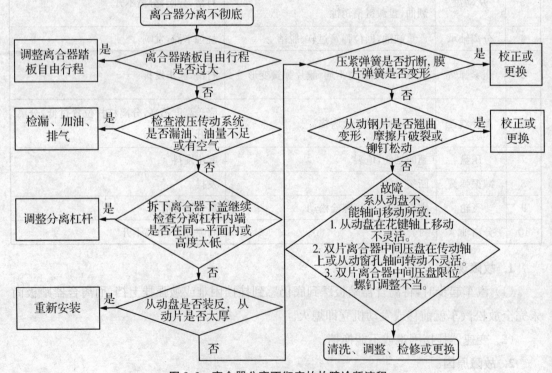

图 3.3 离合器分离不彻底的故障诊断流程

(1) 离合器操纵系统不同,踏板自由行程调整方法也不同。

对杆式操纵系统,用改变踏板拉杆长度的方法来调整踏板自由行程;对拉索式操纵系统,可用改变拉索长度的方法来调整其自由行程。车型不同,踏板自由行程标准值也不相同,如桑塔纳轿车离合器踏板自由行程为 15~20 mm。离合器踏板高度和自由行程的检查及调整如图 3.4 所示。而捷达轿车离合器拉索具有自动补偿离合器自由行程的功能,是一种免维护、免保养、免调整的自动调整拉索。

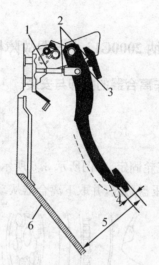

图 3.4 离合器踏板高度和自由行程的检查及调整

1—离合器主缸推杆;2—锁紧螺母;3—限位螺栓;4—踏板自由行程;5—踏板高度;6—地板

离合器分离杠杆的调整是将各分离杠杆内端面或膜片弹簧内端面调整到与飞轮平面平行的同一平面内,同时分离杠杆内端面或膜片弹簧的高度应符合要求,如轿车膜片弹簧内端面的平面度一般为 0.5 mm。分离杠杆高度可通过旋动调整螺钉进行调整,膜片弹簧则利用专用工具进行校正。

(2) 对离合器液压操纵系统可参照后述"液压操纵系统"的同类故障予以诊断和排除。

(3) 对双片离合器,其中间压盘限位螺钉与中间压盘的间隙为 1~1.25 mm。调整时将限位螺钉旋入并抵住中间压盘,然后退出 5/6 圈即可。注意:各限位螺钉的调整必须一致。

(4) 让汽车起步前进或倒退,检查离合器分离情况。若离合器分离不彻底现象时有时无,则为发动机前后支承固定螺栓松动,应加以紧固。

(5) 对新装复的离合器,如果出现分离不彻底现象应进行如下检查。

① 踩下离合器踏板,若踏板沉重,多为更换的新从动盘摩擦片过厚而使离合器压紧弹簧过度压缩,预紧力过大,且离合器分离后压盘间隙不足,致使分离不彻底,可重新更换摩擦片。

② 踩下离合器踏板观察从动盘位置。若双片离合器从动盘前端与中间压盘紧抵或单片离合器从动盘前端面与飞轮紧抵,而其后端面却与压盘有足够的间隙,则说明变速器一轴

后轴承盖颈部过长,以致抵触从动盘花键毂,使从动盘不能后移。

③ 若上述检查正常,经调整后仍难以分离,则应检查从动盘是否装反。单片离合器从动盘毂多朝向飞轮,双片离合器两从动盘毂相对或按规定装配。

④ 若以上各项均正常,则应检查和调整分离杠杆高度。若分离杠杆高度合适,则参照上述诊断过程进行诊断和排除。

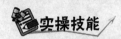实操技能

桑塔纳 2000GLi 离合器故障检修

一、桑塔纳 2000GLi 型轿车离合器的拆卸与安装

1. 离合器的拆卸

(1) 拆下变速器。

(2) 用专用工具 10-201 将飞轮固定,如图所示 3.5 所示,然后逐渐将离合器压盘的固定螺栓对角拧松,取下离合器盖及压盘总成,并取下离合器从动盘。

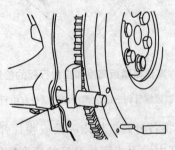

图 3.5　用专用工具固定飞轮

(3) 按图 3.6、图 3.7 所示的顺序分解离合器各部件。离合器压盘和从动盘如 3.8 所示。

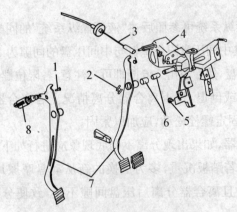

图 3.6　离合器踏板装置分解图

1—连接销;2—保险装置;3—离合器拉索;4—踏板支架;5—限位块;
6—轴承衬套;7—离合器踏板;8—助力弹簧

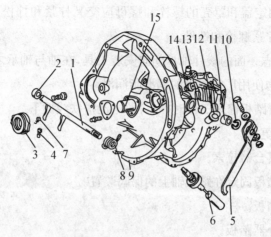

图 3.7 离合器分离装置

1—分离轴;2—轴承衬套;3—分离轴承;4—夹子;5—分离轴传动杆;6—离合器拉索;7—支承弹簧;
8—回位弹簧;9—变速器罩壳;10—挡圈;11—橡皮防尘套;12—轴承衬套;13—轴承;
14—上止点信号发生器测试孔塞子;15—导向套筒

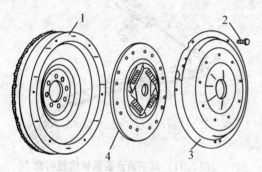

图 3.8 离合器压盘和从动盘

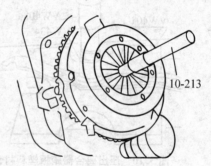

图 3.9 离合器的安装

1—飞轮;2—六角螺栓或圆柱头螺栓;3—压盘;4—从动盘

2. 离合器的安装

用专用工具 10-201 将飞轮固定。如图 3.9 所示,用专用工具 10-213 将离合器从动盘定位于飞轮和压盘中心。装上紧固螺栓,并用 25 N·m 的力矩对角逐渐旋紧。

二、桑塔纳 2000GLi 型轿车离合器的检修

1. 检修注意事项

(1) 衬垫:应更换纸质密封垫圈,更换 O 形环。

(2) 调整垫圈:用千分尺多点检测调整垫片,可以精确地测出所需要垫片的厚度;检查调整垫片边缘是否有损坏,只能装入完好的调整垫片。

(3) 挡圈、锁圈:调整挡圈及锁圈不能拉开过度,必须将其完全放在槽内。

(4) 螺栓、螺母：固定盖和罩壳的螺栓和螺母应交叉拧紧和拧松（特别是易损件），并且应按规定的拧紧力矩拧紧螺栓和螺母。

(5) 轴承：将有标志一面的滚针轴承朝向安装工具，在轴与轴承之间涂一层润滑油。所有的轴承和接触表面均使用厂家要求的润滑脂润滑。

(6) 在进行离合器踏板修理工作时，应将蓄电池搭铁线拆下。

2. 离合器踏板的更换

(1) 拉开并拆下离合器拉索。

(2) 拆下离合器踏板固定在踏板轴上的保险装置。

(3) 取下离合器踏板。

(4) 装上新的离合器踏板。

3. 离合器踏板衬套的更换

(1) 拆下离合器踏板，用专用工具压出离合器踏板塑料衬套，如图3.10所示。

(2) 拆下离合器踏板橡胶衬套，如图3.11所示。

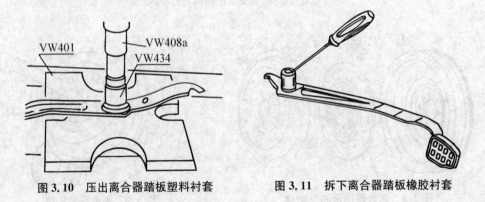

图3.10 压出离合器踏板塑料衬套　　图3.11 拆下离合器踏板橡胶衬套

(3) 装上橡胶衬套，涂上无酸润滑脂，使塑料衬套与导管长的一端平齐，如图3.12所示。

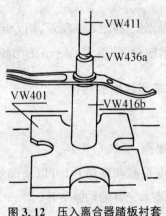

图3.12 压入离合器踏板衬套

4. 离合器踏板助力弹簧的更换

拆下挡圈,拆下连接销,取下助力弹簧,如图 3.13 所示。装上新的助力弹簧。

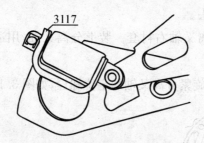

图 3.13 离合器踏板助力弹簧的更换

5. 拉索的更换

放松调整踏板自由行程的放松螺母,并放松拉索,如图 3.14 所示。取下拉索,然后装上新的拉索,用润滑脂润滑用于连接的两端。

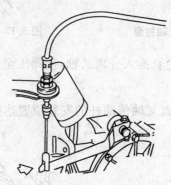

图 3.14 离合器拉索的更换

6. 分离叉轴的更换

(1) 拆卸变速器。拆下离合器分离叉轴传动杆。

(2) 拆下分离轴承。拆下分离叉轴的挡圈,如图 3.15 所示。

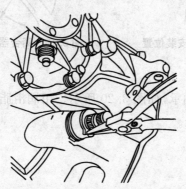

图 3.15 拆下分离叉轴的挡圈

(3) 取下橡胶防尘套,拆下分离套筒。拆下分离叉轴的定位螺栓。

(4) 拆下分离叉轴左衬套,取下分离叉轴。拆下分离叉轴右衬套,如图 3.16 所示,使用 $A=18.5\sim23.5$ mm 的内拉头。

(5) 装上新的离合器分离叉轴右衬套。装上分离叉轴,用适量的润滑脂润滑衬套及分离叉轴的支撑位置,并安装。

(6) 用 15 N·m 的力矩旋紧分离叉轴的定位螺栓,如图 3.17 所示箭头位置。

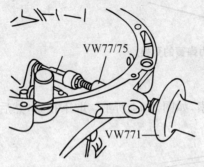

图 3.16　拉出离合器分离叉轴衬套

图 3.17　拧紧分离叉轴的定位螺栓

(7) 装上分离套筒。将防尘套推入分离叉轴,挡圈压至尺寸 $A=18$ mm 的位置,如图 3.18 所示。

(8) 装上分离轴承,并使分离叉轴传动杆的安装位置达到 $a=(20\pm5)$ mm,如图 3.19 所示。

图 3.18　分离轴承挡圈的安装位置

图 3.19　离合器分离叉轴传动臂的安装位置

7. 分离轴承的更换

拆卸变速器。拆下分离轴承,如图 3.20 所示。用润滑脂润滑接触点,装上新的轴承。装上回位弹簧,如图 3.21 所示。

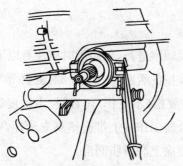 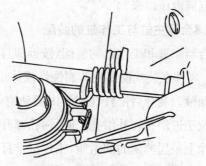

图 3.20　拆下离合器分离轴承　　　图 3.21　回位弹簧的安装位置

8. 分离套筒的更换

拆卸变速器。拆下分离轴承。再拆下分离套筒。安装时,排油孔应朝下,如图 3.22 所示。

9. 离合器踏板自由行程的调整

桑塔纳轿车离合器的调整主要就是离合器踏板自由行程的调整。离合器踏板自由行程应为 15~20 mm,其调整是靠离合器拉索的调整来进行的,具体可通过图 3.23 所示箭头所指的调整螺母来进行。

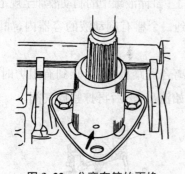 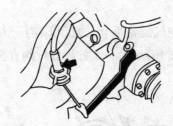

图 3.22　分离套筒的更换　　　图 3.23　离合器踏板自由行程的调整

三、桑塔纳 2000GLi 型轿车离合器液压操纵系统的检修

1. 离合器主缸的拆卸与分解

(1) 取下离合器踏板与主缸推杆叉的连接销轴。

(2) 从主缸上拧下进油管和出油管接头。

(3) 拧下主缸固定螺栓,拉出离合器主缸。

在解体离合器主缸前,应排净离合器主缸中的制动液。离合器主缸分解过程是:取下防尘罩,用螺丝刀或卡环钳拆下卡环,拉出主缸推杆、压盖和活塞。

2. 离合器工作缸的拆卸与分解

拧下离合器工作缸进油管接头,再拆下工作缸固定螺栓,即可拉出离合器工作缸。

离合器工作缸的分解过程是:拉出工作缸推杆,拆下防尘罩,然后用压缩空气将工作缸活塞从缸筒内压出来。

3. 离合器主缸与工作缸的装配

离合器主缸和工作缸的装配,按拆卸与分解相反顺序进行,但装配时应注意以下事项。

(1) 零件在装配前要用非腐蚀性液体清洗干净,并在活塞、皮碗、皮圈、缸套等零件上涂一层制动液。装合后推杆在缸筒内运动应灵活。在放松(不工作)位置时,主缸皮碗和活塞头部应位于进油孔和补偿孔之间,两孔都开放。离合器工作缸上带有塑料支承环,安装时外表面要涂上一层薄薄的润滑脂,工作缸推杆末端也要涂上润滑脂润滑。

(2) 安装离合器工作缸时,需要用一个合适的杠杆克服弹簧的弹力,将其压向变速器壳相应的孔中后,方能将固定螺栓旋入。

4. 离合器液压操纵系统中空气的排出

离合器液压操纵系统在经过检修之后,管路内可能进入空气,在添加制动液时也可能使液压系统中进入空气。空气进入后,由于缩短了主缸推杆行程即踏板工作行程,从而使离合器分离不彻底。因此,液压系统检修后或怀疑液压系统进入空气时,就要排除液压系统中的空气,排除方法如下。

(1) 用千斤顶顶起汽车,然后用支架将汽车支住。将主缸储液罐中的制动液加至规定高度。

(2) 在离合器工作缸的放气阀上安装一软管,接到一个盛有制动液的容器内,如图3.24所示。

(3) 排空气需要两个人配合工作,一人慢慢地踏离合器踏板数次,感到有阻力时踏住不动,如图3.25所示,另一人拧松放气阀直至制动液开始流出,然后再拧紧放气阀。

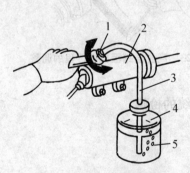

图 3.24 放气阀软管连接

1—放气阀;2—工作缸;3—软管;4—容器;5—气泡

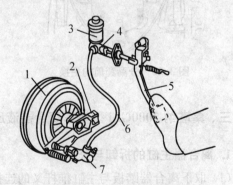

图 3.25 踩住离合器踏板

1—离合器;2—分离叉;3—储液罐;4—离合器主缸;
5—离合器踏板;6—油管;7—离合器工作缸

(4) 连续按上述方法操作几次,直到流出的制动液中不见气泡为止。

(5) 空气排除干净之后,需要再次检查及调整踏板自由行程。

从上述排气过程可看出,如果没有补偿孔,空气将无法排除。在拆检过程中管路内都是空气,必须排出,否则离合器将不能分离而失去其作用。

学习项目 3　底盘故障诊断与排除

任务实施

为解决情景导入中要求掌握的离合器分离不彻底故障的维修问题,可按下述方式组织实施任务。

任务名称	离合器分离不彻底的诊断与排除	课时	4
任务要求	1. 熟悉汽车离合器分离不彻底的故障现象与原因 2. 学会对汽车离合器分离不彻底故障进行检修		
设备器材	1. 每小组放置三部底盘技术状况良好的汽车 2. 常用、专用工具三套 3. 专职试车员一名 4. 故障诊断流程图展板一块		
操作准备	1. 将常用、专用工具三套分别放于三个工作台,并放在指定的位置 2. 将"任务工单"分发给每位学生		
注意事项	1. 安全防火第一 2. 学生不得驾驶车辆 3. 场地道路不小于 50 m×100 m		
实施过程	1. 在技术状况良好的汽车上,将正常的离合器自由行程调大 2. 实现汽车以较低的车速行驶产生变速器难以挂挡故障 3. 分析汽车离合器分离不彻底的故障诊断方法 4. 监督学生是否按要求完成任务,并指导学生进行正确的操作		

评价考核

	评价与考核项目	评价与考核标准	配分	得分
知识点	离合器的基本结构和调整项目	了解离合器的基本结构和调整项目	10	
	离合器分离不彻底故障现象及危害	熟悉离合器分离不彻底故障现象及危害	10	
	离合器分离不彻底故障的原因	分析离合器分离不彻底故障的原因	10	
	离合器分离不彻底故障的诊断方法	介绍离合器分离不彻底故障的诊断方法	10	
技能点	离合器分离不彻底的故障诊断	会对离合器分离不彻底进行故障诊断	20	
	离合器分离不彻底的排除	会排除离合器分离不彻底中各类故障点	20	
情感点	纪律与劳动	不迟到早退,实训主动、积极、认真	20	
	职业道德与敬业精神	具备良好的道德准则、道德情操与道德品质;能认真对待实训、明确职责、勤奋努力		
	团结协作与创新精神	能与同学和谐相处、互补互助、协调合作,充分发挥自己的个性,圆满完成实训任务;能够综合运用自己的知识、信息、技能和方法,对遇到的问题能提出新方法、新观点		
	合计		100	

任务工单

任务名称：离合器分离不彻底的诊断与排除　　　　　　　任务成绩：_____

学生姓名：_____　　　　班　　级：_____　　　　学　　号：_____

实训时间：_____　　　　实训地点：_____　　　　组　　号：_____

● **任务资讯**

一、填空题

1. 离合器是依靠_____来传递动力的，其功用是保证发动机顺利_____和汽车平稳_____，保证传动系统换挡时_____，防止传动系统过载。

2. 离合器主要由_____、_____、_____、_____和_____组成。

3. 离合器使用频率较高，常见故障主要包括：_____、_____、_____及异响等。

4. 离合器分离不彻底故障现象是汽车起步时，将离合器踏板踩到底，仍感到_____或_____，而离合器踏板尚未完全放松汽车就_____或_____。

5. 离合器操纵系统不同，踏板自由行程调整方法也不同。对杆式操纵系统，可用改变_____的方法来调整踏板自由行程；对拉索式操纵系统，可用改变_____的方法来调整其自由行程。

二、选择题

1. 从动盘产生（　　）故障会引起离合器分离不彻底的故障。

　　A. 翘曲　　　　　　　　　　　　B. 摩擦片破损

　　C. 铆钉松脱　　　　　　　　　　D. 压紧弹簧部分折断

2. 桑塔纳轿车离合器踏板自由行程为（　　）。

　　A. 10～15 mm　　　　　　　　　B. 15～20 mm

　　C. 20～25 mm　　　　　　　　　D. 25～30 mm

3. 轿车膜片弹簧内端面的平面度一般为（　　）。

　　A. 0.5 mm　　　　　　　　　　　B. 1 mm

　　C. 1.5 mm　　　　　　　　　　　D. 2 mm

4. 离合器分离不彻底的故障实质是（　　）。

　　A. 从动盘与主动盘没有完全分离，离合器处于半接合状态

　　B. 将离合器踏板踩到底时，从动盘与主动盘没有完全分离，离合器处于接合状态

　　C. 将离合器踏板踩到底时，从动盘与主动盘没有完全分离，离合器处于半接合状态

　　D. 从动盘与主动盘完全分离，离合器处于接合状态

5. 用( )的力矩对角逐渐旋紧,紧固在飞轮和压盘中心离合器从动盘的螺栓。
   A. 15 N·m   B. 20 N·m   C. 25 N·m   D. 30 N·m

三、判断题

1. 离合器踏板的自由行程过小,会引起离合器打滑。( )
2. 在发动机起动的情况下出现挂挡困难,而在熄火状态下可轻松挂挡说明离合器打滑。
   ( )
3. 离合器在使用过程中,不允许出现摩擦片与压盘、飞轮之间有任何相对滑移的现象。
   ( )
4. 安装离合器总成到车上时,从动盘有减振盘凸起的一面要朝向前方。( )
5. 一般而言,如果离合器片被磨损了,则离合器踏板的自由行程会减小。( )

四、简答题

1. 分析离合器的组成、功用以及工作原理。
2. 简述离合器分离不彻底的故障诊断流程。

● 计划决策

请根据任务要求,确定所需要的设备器材,并对小组成员进行合理分工,制订离合器分离不彻底故障的诊断与排除计划。

1. 需要的设备器材

2. 小组成员分工

3. 实施计划

● **任务实施**

分组检测离合器分离不彻底的故障,并正确填写附表 3.1。

附表 3.1 离合器分离不彻底的诊断与排除工作状况参数记录表

检测项目	测量结果	故障判断
离合器踏板自由行程		
液压传动系统工作状况		
分离杠杆内端状态		
从动盘安装情况		
压紧弹簧、膜片弹簧状况		
从动钢片、摩擦片或铆钉状况		
从动盘不能轴向移动原因		

● **检查评价**

以小组为单位对完成任务情况进行评价(包括自我评价、小组评价、教师评价)。

1. 是否完成了所有实训项目?

   自我评价:_____

   _____

   小组评价:_____

   _____

   教师评价:_____

   _____

2. 检测计划制订得是否合理?检测操作是否正确?

   自我评价:_____

   _____

   小组评价:_____

   _____

   教师评价:_____

   _____

3. 附表填写是否详细、准确?

   自我评价:_____

   _____

   小组评价:_____

   _____

   教师评价:_____

   _____

任务 3.2　手动变速器换挡困难的诊断与排除

2013年3月20日，车主王先生来到某4S店反映，他的汽车挂挡时很难挂上挡位，好不容易挂上后又很难退回，但挂挡与退挡期间不易熄火。经问询并检查，该汽车使用不到两年，最近几天发现变速杆不能正常挂上挡位，或者勉强挂上挡位后，又很难退回，而离合器工作是良好的，初步判断为手动变速器换挡困难故障。作为维修人员，接到此类手动变速器检修任务，要求熟悉汽车手动变速器构造并能够维修。然后制订维修计划，得到经理确认后，完成此任务，提交一份分析报告并存档。

手动变速器具有变速变矩、实现倒车及适时切断发动机的动力传递等功用。其组成主要有操纵机构、传动机构及壳体等，图3.26所示为某轿车变速器传动简图。变速器工作时，各零部件适应运转速度的频繁变化，同时承受各种不同载荷，随汽车行驶里程的增加，磨损、变形也随之加大，各零件间的配合关系变坏，引起跳挡、乱挡、换挡困难、卡挡、异响及漏油等一系列故障。

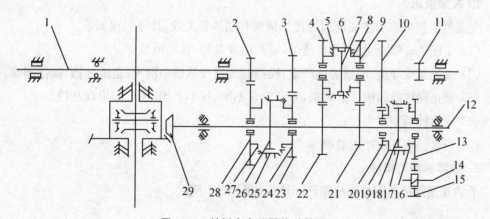

图 3.26　某轿车变速器传动简图

1—输入轴；2、3、4、9、10—一、二、三、四、五挡主动齿轮；4、8、16、19、24、27—同步器锁环；
6、17、25—同步器结合套；7、18、26—同步器花键毂；11、13—倒挡主、从动齿轮；12—输出轴；14—倒挡齿轮轴；
15—倒挡中间轴；20、21、22、23、28—五、四、三、二、一挡从动齿轮；29—主减速器主动锥齿轮

变速器操纵机构有手动和自动之分,下面以手动普通机械变速器为例进行变速器的故障分析,这里着重分析手动普通变速器,其常见的故障部位及原因分析如表3.2所示。

表3.2 手动普通变速器的常见故障部位及原因分析

序号	故障部位	故障原因	故障现象
1	壳体	破裂,端面不平,衬垫损坏,变形,形位公差超标	漏油,跳挡,松动,冲击,振动,异响
2	轴承	磨损松旷,座孔失圆,钢球、支架剥落	撞击,卡滞,异响
3	齿轮	齿面剥落,断裂,磨损松旷,齿轮不配套	跳挡,撞击,异响
4	第一轴	与曲轴同轴度超差,键槽齿磨损	异响
5	第二轴	磨损,弯曲变形,固定螺母松动	轴向窜动,跳挡,异响
6	同步器	锁销松旷,锥盘、锥环磨损擦伤	跳挡,换挡困难
7	锁止机构	磨损,失效	跳挡,乱挡
8	变速叉轴	磨损,弯曲变形	跳挡,换挡困难
9	拨叉	弯曲变形,磨损,固定螺钉松动	齿轮不能正常啮合,跳挡
10	变速杆	球头磨损,定位销松旷,下端面磨损	换挡困难,乱挡
11	油封	损坏,密封不良	漏油

1. 故障现象

离合器工作良好,变速杆不能正常挂上挡位或者勉强挂上挡位后,又很难退回。

2. 故障原因

变速器换挡困难的主要原因为操纵机构和同步器失效,具体表现如下。

(1) 变速叉轴弯曲变形,严重锈蚀,端头出现毛刺,移动困难。

(2) 变速叉或导块、凹槽磨损严重,换挡时变速杆从槽中滑出,造成挂挡、摘挡困难。

(3) 锁止钢球或凹槽严重磨损,导致定位不准,挂不上挡,还可能出现乱挡。

(4) 变速杆调整不当。

(5) 同步器损坏或严重磨损。

3. 故障诊断与排除

手动变速器换挡困难的故障诊断流程如图3.27所示。

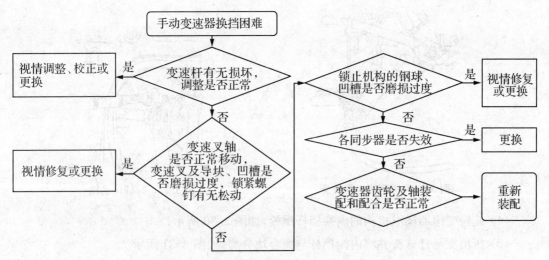

图 3.27　手动变速器换挡困难的故障诊断流程

(1) 检查变速杆有无损坏,调整是否正常,并视情调整、校正或更换。

(2) 查看齿轮端倒角是否过小、是否出现毛刺,若出现此类情况,应予以更换。

(3) 检查变速叉轴是否正常移动,变速叉及导块、凹槽是否磨损过度,锁紧螺钉有无松动,视情修复或更换。

(4) 检查锁止机构的钢球、凹槽磨损情况,视情况修复或更换。

(5) 检查各同步器,失效则更换。

(6) 若上述各项均正常,则需检查变速器齿轮及轴的装配和配合情况,若不正常,需重新装配。

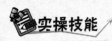 实操技能

桑塔纳 2000 型轿车手动变速器的拆卸与安装

一、变速器总成的拆装

1. 变速器总成的拆卸

(1) 拆下蓄电池的搭铁线。

(2) 拆下离合器拉索,如图 3.28 所示。

(3) 举升起汽车。将传动轴(半轴)从变速器上拆下来并支撑好,如图 3.29 所示。

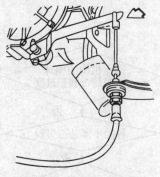

图 3.28　拆下离合器拉索

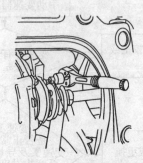

图 3.29　拆卸传动轴

(4) 旋松变速器操纵机构的内换挡杆螺栓,如图 3.30 所示。

(5) 压出支承杆球头并将内换挡杆与离合块分离,如图 3.31 所示。

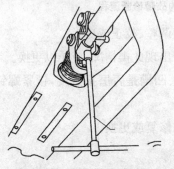

图 3.30　放松内换挡杆螺栓

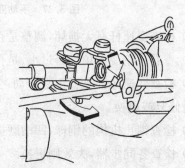

图 3.31　压出支承杆球头

(6) 拆下倒挡灯开关的接头。拆下车速里程表软轴,如图 3.32 所示。

(7) 拆下离合器盖板,如图 3.33 所示。

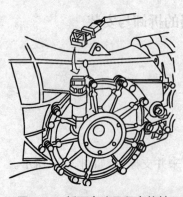

图 3.32　拆下车速里程表软轴

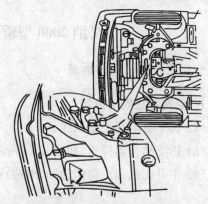

图 3.33　拆下离合器盖板

(8) 拆下排气管。

(9) 放下汽车并将发动机固定好,如图 3.34 所示。拆下发动机与变速器上部连接螺栓。

(10) 举升起汽车。拆下起动机的紧固螺栓。拆下发动机中间支架,如图 3.35 所示。

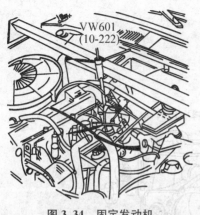

图 3.34 固定发动机

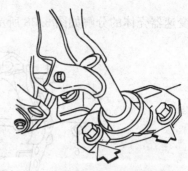

图 3.35 拆下发动机中间支架

(11) 拆下螺栓 1 并旋松螺栓 2,如图 3.36 所示。拆下变速器减振垫和减振垫前支架。

(12) 拆下发动机与变速器下部连接螺栓,并拆卸变速器,如图 3.37 所示。

图 3.36 拆下螺栓

图 3.37 拆卸变速器

2. 变速器总成的安装

变速器总成的安装可按拆卸相反的顺序进行,如果需要,调整离合器踏板自由行程。有关螺栓的拧紧力矩如表 3.3 所示。

表 3.3 变速器总成有关的拧紧力矩

序号	部件	拧紧力矩(N·m)
1	变速器固定在发动机上的螺栓	55
2	变速器减振垫前支架的固定螺栓	25
3	减振垫固定在前后支架上的螺栓	20
4	减振垫固定在车身上的螺栓	110
5	变速器支架固定在横梁上的螺栓	70
6	发动机中间支架固定在车身上的螺栓	30
7	传动轴固定在变速器上的螺栓	40
8	内变速杆固定螺栓	30

二、变速器壳体的拆卸与安装

变速器壳体的分解如图 3.38 所示。

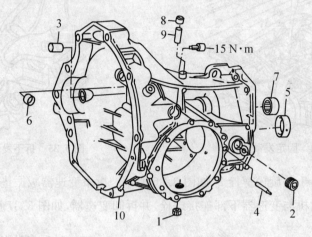

图 3.38 变速器壳体分解图

1—放油螺塞(拧紧力矩 25 N·m);2—注油螺塞(拧紧力矩 25 N·m);3—起动机衬套;4—圆柱销;5—输出前轴承外圈;6—离合器分离叉轴右衬套;7—输入轴滚针轴承;8—防护罩;9—通气管;10—变速器壳体

1. 变速箱壳体的更换

(1) 拆卸变速器,将其固定在支架上,如图 3.39 所示。

(2) 将变速器的油全部放光。拆下变速器的后盖、轴承支座。拆下离合器分离叉轴。旋下加油螺塞,拆下差速器。

(3) 拆下输入轴的密封圈,如图 3.40 所示。密封圈一经拆卸,就应更换。

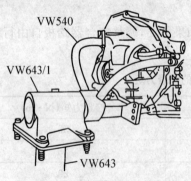

图 3.39 将变速器固定在支架上

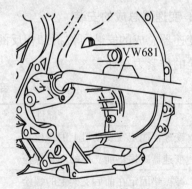

图 3.40 拆下输入轴的密封圈

(4) 小心取下输入轴的挡油圈,如图 3.41 所示。

(5) 取下输入轴的滚针轴承,如图 3.42 所示。

图 3.41 取下输入轴的挡油圈

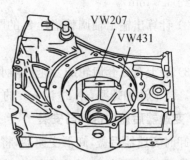

图 3.42 取下输入轴的滚针轴承

(6) 取下输出轴前轴承的外圈,如图 3.43 所示。

(7) 装上输入轴的滚针轴承,如图 3.44 所示。

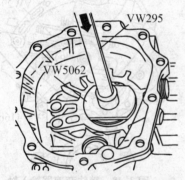

图 3.43 取下输出轴前轴承的外圈

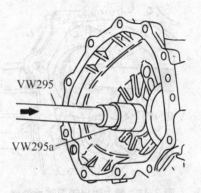

图 3.44 装上输入轴的滚针轴承

(8) 装上输入轴的挡油圈,如图 3.45 所示。

(9) 用润滑脂润滑衬套。装上离合器分离叉轴。装上左衬套、橡胶衬套和销环。装上输入轴的密封圈,如图 3.46 所示。装上分离套筒和分离轴承。

图 3.45 装上输入轴的挡油圈

图 3.46 装上输入轴的密封圈

(10) 装上输出轴前轴承的外圈,如图 3.47 所示。在装上输出轴前轴承的外圈时,注意要将外圈上的小孔与壳体上的小孔对准。

(11) 装上输出轴前轴承外圈的固定圆柱销并封住(圆柱销不应全部插入,头部应凸出壳体大约 3.0 mm)。

(12) 计算出输出轴调整垫片 S_3 的厚度。计算出主减速器主动齿轮调整垫片 S_1 和 S_2 的厚度。

(13) 装上有成套齿轮的变速器轴承支座。装上变速器后盖。装上放油螺塞,给变速器加上油。装上注油螺塞,用 25 N·m 的力矩旋紧。

2. 变速器后盖的拆卸与安装

拆卸时变速器后盖,卸下变速器,将其固定在支架上(见图 3.39),将变速器中的油放空,拆下后轴承盖(一经拆卸就应更换)。锁住输入轴,如图 3.48 所示。拆下输入轴的固定螺栓,如图 3.49 所示。拆下变速器后盖的固定螺栓,取下后盖,如图 3.50 所示。如有轴承防护罩,需小心取下,并重新装在轴承上。

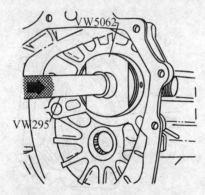

图 3.47 装上输出轴前轴承外圈

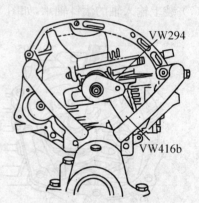

图 3.48 锁住变速器输入轴

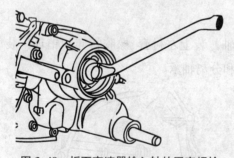

图 3.49 拆下变速器输入轴的固定螺栓

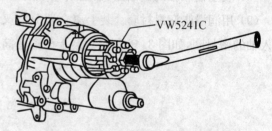

图 3.50 拆下变速器后盖的固定螺栓

安装时变速器后盖,在变速器轴承支座和后盖之间装上新的衬垫。将罩盖放在适当的位置,插进带螺母的螺旋销,旋紧螺母,直至罩盖完全顶在变速器上,如图 3.51 所示。拆下螺旋销,装上输入轴的固定螺栓,用 45 N·m 的力矩旋紧。装上轴承支座和后盖的连接螺栓,并用 25 N·m 的力矩旋紧。

3. 输入轴后轴承的更换

(1) 拆卸变速器,将油全部放空。拆下变速器后盖,再拆下后盖内换挡杆的密封圈。

(2) 拆下内换挡杆衬套,如图 3.52 所示。

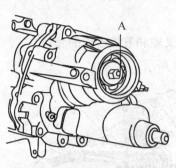

图 3.51 变速器后盖的安装

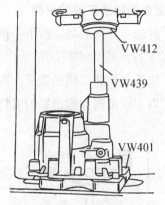

图 3.52 拆下内换挡杆衬套

(3) 如图 3.53 所示,取下挡油圈,如有必要可用水泵钳帮助拆卸。

(4) 拆下锁环及输入轴的后轴承,如图 3.54 所示。

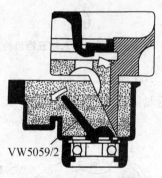

图 3.53 取下挡油圈

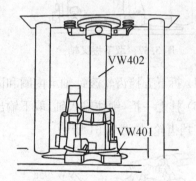

图 3.54 拆下输入轴后轴承

(5) 将输入轴轴承装在新的后盖上,如图 3.55 所示。

(6) 装上锁环及新的挡油圈,如图 3.56 所示。挡油圈一经拆卸就应更换,在箭头所指的部位冲压将其固定。

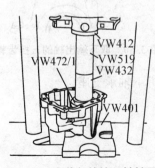

图 3.55 安装新的输入轴轴承

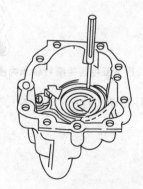

图 3.56 安装新的挡油圈

(7) 装上内换挡杆衬套,装上衬套的密封圈。

4. 变速器轴承支座的更换

（1）拆卸变速器后盖。拆下一挡和二挡拨叉的锁销；接着把拨叉向左转动。挂入二挡，边转边拉下拨叉轴，如图 3.57 所示。

（2）取下一挡和二挡的拨叉。取出锁销，取下拨叉轴和五挡齿轮的套管。

（3）取下同步器和输出轴的五挡齿轮，如图 3.58 所示。

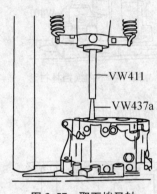

图 3.57 取下拨叉轴

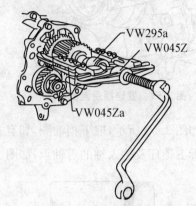

图 3.58 取下同步器和输入轴五挡齿轮

（4）拆下五挡齿轮滚针轴承内圈和固定垫圈，如图 3.59 所示。

（5）挂上一挡，锁住输入轴，取下输出轴的五挡齿轮紧固螺母，如图 3.60 所示。拆下输出轴五挡齿轮，如图 3.61 所示。

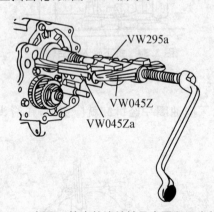

图 3.59 拆下五挡齿轮滚针轴承内圈和固定垫圈

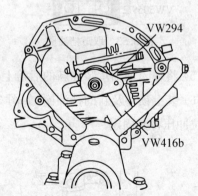

图 3.60 取下输出轴的五挡齿轮紧固螺母

（6）分开导向锁（不用取下），如图 3.62 所示。拆下轴承支座。

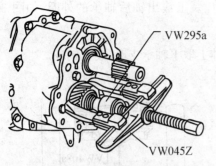

图 3.61 拆下输出轴五挡齿轮

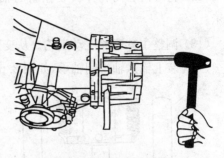

图 3.62 分开导向锁

(7) 取下三挡和四挡拨叉的锁销和拨叉轴。拆下倒挡自锁装置及倒挡拨叉轴。

(8) 拆下输入轴和输出轴,如图 3.63 所示。然后拆下输入轴的外后轴承。

(9) 取出倒挡轴、齿轮及传动臂。取下输出轴后轴承的止动环。取下拨叉轴衬套,取下互锁销。拆下输入轴中间轴承,如图 3.64 所示。

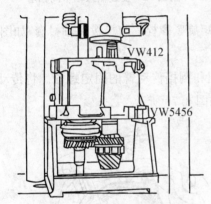

图 3.63 拆下输入轴和输出轴

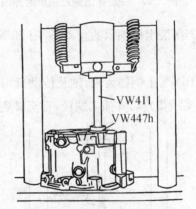

图 3.64 拆下输入轴中间轴承

(10) 拆下输出轴后轴承的外圈,如图 3.65 所示。

(11) 钻一个 6 mm 的螺纹孔,用螺栓将堵塞拆下。拆下自锁弹簧(见图 3.66)和分离套筒(只要变速器的罩盖更换了,就必须计算输出轴调整垫片 S_3 的厚度)。

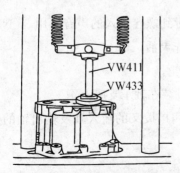

图 3.65 拆下输出轴后轴承的外圈

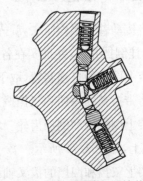

图 3.66 变速器自锁和互锁装置

(12) 将导向套筒和弹簧装在新的轴承支座上。装上输出轴后轴承的外圈,如图 3.67 所示。

(13) 调整主减速器主动齿轮。从变速器的壳体上取下轴承支座,装上销环。

(14) 装上输入轴中间轴承,如图 3.68 所示。

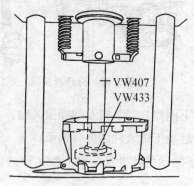 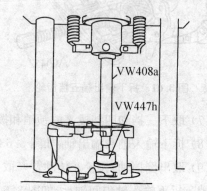

图 3.67　安装输出轴后轴承的外圈　　　　图 3.68　安装输入轴中间轴承

(15) 装上后轴承的止动环,用 25 N·m 的力矩旋紧螺栓。装上拨叉轴衬套,如图 3.69 所示。

(16) 装上倒挡齿轮、轴及传动臂,再装上垫圈和倒挡传动臂的固定螺栓。将传动臂往下(箭头所指)压,并插入螺栓,直至碰到传动臂,如图 3.70 所示。

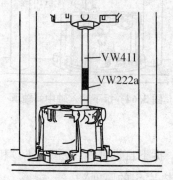 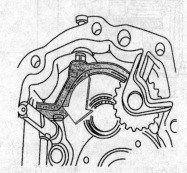

图 3.69　安装拨叉轴衬套　　　　图 3.70　安装倒挡传动臂固定螺栓

(17) 将传动臂朝螺栓压去,旋入螺栓,直至听到螺栓旋入的声音。用 35 N·m 的力矩旋紧螺栓。挂倒挡几次,并证实在各个位置上操作灵活。

(18) 装上倒挡的自锁装置,取下倒挡轴和齿轮。

(19) 将带拨叉的一挡和二挡拨叉轴及输出轴装在轴承支座上。

(20) 装上倒挡轴和倒挡齿轮。将带三挡和四挡拨叉的输入轴及输出轴的外后轴承装在轴承支座上,如图 3.71 所示。

(21) 装上三挡和四挡的拨叉轴,并用锁销固定。

(22) 用 120 ℃ 的温度给输出轴的五挡齿轮、滚针轴承内圈和同步器的壳体加热。装上固定垫圈和五挡齿轮滚针轴承的内圈,如图 3.72 所示,使用 VW224b 和锤子正确地将其放在适当的位置。

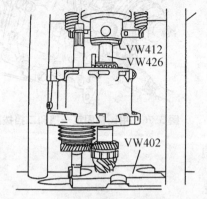

图 3.71 将输入轴和输出轴的外后轴承安装在轴承支座上

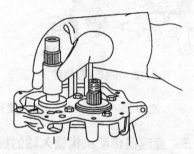

图 3.72 安装固定垫圈和五挡齿轮滚针轴承内圈

(23) 将五挡齿轮装在输出轴上,如图 3.73 所示。将同步器和五挡拨叉装在输入轴上。

(24) 将套管装在输出轴上,如图 3.74 所示。

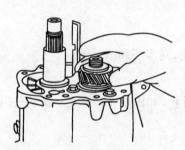

图 3.73 将五挡齿轮装在输出轴上

图 3.74 将套管装在输入轴上

(25) 用新的衬垫将轴承支座装在变速器的壳体上,并用 25 N·m 的力矩旋紧连接螺栓。

(26) 挂上一挡,锁住输入轴。装上输出轴的螺母,并用 100 N·m 的力矩旋紧。

(27) 在拨叉轴上装上一挡和二挡拨叉。

(28) 将内换挡杆装在轴支座上,将弹簧的两端放在三挡和四挡拨叉轴上。将凸缘部分与拨叉轴的凹槽对齐,将内换挡杆朝左转动,如图 3.75 所示。

(29) 用锁销固定一挡和二挡拨叉,如图 3.76 所示。用锁销固定五挡的拨叉。

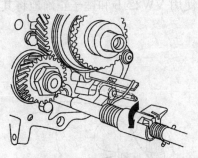 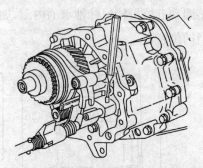

图 3.75　安装内换挡杆　　　　图 3.76　用锁销固定一挡和二挡拨叉

（30）使用新的密封衬垫，装上变速器的后盖。

三、变速器传动机构输入轴的拆卸与安装

1. 整套齿轮的拆卸

（1）拆卸变速器。

（2）拆下变速器后盖。

（3）拆下轴承支座。

（4）拆下整套齿轮。

2. 输入轴的拆卸

（1）拆下四挡齿轮的有齿锁环。取下四挡齿轮、同步环和滚针轴承。

（2）拆下同步器锁环，如图 3.77 所示。

（3）取下三挡和四挡同步器、三挡同步环和齿轮，如图 3.78 所示。取下三挡齿轮的滚针轴承。

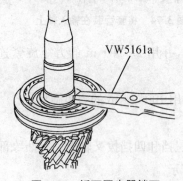 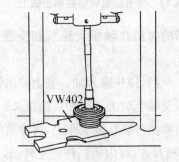

图 3.77　拆下同步器锁环　　　图 3.78　取下三挡和四挡同步器、三挡同步环及齿轮

（4）取下输入轴中间轴承内圈，如图 3.79 所示。

3. 输出轴的拆卸

（1）拆下输出轴内后轴承和一挡齿轮，如图 3.80 所示。取下滚针轴承和一挡同步环。

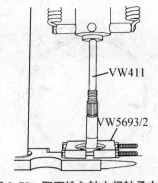

图 3.79 取下输入轴中间轴承内圈

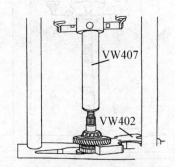

图 3.80 拆下输出轴内后轴承和一挡齿轮

（2）取下滚针轴承内圈、同步器和二挡齿轮，如图 3.81 所示。取下二挡齿轮的滚针轴承。

（3）拆下三挡齿轮的锁环、三挡齿轮，如图 3.82 所示。

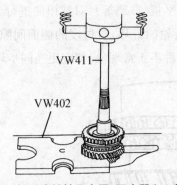

图 3.81 拆下滚针轴承内圈、同步器和二挡齿轮

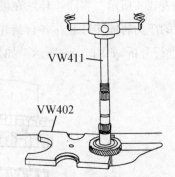

图 3.82 拆下三挡齿轮锁环、三挡齿轮

（4）拆下四挡齿轮的锁环、四挡齿轮，如图 3.83 所示。

（5）拆下输出轴的前轴承。

4. 输入轴、输出轴的安装

（1）检查主减速器主动锥齿轮的情况。如果已经损坏，同主减速器从动锥齿轮一起更换，并计算从动锥齿轮和主动锥齿轮调整垫片厚度。检查所有齿轮和轴承的损坏情况。如需要更换，除更换所损坏的外，还需将其他轴上的相应齿轮更换。

（2）用钢丝刷清洗同步环的内锥面，如图 3.84 所示。

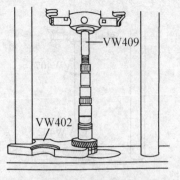

图 3.83 拆下四挡齿轮锁环、四挡齿轮

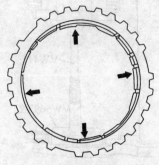

图 3.84 清洗同步环内锥面

(3) 在更换一挡齿轮滚针轴承的内圈或输出轴的后轴承时,计算输出轴调整垫片的厚度。

(4) 将同步环压在各自齿轮的锥面上,检查间隙 A 值,如图 3.85 所示。间隙 A 的规定值如表 3.4 所示。将同步环贴在极其平滑的表面上(平板、玻璃等),对其扭曲进行分析。用轻度的压力将同步环装在各自齿轮的锥面上,移动齿轮的锥环,对过度的侧面间隙(呈椭圆形)进行分析,如图 3.86 所示。如果出现上述任何一种不正常现象,都应更换同步环。

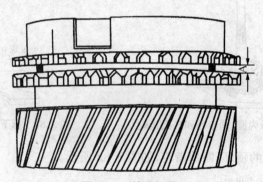

图 3.85 检查间隙

表 3.4 间隙 A 值

同步环	新的零件间隙 mm	磨损的限度间隙 mm
一挡和二挡	1.10～1.17	0.05
三挡和四挡	1.35～1.90	0.05
五挡	1.10～1.70	0.05

(5) 装上中间轴承的内圈,如图 3.87 所示。将预先润滑过的三挡齿轮滚针轴承装上,把油槽转向二挡齿轮。

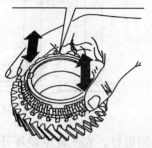

图 3.86 检查同步环

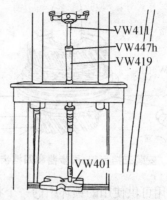

图 3.87 安装中间轴承内圈

(6) 如图 3.88 所示,组装三挡和四挡同步器。

(7) 如图 3.89 所示,装上三挡齿轮及三挡和四挡同步器,装上锁环。

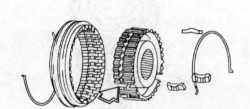

图 3.88 组装三挡和四挡同步器

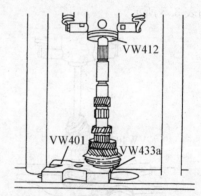

图 3.89 安装三挡齿轮及三挡和四挡同步器

(8) 装上同步环、滚针轴承和四挡齿轮,再装上有齿的锁环。如图 3.90 所示,用 2 kN 的力将三挡齿轮、同步器和四挡齿轮紧紧压在有齿的锁环上,把总成固定好。

(9) 将前轴承装在输出轴上。如图 3.91 所示,装上四挡齿轮。用手扶住前轴承,齿轮有凸缘的一边应朝向轴承。

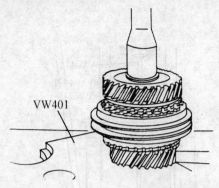 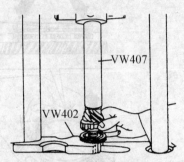

图 3.90　安装三挡齿轮、同步器和四挡齿轮　　　　图 3.91　安装四挡齿轮

(10) 利用可供使用的锁环中的一个将四挡齿轮固定好。先从较厚锁环开始,锁环厚度有 2.35 mm、2.38 mm、2.41 mm、2.44 mm、2.47 mm 等种类。

(11) 如图 3.92 所示,安装三挡齿轮。凸缘应朝向四挡齿轮。

(12) 利用厚薄规测量锁环的厚度,如图 3.93 所示。根据测得的尺寸,选择适当的锁环装上,如表 3.5 所示。

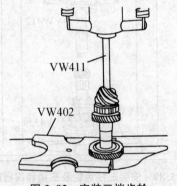 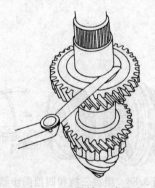

图 3.92　安装三挡齿轮　　　　　　　　　图 3.93　测量锁环的厚度

表 3.5　锁环厚度的选择

测得尺寸(mm)	锁环厚度(mm)
<1.6	1.5
≥1.6	1.6

(13) 安装滚针轴承、齿轮和二挡同步环。

(14) 装配一挡和二挡同步器,如图 3.94 所示。在同步器的凹槽中的细槽应转向装拨叉槽的对面一边,如图 3.95 所示。同步器壳体有 3 个凹口,凹口上有 3 个凹陷的内齿。在安装中,3 个凹口和槽应吻合,这样可以安装锁环,然后装止动弹簧,相互间隙 120°,弯的一端应嵌入锁环中的一个之内,如图 3.96、图 3.97 和图 3.98 所示。

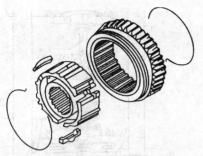

图3.94 装配一挡和二挡同步器

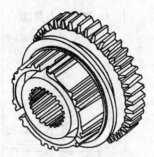

图3.95 安装同步器Ⅰ

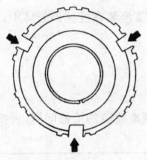

图3.96 安装同步器Ⅱ

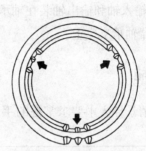

图3.97 安装同步器Ⅲ

(15) 装上一挡和二挡同步器,如图3.99所示。同步器壳体的槽应朝向一挡齿轮。

图3.98 安装同步器Ⅳ

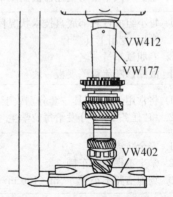

图3.99 安装一挡和二挡同步器

(16) 安装一挡齿轮滚针轴承的内圈,如图3.100所示。装上一挡同步环、一挡齿轮、一挡齿轮滚针轴承。只要更换了轴承支座、输出轴后轴承、一挡齿轮的滚针轴承内圈、主减速器从动锥齿轮和主动锥齿轮总成中的任何一个零件,就要重新计算、调整垫片厚度 S_3。

(17) 装上内后轴承,如图3.101所示。

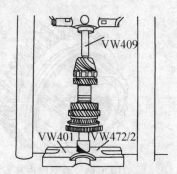
图3.100 安装一挡齿轮滚针轴承的内圈

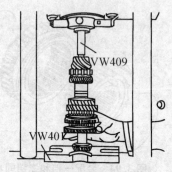
图3.101 安装内后轴承

(18)将输入轴和输出轴装在轴承支座上,将轴承支座装在变速器壳体上。将变速器后盖装在变速器轴承支座上。

任务实施

为解决情景导入中要求掌握的手动变速器换挡困难故障的维修问题,可按下述方式组织实施任务。

任务单元	手动变速器换挡困难的诊断与排除	课时	4
任务要求	1. 熟悉汽车手动变速器换挡困难的故障现象与原因 2. 学会对汽车手动变速器换挡困难进行检修		
设备器材	1. 每小组放置三部底盘技术状况良好的汽车 2. 常用、专用工具三套 3. 专职试车员一名 4. 故障诊断流程图展板一块		
操作准备	1. 将常用、专用工具三套分别放于三个工作台,并放在指定的位置 2. 将"任务工单"分发给每位学生		
注意事项	1. 安全防火第一 2. 学生不得驾驶车辆 3. 场地道路不小于50 m×100 m		
实施过程	设计方案一: 1. 在技术状况良好的汽车上,将操纵机构有故障的同型号的变速器盖换上 2. 实现起动发动机,产生变速器难以挂挡的故障 3. 分析汽车变速器挂挡困难的故障诊断方法 4. 监督学生是否按要求完成任务,并指导学生进行正确的操作 设计方案二: 1. 将一台二、三挡同步器有故障的变速器安装有汽车上 2. 让汽车较低车速行驶,产生挂挡困难故障 3. 分析汽车挂挡困难的故障诊断方法 4. 监督学生是否按要求完成任务,并指导学生进行正确的操作		

评价考核

	评价与考核项目	评价与考核标准	配分	得分
知识点	手动变速器的基本结构及检查项目	了解手动变速器的基本结构及检查项目	5	
	手动变速器换挡困难故障现象及危害	熟悉手动变速器换挡困难故障现象及危害	5	
	手动变速器换挡困难的原因	分析手动变速器换挡困难的原因	10	
	手动变速器换挡困难的诊断方法	介绍手动变速器换挡困难的诊断方法	10	
技能点	手动变速器换挡困难的故障诊断	会对手动变速器换挡困难进行故障诊断	20	
	手动变速器换挡困难的排除	会排除手动变速器换挡困难中各类故障点	20	
情感点	纪律与劳动	不迟到早退，实训主动、积极、认真。	10	
	职业道德与敬业精神	具备良好的道德准则、道德情操与道德品质；能认真对待实训、明确职责、勤奋努力	10	
	团结协作与创新精神	能与同学和谐相处、互补互助、协调合作，充分发挥自己的个性，圆满完成实训任务；能够综合运用自己的知识、信息、技能和方法，对遇到的问题能提出新方法、新观点	10	
		合计	100	

任务工单

任务名称： 手动变速器换挡困难的诊断与排除　　　　　　　**任务成绩：**_____

学生姓名：_____　　　**班　　级：**_____　　　**学　　号：**_____

实训时间：_____　　　**实训地点：**_____　　　**组　　号：**_____

●任务资讯

一、填空题

1. 变速器具有_____、_____及适时切断发动机的_____等功用。

2. 手动变速器主要由_____、_____及壳体等组成。

3. 变速器随着汽车行驶里程的增加，常见故障主要包括：_____、_____、_____、_____及漏油等一系列故障。

4. 手动变速器换挡困难故障现象是离合器工作良好，_____或者_____后，又很难_____。

5. 变速器中_____装置的作用是防止变速器同时挂上两个挡位。

二、选择题

1. 桑塔纳2000型轿车手动变速器放油螺塞拧紧力矩为(　　)。

A. 15 N·m　　　　B. 20 N·m　　　　C. 25 N·m　　　　D. 30 N·m

2. 下列不能引起变速器跳挡的原因是(　　)。
   A. 变速器操纵机构的自锁装置失灵　　B. 变速器操纵机构的互锁装置失灵
   C. 变速齿轮磨损过甚，沿尺长方向磨成锥形　　D. 换挡叉弯曲及过度磨损

3. 桑塔纳2000系列轿车五档手动变速器润滑油容量为(　　)。
   A. 2.0 L　　　　B. 2.5 L　　　　C. 3.0 L　　　　D. 3.5 L

4. 造成汽车起步时发抖的原因是(　　)。
   A. 离合器压盘弹簧力不均　　B. 离合器打滑
   C. 发动机无力　　D. 制动拖滞

5. 汽车在加速时，车速不随发动机转速的提高而加快，行驶无力，造成这种现象的主要原因是(　　)。
   A. 制动拖滞　　B. 变速器齿轮磨损严重
   C. 发动机负荷过大　　D. 离合器打滑

三、判断题

1. 手动变速器内的接合套装反可能造成换挡不到位，齿轮不能全齿长啮合跳挡。(　　)
2. 同步器弹簧、滑块脱出或损坏可能造成变速器乱挡、个别挡不好摘下。(　　)
3. 只要离合器接合，发动机转动，则变速器中间轴齿轮也转动。(　　)
4. 更换同轴式离合器工作缸，需拆下变速器总成。(　　)
5. 变速器中互锁装置的作用是防止变速器同时挂上两个挡位。(　　)

四、简答题

1. 分析手动变速器的组成、功用以及工作原理。
2. 简述手动变速器换挡困难的故障诊断流程。

● 计划决策

请根据任务要求，确定所需要的设备器材，并对小组成员进行合理分工，制订手动变速器换挡困难故障的诊断与排除计划。

1. 需要的设备器材

2. 小组成员分工

3. 实施计划

● 任务实施

分组检测手动变速器换挡困难的故障,并正确填写附表3.2。

附表 3.2 手动变速器换挡困难的诊断与排除工作状况参数记录表

检测项目	测量结果	故障判断
变速杆工作状况		
变速叉、变速叉轴状况		
导块凹槽状况		
锁紧螺钉状况		
锁止机构的钢球、凹槽状况		
各同步器工作状况		
变速器齿轮及轴配合状况		

● 检查评价

以小组为单位对完成任务情况进行评价(包括自我评价、小组评价、教师评价)。

1. 是否完成了所有实训项目?

自我评价:_____

小组评价:_____

教师评价:_____

2. 检测计划制订得是否合理?检测操作是否正确?

自我评价:_____

小组评价:_____

教师评价:_____

3. 附表填写是否详细、准确?

自我评价:_____

小组评价：_____

教师评价：_____

任务3.3　转向沉重的诊断与排除

情景导入

2013年4月17日，车主袁先生来到某4S店反映，他的汽车在行驶过程中，打转向盘时感到很费力。经问询并检查，该汽车使用不到两年，最近几天发现汽车行驶过程中，驾驶员左右转动转向盘时，感到沉重费力，无回正感，甚至转不动，初步判断为转向沉重故障。作为维修人员，接到此类转向系统检修任务，要求熟悉汽车液压转向系统的构造并能够维修。然后制订维修计划，得到经理确认后，完成此任务，提交一份分析报告并存档。

理论引导

转向系统用来改变或恢复汽车的行驶方向，它有机械转向系统和动力转向系统之分。轿车机械转向系统主要由转向操纵机构、齿轮齿条式转向器和转向传动机构组成，机械转向系统如图3.102所示；动力转向系统则是在机械转向系统的基础上，增加一套由转向油泵、转向控制阀和转向动力缸组成的转向助力装置，动力转向系统的三种类型如图3.103所示。

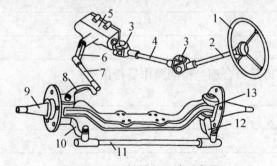

图3.102　机械转向系统示意图

1—转向盘；2—转向轴；3—转向万向节；4—转向传动轴；5—转向器；6—转向摇臂；
7—转向直拉杆；8—转向节臂；9—左转向节；10—左转向梯形臂；
11—转向横拉杆；12—右转向梯形臂；13—右转向节

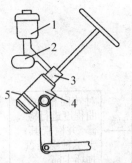 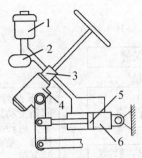 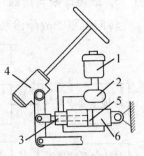

(a) 整体式动力转向系统　　(b) 半整体式动力转向系统　　(c) 组合式动力转向系统

图 3.103　动力转向系统的三种类型

1—转向油罐；2—转向油泵；3—转向控制阀；4—转向器；5—动力缸活塞；6—转向动力缸

转向系统出现故障，会影响汽车行驶方向和行驶稳定性，还关系到汽车的行驶安全，必须及时诊断与排除。转向系统常见故障部位及原因分析如表 3.6 所示。

表 3.6　转向系统常见故障部位及原因分析

序号	故障部位	故障原因	故障现象
1	转向盘	自由行程过大、过小	转向沉重、转向不灵敏、摆振
2	转向器	啮合间隙过大、轴承损坏、调整不当	转向沉重、转向不灵敏、摆振
3	传动机构	球铰磨损松旷、拉杆与支架配合松旷	转向沉重、转向不灵敏、摆振、轮胎异常磨损
4	转向油泵	传动带过松、油压低	助力不足、转向沉重
5	转向控制阀	损坏、失效	助力不足、转向沉重
6	动力缸	漏油	助力不足、转向沉重

转向系统的常见故障为转向沉重、转向不灵敏、前轮摆振等，此处主要分析转向沉重故障。

1. 故障现象

汽车行驶过程中，驾驶员左右转动转向盘时，感到沉重费力，无回正感，甚至转不动。

2. 故障原因

转向沉重既与转向系统有关，又与行驶系统有关，这里着重分析转向系统，其主要故障原因如下。

(1) 轮胎气压不足。

(2) 前轮定位失准。

(3) 转向器润滑不良或轴承、啮合间隙调整不当。

(4) 转向柱弯曲变形，转向器或转向柱的轴承损坏。

(5) 齿条弯曲变形或与衬套配合过紧。

(6) 横、直拉杆球头销润滑不良或调整不当。

(7) 转向主销、转向节润滑不良。

3. 故障诊断与排除

转向沉重的故障诊断流程如图 3.104 所示。

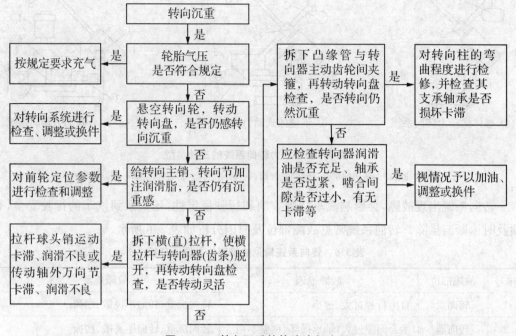

图 3.104　转向沉重的故障诊断流程

(1) 首先检查轮胎气压，并按规定要求充气。

(2) 悬空转向轮，转动转向盘，若仍感觉转向沉重，则故障在于转向系统；若沉重感消失，则故障在于转向轮。给转向主销、转向节加注润滑脂，若仍有沉重感，则故障为前轮定位失准，应对前轮定位参数进行检查和调整。

(3) 拆下横(直)拉杆，使横拉杆与转向器(齿条)脱开，再转动转向盘检查。若转向盘转动灵活，表明拉杆球头销运动卡滞、润滑不良或传动轴外万向节卡滞、润滑不良等；若转向仍然沉重，则故障在于转向器和转向操纵机构。

(4) 拆下凸缘管与转向器主动齿轮间的夹箍，再转动转向盘检查，若转向仍然沉重，应对转向柱的弯曲程度进行检修，并检查其支承轴承是否损坏或卡滞等；若转向盘转动灵活，则故障在于转向器，应检查转向器润滑油是否充足、轴承是否过紧，啮合间隙是否过小，有无卡滞等，视情况予以加油、调整或换件。

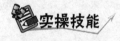

桑塔纳 2000 型轿车液压助力转向系统的拆装、调整与检查

转向盘与转向柱的分解图如图 3.105 所示，拆装和分解转向盘与转向柱时可参照此图进行。

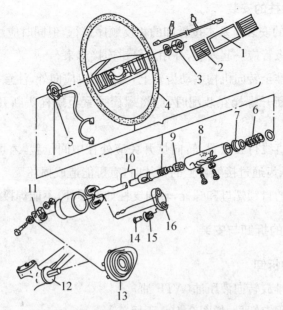

图 3.105 转向盘与转向管柱分解图

1—转向盘盖板;2—喇叭按钮盖板;3—转向盘与转向柱紧固螺母 M16(拧紧力矩 45 N·m);4—方向盘;5—接触环;
6—压缩弹簧;7—连接圈;8—转向柱套管;9—轴承;10—转向柱上段;11—夹箍;12—动力转向器;
13—转向柱防尘橡胶圈;14—转向减振尼龙销;15—转向减振橡胶圈;16—转向柱下段

一、转向盘与转向柱的拆卸与安装

1. 转向盘与转向柱的拆卸

转向柱上装有一套组合开关,包括点火开关、前风窗刮水及清洗开关、转向指示灯开关及近远光变光开关,因此在拆卸前必须将蓄电池电源线断开,将转向指示灯开关放在中间位置,并使车轮处在直线行驶位置,然后按下列拆卸步骤进行。

(1) 向下按转向盘盖板的橡皮边缘,撬出盖板。

(2) 取下喇叭盖,拆卸喇叭按钮及有关接线。

(3) 拆下转向盘紧固螺母,用拉力器将方向盘取下。

(4) 拆下组合开关上的3个平口螺栓,取下开关。

(5) 拆下阻风门控制把手手柄上的销子,然后旋下手柄、环形螺母,取下开关。

(6) 拆下转向柱套管的两个螺钉,拆下套管。

(7) 将转向柱上段往下压,使上段端部法兰上的两个驱动销脱离转向柱下段,取出转向柱上段。

(8) 取下转向柱橡胶圈,松开夹箍的紧固螺栓,拆下转向柱下段。

(9) 用水泵钳旋转卸下弹簧垫圈,卸下左边的内六角螺栓,旋出右边的开口螺栓,拆下转向盘锁套。

2. 转向盘与转向柱的安装

转向盘与转向柱的安装应基本按拆卸的相反顺序进行，但同时应注意以下几点。

（1）转向柱与凸缘管应一起安装，并用水泵钳连接起来。

（2）应将凸缘管推至转向机构主动齿轮上，夹箍圈口应向外，注意不可用手掰开夹箍。

（3）转向柱管的断开螺栓在装配时，应将螺栓拧紧至螺栓头断开为止，然后拧紧圆柱螺栓。

（4）车轮应处于直线行驶位置，转向灯开关应处在中间位置，才可装转向盘，否则在安装转向盘时，当分离爪齿通过接触环上的簧片时，有可能造成损坏。

（5）应更换所有的自锁螺母和螺栓，转向支柱如有损坏，不能焊接修理。

二、动力转向器的拆卸与安装

1. 动力转向器的拆卸

（1）吊起车辆。排放转向液压油（ATF 油）。

（2）拆下横拉杆固定螺母，如图 3.106 所示。

（3）拆卸左前轮罩处的转向器固定螺栓，如图 3.107 所示。

图 3.106　拆卸横拉杆固定螺母

图 3.107　拆卸左前轮罩处的转向器固定螺栓

（4）松开转向控制阀外壳上的高压油管，如图 3.108 所示。

（5）拆卸后横板上固定转向器的左边自锁螺母，如图 3.109 所示。

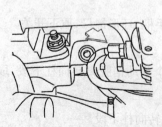

图 3.108　松开转向控制阀外壳上的高压油管

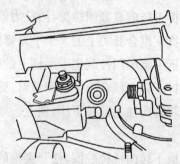

图 3.109　拆卸后横板上固定转向器的左边自锁螺母

（6）把车辆放下。拆卸紧固齿条与转向横拉杆的螺栓，如图 3.110 所示。

(7) 拆卸仪表板侧边下盖、通风管和踏板盖。

(8) 拆卸紧固转向小齿轮与下轴的螺栓,如图3.111所示,并使各轴分开。

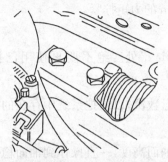
图 3.110　拆卸紧固齿条与转向横拉杆的螺栓

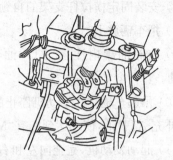
图 3.111　拆卸紧固转向小齿轮与下轴的螺栓

(9) 拆卸防尘套。从汽车内部拆卸固定转向控制阀外壳上回油软管的泄放螺栓,如图3.112所示。

(10) 拆卸后横板上转向器的固定自锁螺母,如图3.113所示。

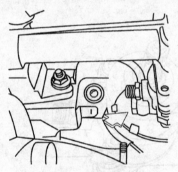
图 3.112　拆卸泄放螺栓

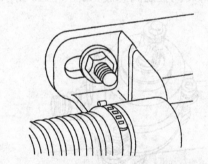
图 3.113　拆卸后横板上转向器的固定自锁螺母

(11) 拆下转向器。

2. 动力转向器的安装

安装时应注意:油泵上和转向控制阀上固定泄放螺栓的密封环只要被拆卸,就应该更换。安装的步骤如下。

(1) 安装后横板的转向器,安装自锁螺母但不必完全拧紧。

(2) 吊起车辆。

(3) 在转向油泵上安装高压软管和回油软管,并用40 N·m的力矩拧紧螺栓,使用新的密封圈;安装左前轮罩上转向器的固定螺栓,并用20 N·m的力矩拧紧螺母;安装后横板上转向器的固定自锁螺母,并且用40 N·m的力矩拧紧螺母;把高压管固定在转向控制阀外壳上。

(4) 把车辆放下。

(5) 用40 N·m的力矩拧紧在后横板上转向器的固定螺母;安装横拉杆支架固定螺栓,用45 N·m的力矩拧紧;从车辆内部把回油软管安装在转向器控制阀外壳上;安装保护网(防尘套);

连接下轴,安装固定螺栓并用 25 N·m 的力矩拧紧;安装踏板盖、通风管和仪表板盖。

(6) 吊起车辆。

(7) 安装固定横拉杆支架的自锁螺母,并用 45 N·m 的力矩拧紧。

(8) 把车辆放下。

(9) 向储油罐内注入 ATF 油,直到达到标有"Max"处。绝不要再使用已排出的 ATF 油。

(10) 吊起车辆。在发动机停止的情况下转动转向盘数次,以便把系统中存在的空气排出,并补充 ATF 油,使之达到标有"Max"处。

(11) 起动发动机,完全向左和右转动转向盘,观察油面高度,一直操作到油面稳定在标有"Max"处为止。

三、转向器齿轮、密封圈的更换

(1) 拆卸转向器。把转向器固定在台虎钳上,并拆卸弯曲棒的锁销,如图 3.114 所示。

(2) 拆卸转向控制阀总成,如图 3.115 所示。

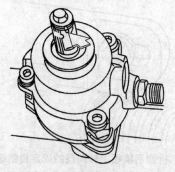

图 3.114 拆卸弯曲棒的锁销

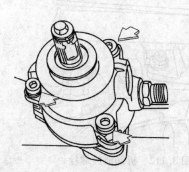

图 3.115 拆卸转向控制阀总成

(3) 拆卸转向控制阀外壳的密封圈,如图 3.116 所示。

(4) 使用专用工具 VW065 和塑料铆头,把新的密封圈安装在转向控制阀外壳上,如图 3.117 所示。

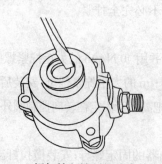

图 3.116 拆卸转向控制阀外壳的密封圈

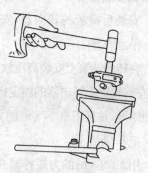

图 3.117 安装密封圈

四、转向油泵的更换

转向油泵及其附件分解图如图 3.118 所示,拆卸与安装转向油泵时均可参照此图进行。

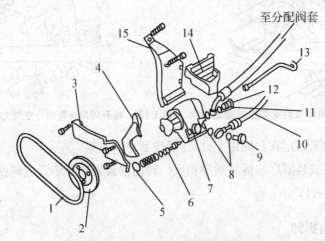

图 3.118　转向油泵及其附件的分解图

1—V 形带;2—带轮;3—夹紧夹板;4—前摆动夹板;5—密封圈;6—压力和流量限制阀;
7—叶轮泵;8—密封圈;9、12—管接头螺栓;10—进油管;
11—密封环;13、15—支架;14—后摆动夹板

(1) 吊起车辆。

(2) 拆卸油泵上回油软管和高压软管的泄放螺栓,如图 3.119 所示,排放 ATF 润滑油。

(3) 拆卸转向油泵前支架上的张紧螺栓,如图 3.120 所示。

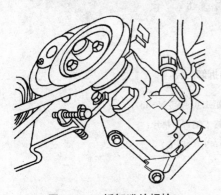

图 3.119　拆卸泄放螺栓

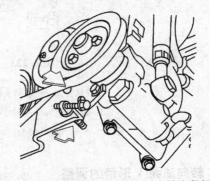

图 3.120　拆卸转向油泵前支架上的张紧螺栓

(4) 拆卸转向油泵后支架上的固定螺栓,如图 3.121 所示。

(5) 松开转向油泵中心支架上的固定螺母和螺栓,如图 3.122 所示。

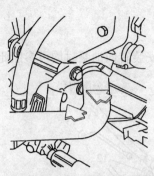 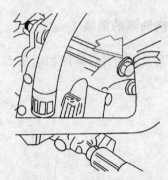

图 3.121　拆卸转向油泵后支架上的固定螺栓　　图 3.122　松开转向油泵中心支架上的固定螺母和螺栓

(6) 把转向油泵固定在台虎钳上，拆卸滑轮和中间支架。

(7) 转向油泵安装顺序与拆装顺序相反。转向油泵安装完毕后应调整转向油泵 V 形带的张紧度，并加注 ATF 油。

五、储油罐的拆卸

松开储油罐的安装支架螺栓和储油罐进油、回油软管夹箍，从车上拆下储油罐，如图 3.123 所示。

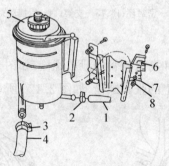

图 3.123　储油罐的拆卸

1—回油软管；2、4—软管夹箍(拧紧力矩 1.0~1.5 N·m)；

3—进油软管；5—储油罐；6—储油罐支架；7—垫片；

8—六角螺母 M6(拧紧力矩 3.0~9.0 N·m)

六、转向油泵 V 形带的调整

(1) 松开转向油泵支架上的后固定螺栓，如图 3.124 所示。

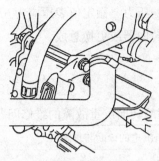

图 3.124　松开转向油泵支架后固定螺栓

（2）松开专用螺栓的螺母,如图 3.125 所示。

（3）通过张紧螺栓把 V 形带绷紧,如图 3.126 所示。当压在 V 形带中间处时,V 形带以有 10 mm 挠度为合适。

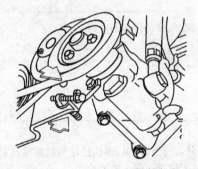

图 3.125　松开专用螺栓的螺母

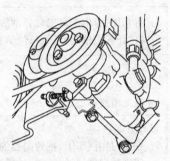

图 3.126　张紧 V 形带

（4）拧紧专用螺栓的螺母。拧紧转向油泵支架上的固定螺栓。

七、转向系统的检查

（1）检查系统密封性。转向系统密封性的检查,应在热车时进行。将转向盘快速朝左、右两侧转至极限位置,并保持不动,此时可产生最佳管内压力。目测检查转向控制阀、齿条密封件(松开波纹管软管夹箍,再将波纹管推置一旁)、叶轮泵、油管接头是否有漏油现象,如有渗漏应更换密封件。如果发现储油罐中缺少 ATF 油,应检查转向系统的密封性是否完好。当转向器主动齿轮不密封时,必须更换阀体中的密封环和中间盖板上的圆形绳环。如果转向器罩壳中的齿轮齿条密封件不密封,ATF 油可能流入波纹管套里,此时应拆开转向机构,更换所有密封环。如油管接头漏油,应查找原因并重新接好。

（2）检查转向油泵压力。将压力表装到连接管阀体和弹性软管之间的压力管中。起动发动机,如果有需要,向储油罐补充 ATF 油。快速关闭截止阀(关闭时间不超过 5 min),并读出压力数,表压额定值为 6.8～8.2 MPa。如果没有达到额定值,就应检查压力表节流阀和流量限制阀是否完好。如不正常应更换压力表节流阀和流量限制阀或更换叶轮泵。

（3）检查系统压力。当发动机怠速工作时,打开压力表节流阀,使转向盘向左或右旋转至极限位置,同时读出压力表上的压力。额定值表压应为 6.8～8.2 MPa。如果向左或右边的额定值达不到要求,就要修理转向器或更换总成。

任务实施

为解决情景导入中要求掌握的转向沉重故障的维修问题,可按下述方式组织实施任务。

任务名称	转向沉重的诊断与排除	课时	4
任务要求	1. 熟悉汽车转向沉重的故障现象与原因 2. 学会对汽车转向沉重进行检修		
设备器材	1. 每小组放置三部底盘技术状况良好的汽车 2. 常用、专用工具三套 3. 专职试车员一名 4. 故障诊断流程图展板一块		
操作准备	1. 将常用、专用工具三套分别放于三个工作台,并放在指定的位置 2. 将"任务工单"分发给每位学生		
注意事项	1. 安全防火第一 2. 学生不得驾驶车辆 3. 场地道路不小于 50 m×100 m		
实施过程	设计方案一: 1. 在实习用汽车上,把转向器的油放掉一部分,并把转向纵、横拉杆球头销调整过紧 2. 实现转向器缺油,转向纵、横拉杆球头销装配过紧这两个故障点 3. 分析转向沉重的故障诊断方法 4. 监督学生是否按要求完成任务,并指导学生进行正确的操作 设计方案二: 1. 通过改变前轮定位参数(前轮外倾和前轮前束) 2. 实现转向系统不能正常工作		

评价考核

	评价与考核项目	评价与考核标准	配分	得分
知识点	转向系统的组成和工作原理	了解汽车转向系统的组成和工作原理	10	
	转向沉重故障的原因及诊断思路	分析汽车转向沉重故障的原因及诊断思路	10	
	转向沉重故障的诊断方法	介绍转向沉重故障的诊断方法及步骤	10	
技能点	转向沉重的故障诊断	会对转向沉重进行故障诊断	20	
	转向沉重的排除	会排除转向沉重中各类故障点	20	

续表

	评价与考核项目	评价与考核标准	配分	得分
情感点	纪律与劳动	不迟到早退,实训主动、积极、认真	10	
	职业道德与敬业精神	具备良好的道德准则、道德情操与道德品质;能认真对待实训、明确职责、勤奋努力	10	
	团结协作与创新精神	能与同学和谐相处、互补互助、协调合作,充分发挥自己的个性,圆满完成实训任务;能够综合运用自己的知识、信息、技能和方法,对遇到的问题能提出新方法、新观点	10	
	合计		100	

任务工单

任务名称:转向沉重的诊断与排除　　　　　　　　　　　　任务成绩:_____
学生姓名:_____　　　班　级:_____　　　学　号:_____
实训时间:_____　　　实训地点:_____　　　组　号:_____

● 任务资讯

一、填空题

1. 转向系统用来_____,它有_____和_____之分。

2. 轿车机械转向系统主要由转向_____、_____和_____组成。

3. _____则是在机械转向系统的基础上,增加一套由_____、_____和_____组成的转向助力装置。

4. 转向系统的常见故障有_____、_____、_____等。

5. 转向沉重故障现象是汽车行驶过程中,驾驶员左右转动转向盘时,感到_____、_____,甚至转不动。

二、选择题

1. (　　)不是动力转向系统三种基本类型之一。
   A. 整体式　　　　　　　　　　B. 半整体式
   C. 液压式　　　　　　　　　　D. 组合式

2. 转向沉重的故障诊断流程是首先检查(　　)。
   A. 轮胎气压,并按规定要求充气　　B. 前轮定位是否失准
   C. 转向器润滑是否不良　　　　　　D. 轴承、啮合间隙是否调整不当

3. 悬空转向轮,转动转向盘,若仍感觉转向沉重,则故障在于(   )。
   A. 转向轮   B. 转向系统
   C. 齿轮齿条式转向器   D. 转向传动机构
4. 桑塔纳 2000 型轿车液压助力转向系统转向盘与转向柱紧固螺母和拧紧力矩为(   )。
   A. 35 N·m   B. 40 N·m   C. 45 N·m   D. 50 N·m
5. 动力转向泵一般是利用(   )。
   A. 凸轮轴传动带驱动   B. 曲轴链条驱动
   C. 传动轴传动带驱动   D. 曲轴传动带驱动

三、判断题

1. 汽车直线行驶时,液压动力转向系统的助力泵常转但产生的油压非常低,说明助力泵总成不良,不能产生足够的油压。   (   )
2. 当发动机运转时,原地转动汽车方向盘后松开双手,此时液压动力转向系统的助力泵产生的油压非常低是正常的。   (   )
3. 液压动力转向系统的助力泵驱动皮带打滑会造成快速转向时沉重。   (   )
4. 左右两侧的轴距不等,汽车向轴距长的一侧跑偏。   (   )
5. 转向主销后倾角过小会导致转向沉重。   (   )

四、简答题

1. 分析液压转向系统的组成、功用以及工作原理。
2. 简述转向沉重的故障诊断流程。

● 计划决策

请根据任务要求,确定所需要的设备器材,并对小组成员进行合理分工,制订转向沉重故障的诊断与排除计划。

  1. 需要的设备器材

  2. 小组成员分工

  3. 实施计划

● **任务实施**

分组检测转向沉重的故障,并正确填写附表 3.3。

附表 3.3 转向沉重的诊断与排除工作状况参数记录表

检测项目	测量结果	故障判断
轮胎气压		
转向主销、转向节工作状况		
转向盘工作状况		
转向器工作状况		
轴承状况		

● **检查评价**

以小组为单位对完成任务情况进行评价(包括自我评价、小组评价、教师评价)。

1. 是否完成了所有实训项目?

   自我评价:＿＿＿＿＿＿＿＿＿＿＿＿＿＿＿＿＿＿＿＿＿＿＿＿＿＿＿＿＿＿＿＿＿＿

   ＿＿

   小组评价:＿＿＿＿＿＿＿＿＿＿＿＿＿＿＿＿＿＿＿＿＿＿＿＿＿＿＿＿＿＿＿＿＿＿

   ＿＿

   教师评价:＿＿＿＿＿＿＿＿＿＿＿＿＿＿＿＿＿＿＿＿＿＿＿＿＿＿＿＿＿＿＿＿＿＿

   ＿＿

2. 检测计划制订得是否合理? 检测操作是否正确?

   自我评价:＿＿＿＿＿＿＿＿＿＿＿＿＿＿＿＿＿＿＿＿＿＿＿＿＿＿＿＿＿＿＿＿＿＿

   ＿＿

   小组评价:＿＿＿＿＿＿＿＿＿＿＿＿＿＿＿＿＿＿＿＿＿＿＿＿＿＿＿＿＿＿＿＿＿＿

   ＿＿

   教师评价:＿＿＿＿＿＿＿＿＿＿＿＿＿＿＿＿＿＿＿＿＿＿＿＿＿＿＿＿＿＿＿＿＿＿

   ＿＿

3. 附表填写是否详细、准确?

   自我评价:＿＿＿＿＿＿＿＿＿＿＿＿＿＿＿＿＿＿＿＿＿＿＿＿＿＿＿＿＿＿＿＿＿＿

   ＿＿

   小组评价:＿＿＿＿＿＿＿＿＿＿＿＿＿＿＿＿＿＿＿＿＿＿＿＿＿＿＿＿＿＿＿＿＿＿

   ＿＿

   教师评价:＿＿＿＿＿＿＿＿＿＿＿＿＿＿＿＿＿＿＿＿＿＿＿＿＿＿＿＿＿＿＿＿＿＿

   ＿＿

任务 3.4 制动失效的诊断与排除

情景导入

2013 年 5 月 26 日,车主胡先生来到某 4S 店反映,他的汽车在行驶过程中,制动无作用。经问询并检查,该汽车使用不到三年,最近几天发现汽车行驶过程中,迅速将制动踏板踩到底不能减速,连续多次踩下制动踏板仍无制动作用,初步判断为制动失效故障。作为维修人员,接到此类制动系统检修任务,要求熟悉汽车制动系统构造并能够维修。然后制订维修计划,得到经理确认后,完成此任务,提交一份分析报告并存档。

理论引导

汽车制动系统一般包括行车制动系统和驻车制动系统。行车制动系在汽车行驶过程中使用,使行驶中的汽车减速或停车;驻车制动系统在汽车停车后使用,防止汽车溜车。行车制动系统按传力介质不同,分为液压制动系统和气压制动系统,这里主要分析轿车使用的液压制动系统,如图 3.127 所示为某轿车真空助力式液压制动系统组成示意图。液压制动系统主要由制动主缸、制动轮缸、真空助力器、制动器及液压管路组成。

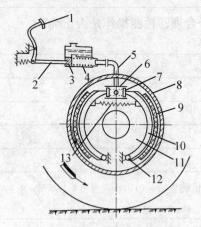

图 3.127 液压制动系统的组成

1—制动踏板;2—主缸推杆;3—主缸活塞;4—制动主缸;5—油管;6—制动轮缸;7—轮缸活塞;
8—制动鼓;9—摩擦片;10—制动蹄;11—制动底板;12—支承销;13—制动蹄复位弹簧

液压制动系统的常见故障是制动失效、制动效能不良、制动拖滞、制动跑偏,其常见故障部位及分析如表 3.7 所示。

表 3.7 液压制动系统常见故障部位及分析

序号	故障部位	故障原因	故障现象
1	储液罐	液面过低或无制动液	制动失效或效能不良
2	制动踏板	连接松脱,调整不当,自由行程过大、过小	制动失效或效能不良、拖滞
3	制动主缸	活塞磨损、皮碗老化、密封圈破裂、气孔不畅	制动效能不良、拖滞
4	真空助力器	膜片破裂、阀门密封不良、真空单向阀失效、真空管漏气	制动效能不良、跑偏
5	制动轮缸	活塞磨损、密封圈损坏	制动失效或效能不良
6	车轮制动器	制动蹄(块)摩擦片磨损、硬化、油污、铆钉外露,回位弹簧软,制动鼓(盘)磨损有沟槽、制动钳支架松动	制动失效或效能不良、跑偏、拖滞、异响
7	液压管路	堵塞、漏油,软管老化	制动失效或效能不良、跑偏、拖滞

1. 故障现象

汽车行驶过程中,迅速将制动踏板踩到底,不能减速;连续多次踩下制动踏板,无制动作用。

2. 故障原因

(1) 制动液不足或没有制动液。

(2) 制动主缸或轮缸密封圈磨损严重或破损。

(3) 制动管路破裂或接头松脱漏油。

(4) 制动系统中有大量空气。

(5) 制动踏板与制动主缸的连接松脱。

3. 故障诊断与排除

制动失效的故障诊断流程如图 3.128 所示。

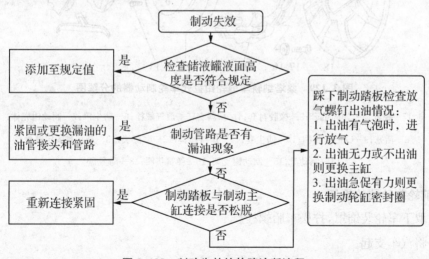

图 3.128 制动失效的故障诊断流程

(1) 检查储液罐液面。制动液液面应位于标记"Min"与"Max"之间,无制动液或制动液过少应及时添加。

（2）检查制动管路有无漏油现象，如管路破裂漏油应予以更换，各油管接头松动漏油需要重新紧固密封。

（3）检查制动踏板与制动主缸的连接情况，若松脱应重新连接紧固。

（4）上述检查正常时，可踩下制动踏板，检查放气螺钉的出油情况。出油有气泡时，应进行放气；出油无力或不出油，表明主缸工作不良，应予以更换；出油急促有力，表明故障在于制动轮缸，应更换轮缸密封圈。

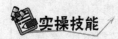

桑塔纳轿车制动系统的拆卸与安装

一、前轮制动器的拆卸与安装

桑塔纳轿车前轮钳盘式车轮制动器的分解图如图 3.129 所示。

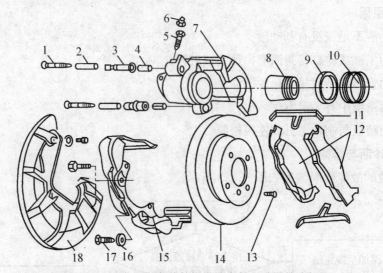

图 3.129　桑塔纳轿车前轮钳盘式车轮制动器的分解图

1、17—螺栓；2—导向钢套；3—橡胶衬套；4—塑料套；5—放气螺栓；6—防尘罩；7—制动钳壳体；
8—活塞；9—O 形密封圈；10—防尘套；11—保持弹簧；12—摩擦块；13—制动盘固定螺栓；
14—制动盘；15—制动钳支架；16—弹簧垫圈；18—防溅盘

1. 前轮制动器的拆卸

（1）取下车轮装饰罩，拧松车胎螺栓。

（2）将汽车支起。

（3）拆下轮胎螺母，取下车轮。

（4）用专用工具拆下制动油管，并将制动液放入容器中。

（5）拆下两个制动钳壳体的固定螺栓，卸下制动钳壳体总成。

(6) 从制动钳壳体上拆下保持弹簧和摩擦块等。

(7) 取下活塞防尘罩。

(8) 用压缩空气对进油口吹气,取出活塞及O形密封圈。

(9) 拆下制动钳支架固定螺栓,取下制动钳支架。

(10) 拆下制动盘固定螺栓,取下制动盘。

(11) 拆下防溅盘。

2. 前轮制动器的装复

(1) 装上防溅盘。

(2) 装上制动盘,拧紧制动盘固定螺钉。

(3) 装上制动钳支架,拧紧支架固定螺栓。

(4) 分别在活塞、O形密封圈及活塞承孔中涂上制动液,并用专用工具将活塞装入制动钳壳体的承孔中。

(5) 装上活塞防尘罩。

(6) 装上制动油管。

(7) 装上摩擦块及保持弹簧。

(8) 装上制动钳壳体(注意活塞应压到底),并拧紧两个紧固螺栓。

(9) 排除制动管路中的空气。

(10) 装上车轮,以110 N·m的力矩拧紧轮胎螺栓。

(11) 降下举升器,使车轮落地。

(12) 装上车轮装饰罩。

二、后轮制动器的拆卸与安装

后轮制动器的分解图如图3.130所示。

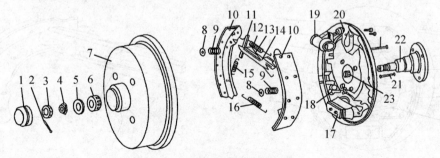

图3.130 后轮制动器的分解图

1—轮毂盖;2—开口销;3—开槽垫圈;4—调整螺母;5—止推垫圈;6—轴承;7—制动鼓;8—弹簧座;
9—弹簧;10—制动蹄;11—楔形件;12—回位弹簧;13—上回位弹簧;14—压力杆;15—用于楔形件回位弹簧;
16—下回位弹簧;17—固定板;18—螺栓(拧紧力矩60 N·m);19—后制动轮缸;
20—制动底板;21—定位销;22—后桥车轮支承短轴;23—观察孔橡胶塞

1. 后轮制动器的拆卸

(1) 用千斤顶将车支起,并定位好。

(2) 拧松车轮螺栓螺母(力矩 100 N·m),取下车轮。

(3) 用专用工具 VW637/2 卸下轮毂盖,如图 3.131 所示,取下开口销和开口槽垫圈,旋下调整螺母,取出止推垫圈。

(4) 用螺丝刀通过制动鼓螺孔向上拨动楔形块,如图 3.132 所示,增大制动蹄与制动鼓的间隙,使制动蹄与制动鼓放松,取下制动鼓。

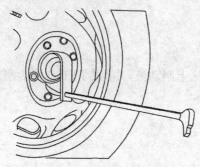

图 3.131　拆卸轮毂盖

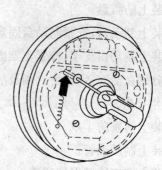

图 3.132　拨动楔形块

(5) 用鲤鱼钳拆下压力弹簧座圈。

(6) 用手从下面的支架上提起制动蹄,取出回位弹簧。

(7) 用钳子拆下制动杆上的手制动拉索。

(8) 用鲤鱼钳取下楔形件的拉力弹簧和上回位弹簧。

(9) 卸下制动蹄,如图 3.133 所示。

(10) 把带压力杆的制动蹄卡紧在台虎钳上,拆下定位弹簧,取下制动蹄,如图 3.134 所示。

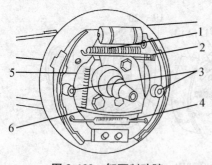

图 3.133　卸下制动蹄

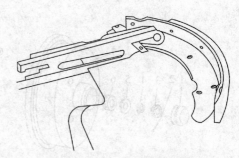

图 3.134　卸下制动蹄定位弹簧

1—上回位弹簧;2—压力杆;3—弹簧及座圈;4—下回位弹簧;
5—驻车制动拉索;6—楔形件回位弹簧

(11) 从制动底板上拆下制动分泵。

(12) 制动分泵的分解图如图 3.135 所示,其拆卸顺序为:拆下泵体两端的活塞防尘罩;从泵体两端取出活塞和 O 形密封圈;从泵体内取出弹簧;取下放气螺栓防尘罩,拆下放气螺栓。

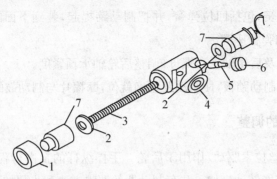

图 3.135　制动分泵的分解图

1—防尘罩;2—皮圈(安装时涂上制动液);3—弹簧;4—车轮制动器轮缸外壳;
5—放气阀;6—防尘罩;7—活塞(安装时涂上制动液)

(13) 制动主缸的分解:放出制动液,拆下前后出油接头;从车架上拆下主缸后,取下防尘罩及推杆;将主缸夹在台虎钳上,用旋具顶住活塞,拆下弹簧片、后活塞、皮碗及后活塞弹簧;拆下限位螺钉,依次取出前活塞、皮碗及前活塞弹簧。

2. 后轮制动器的装配

(1) 清洁制动分泵的各零件。
(2) 将弹簧装入泵体内。
(3) 在活塞和皮圈上涂上制动液进行润滑,再分别从两端依次装上 O 形密封圈、活塞和防尘罩。
(4) 装上放气螺栓和放气螺栓防尘罩。
(5) 将制动分泵按规定力矩紧固于制动底板上。
(6) 装上回位弹簧,并将制动蹄装在压力杆上,如图 3.136 所示。
(7) 装上楔形调整块,凸边朝向制动底板。
(8) 将另一带有传动臂的制动蹄装在压力杆上,如图 3.137 所示。

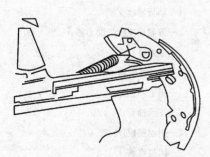

图 3.136　安装制动蹄回位弹簧

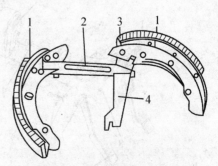

图 3.137　将制动蹄装在压力杆上

1—制动蹄;2—压力杆;3—销轴;4—制动杆

(9) 装入上回位弹簧,在传动臂上装上手制动拉索。

(10) 将制动蹄装上制动底板,靠在制动分泵外槽上。

(11) 装入各种弹簧,包括回位弹簧,并把制动蹄提起,装到下面的支架上;装上楔形件拉力弹簧;装入压簧和弹簧座圈。

(12) 装入制动鼓及后轮轴承和螺母,调整后轮轴承预紧度。

(13) 用力踩一下制动踏板,使制动蹄正确就位,摩擦片与制动鼓的间隙得到自动调整。

三、驻车制动器的调整

驻车制动器由钢丝拉索驱动,作用于后轮。手操纵杆的自由行程为两齿。当松开手操纵杆时,两只后轮都应能转动自如。驻车制动器的调整方法和步骤如下。

(1) 松开驻车制动操纵杆。

(2) 用力踩下制动踏板。用驻车制动操纵杆拉紧两齿。

(3) 旋紧如图 3.138 所示箭头所指的调整螺母,直到用手不能旋转两个被制动的后轮为止。

(4) 松开驻车制动操纵杆,两后车轮能旋转自如即为调整合适。

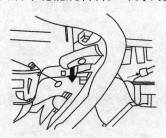

图 3.138 旋紧调整螺母

四、制动踏板的拆卸与调整

制动踏板的分解,如图 3.139 所示。

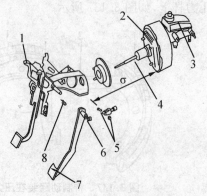

1—踏板轴承支架;
2—带制动主缸的助力器;
3—储液罐;
4—制动主缸推力杆;
5—销子和锁片;
6—支承轴套;
7—制动踏板;
8—回位弹簧

图 3.139 制动踏板分解图

1. 制动踏板和制动助力器的拆卸

(1) 用鲤鱼钳拆下回位弹簧。

(2) 拆下锁片,取下制动踏板。必要时将制动踏板夹在台虎钳上,用冲子顶出支承轴套。

(3) 拆下推力杆上的销子和锁片,拆下制动助力器推力杆上的叉头,使制动主缸助力器与制动踏板分离。

(4) 松开踏板支撑架上的紧固螺母,向下旋出支撑架。

2. 制动踏板的调整

(1) 制动踏板自由行程的调整。检查制动踏板自由行程时,用手轻轻压下踏板,直到手感明显变重时,测出这段行程量,其值应不大于 45 mm。如果不符合规定,可松开制动主缸助力器上推杆上的螺母,通过旋动叉头来调整推力杆的长度,从而调整制动踏板自由行程,且保证踏板有效行程为 135 mm,总行程不小于 180 mm。图 3.140 所示为制动踏板行程的调整,注意制动踏板的行程大小应不受附加地毯厚度的影响。

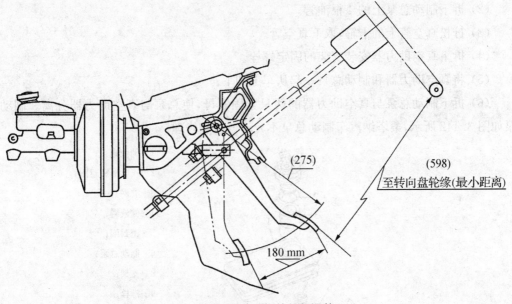

图 3.140 制动踏板的行程调整

(2) 制动推力杆的调整。如果更换新的制动主缸助力器总成,那么必须调整制动推力杆,旋动制动主缸助力器推力杆上的叉头,使叉头调整尺寸达到 $a=220$ mm。紧固放松螺母,再装上主缸的安装罩壳,螺母紧固力矩为 20 N·m。注意:所有固定位置,在安装前都要涂上型号为 AOS12600006 的白色的固体润滑剂。

五、真空助力器与制动分泵的拆卸与安装

图 3.141 所示为真空助力器与制动分泵的分解图,其拆卸与安装的具体方法如下。

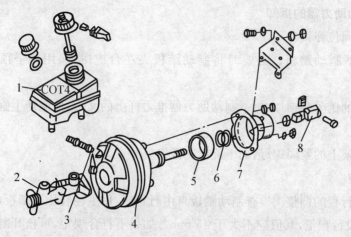

1—储油罐；
2—制动总泵；
3—真空单向阀；
4—真空助力器；
5—密封垫圈；
6—支架密封圈；
7—支架；
8—连接叉

图 3.141　真空助力器与制动分泵的分解图

1. 真空助力器与制动分泵的拆卸

（1）拆下制动踏板与真空助力器压杆连接叉的锁片和销子。

（2）拆下制动总泵上的 4 根油管。

（3）拧松真空管上的卡箍，取下真空管。

（4）拆下真空助力器安装支架的固定螺栓。

（5）将真空助力器和制动总泵一起从车上卸下。

（6）拆下制动总泵与真空助力器的两只紧固螺母，使总泵与真空助力器分离。制动总泵如图 3.142 所示，桑塔纳汽车制动总泵不允许分解和修理。

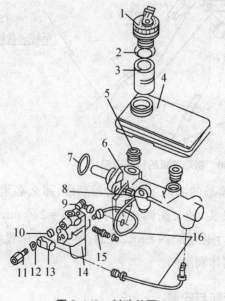

1—储液罐盖；
2、7—O 形密封圈；
3—滤网；
4—储液罐；
5—密封圈；
6—制动总泵；
8—支架；
9—螺栓；
10—密封圈；
11—接头螺栓；
12—密封圈；
13—油管接头；
14—分配阀；
15—放气螺栓；
16—油管

图 3.142　制动总泵

2. 真空助力器的分解

图 3.143 所示为真空助力器的分解图。

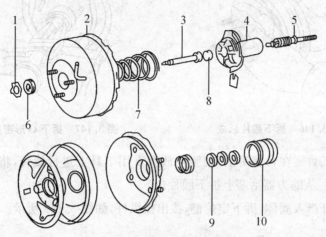

图 3.143 真空助力器的分解图

1—圆环；2—前壳体；3—推杆；4—阀体；5—操作杆；6—前壳体密封圈；
7—膜片弹簧；8—橡胶块；9—滤芯；10—防尘罩

（1）把助力器夹在专用工具中，并在前、后壳体上做上定位记号，将前后壳体相对转动，如图 3.144 所示。

（2）旋转专用工具上面的左、右螺母，并把两根木条插在前壳体边缘和上连接片之间，均匀地向下旋紧 4 个助力器安装螺母，将前、后壳体分开，如图 3.145 所示，然后取出膜片弹簧和推杆。

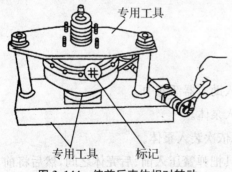

图 3.144 使前后壳体相对转动

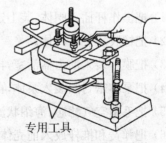

图 3.145 分解前、后壳体

（3）从后体上拆下防尘罩。

（4）从后体上拆下膜片总成，如图 3.146 所示。

（5）从后体上拆下 O 形密封圈，如图 3.147 所示。

图 3.146 拆下膜片总成

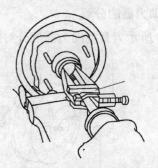
图 3.147 拆下 O 形密封圈

(6) 将专用工具夹在台虎钳上,把膜片放在专用工具上进行旋转,将阀体与活塞分离,如图 3.148 所示。从助力器活塞上拆下膜片。

(7) 把操作杆推入阀体,拆下定位键,拨出操纵杆,如图 3.149 所示。

专用工具
图 3.148 将阀体与活塞分离

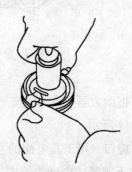
图 3.149 拨出操纵杆

(8) 从阀体上拆下橡胶块。

3. 制动助力器的装复

(1) 把操作杆插入阀体,装上定位键。

(2) 把橡胶块装入阀体。

(3) 把膜片装入助力器活塞,再把阀体插入助力器活塞中。

(4) 把泵体密封圈装入泵体,再把膜片装入泵体。

(5) 把毛毡空气滤芯、海绵状滤芯、防尘罩依次装入泵体。

(6) 把弹簧和推杆放入前壳体,用专用工具把弹簧压入前、后壳体之间,然后将前、后壳体旋转,直至装配标记对准。

(7) 装上真空管和空气管。

4. 真空助力器的检查

(1) 检查真空助力器工作情况。如图 3.150 所示,起动发动机,急速运转 1~2 min 后停机;踩下制动踏板数次,检查踏板是否升高;踩下踏板后,起动发动机,检查踏板是否下沉。若真空助力器工作不良,应检查真空管路或更换真空助力器。

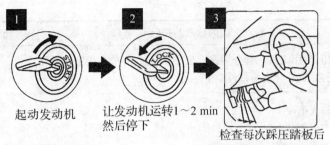

图 3.150 真空助力器工作情况检查

(2) 检查真空助力器和真空情况。如图 3.151 所示,起动发动机,制动踏板踩下并保持 30 s 后停止发动机,检查踏板高度是否不变。如果踏板高度变化,说明真空助力器有真空泄漏。

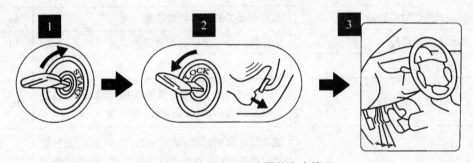

图 3.151 检查真空助力器的真空情况

任务实施

为解决情景导入中要求掌握的制动失效故障的维修问题,可按下述方式组织实施任务。

任务名称	制动失效的诊断与排除	课时	4
任务要求	1. 熟悉汽车制动失效的故障现象与原因 2. 学会对汽车制动失效进行检修		
设备器材	1. 每小组放置三部底盘技术状况良好的汽车 2. 常用、专用工具三套 3. 专职试车员一名 4. 故障诊断流程图展板一块		

续表

任务名称	制动失效的诊断与排除	课时	4
操作准备	1. 将常用、专用工具三套分别放于三个工作台,并放在指定的位置 2. 将"任务工单"分发给每位学生		
注意事项	1. 安全防火第一 2. 学生不得驾驶车辆 3. 场地道路不小于 50 m×100m		
实施过程	1. 将一个轮缸的放气螺栓松开 2. 实现制动失效 3. 监督学生是否按要求完成任务,并指导学生进行正确的操作		

评价考核

	评价与考核项目	评价与考核标准	配分	得分
知识点	制动系统的组成和工作原理	了解汽车制动系统的组成和工作原理	10	
	制动失效故障的原因及诊断思路	分析汽车制动失效故障的原因及诊断思路	10	
	制动失效故障的诊断方法	介绍转向制动失效的诊断方法步骤	10	
技能点	制动失效的故障诊断	会对制动失效进行故障诊断	20	
	制动失效的排除	会排除制动失效中各类故障点	20	
情感点	纪律与劳动	不迟到早退,实训主动、积极、认真	10	
	职业道德与敬业精神	具备良好的道德准则、道德情操与道德品质;能认真对待实训、明确职责、勤奋努力	10	
	团结协作与创新精神	能与同学和谐相处、互补互助、协调合作,充分发挥自己的个性,圆满完成实训任务;能够综合运用自己的知识、信息、技能和方法,对遇到的问题能提出新方法、新观点	10	
	合计		100	

任务工单

任务名称:制动失效的诊断与排除　　　　　　　　　　任务成绩:_____

学生姓名:_____　　　　班　　级:_____　　　学　　号:_____

实训时间:_____　　　　实训地点:_____　　　组　　号:_____

●任务资讯

一、填空题

1. 汽车制动系统一般包括_____和_____。_____在汽车行驶过程中使用,使行驶中的汽车减速或停车;_____在汽车停车后使用,防止汽车溜车。
2. 液压制动系统主要由_____、_____、_____、_____及液压管路组成。
3. 液压制动系统的常见故障是_____、_____、_____及制动跑偏等。
4. 制动失效故障现象是汽车行驶过程中,迅速将制动踏板踩到底,_____;连续多次踩下制动踏板,_____。
5. 当右前车轮制动迟缓或制动力小于左前车轮时,汽车将出现向_____制动跑偏。

二、选择题

1. 液压制动系统中如果有(　　)就会产生制动不灵。
   A. 水　　　　　　B. 杂质　　　　　　C. 空气　　　　　　D. 沉积物
2. 用(　　)力矩拧松车轮螺栓螺母,取下车轮。
   A. 75 N·m　　　　B. 100 N·m　　　　C. 125 N·m　　　　D. 150 N·m
3. 驻车制动由钢丝拉索驱动,作用于(　　)。
   A. 后轮　　　　　B. 前轮　　　　　　C. 变速器输出轴　　D. 传动轴
4. 检查制动踏板自由行程时,用手轻轻压下踏板,直到手感明显变重时,测出这段行程量,其值应不大于(　　)。
   A. 30 mm　　　　B. 35 mm　　　　　C. 40 mm　　　　　D. 45 mm
5. 踩下制动踏板检查放气螺钉出油情况时,(　　)操作错误。
   A. 有气泡时,进行放气
   B. 出油无力或不出油,更换主缸
   C. 出油急促有力,更换制动轮缸密封圈
   D. 以上全部错误

三、判断题

1. 制动盘轴向圆跳动量过大,可能会造成制动时踏板跳动。（　　）
2. 液压制动系统中,左右车轮制动器的制动轮缸可以互换,因为它们结构完全一样。（　　）
3. 有的车同一车轴上左、右侧制动器通风式制动盘是不可以互换的,其上有左右侧的标记。（　　）
4. 在某些情况下,通过在润滑脂存储器和消声衬片的卡爪上涂上润滑脂,使制动卡钳和衬块之间的接触发生改变,能减少尖叫声。（　　）
5. 如果制动盘厚度未低于最小值,进行加工后可继续使用。（　　）

四、简答题

1. 分析液压制动系统的组成、功用以及工作原理。
2. 简述制动失效的故障诊断流程。

● **计划决策**

请根据任务要求,确定所需要的设备器材,并对小组成员进行合理分工,制订制动失效故障的诊断与排除计划。

　1. 需要的设备器材

　　_____
　　_____
　　_____

　2. 小组成员分工

　　_____
　　_____
　　_____
　　_____

　3. 实施计划

　　_____
　　_____
　　_____
　　_____

● **任务实施**

分组检测制动失效的故障,并正确填写附表3.4。

附表3.4　制动失效的诊断与排除工作状况参数记录表

检测项目	测量结果	故障判断
储液罐液面高度		
制动管路状况		
制动踏板与制动主缸连接情况		
放气螺钉出油情况		

● **检查评价**

以小组为单位对完成任务情况进行评价(包括自我评价、小组评价、教师评价)。

　1. 是否完成了所有实训项目?

　　自我评价:_____
　　_____

　　小组评价:_____
　　_____

教师评价：_____
_____

2. 检测计划制订得是否合理？检测操作是否正确？
   自我评价：_____
   _____

   小组评价：_____
   _____

   教师评价：_____
   _____

3. 附表填写是否详细、准确？
   自我评价：_____
   _____

   小组评价：_____
   _____

   教师评价：_____
   _____

任务 3.5　ABS 防抱死故障警告灯亮的诊断与排除

情景导入

2013 年 12 月 4 日，车主李先生来到某 4S 店反映，他的车 ABS 防抱死故障警告灯亮。经问询并检查，该汽车才开了 2 000 km，最近几天发现 ABS 防抱死故障警告灯亮，初步判断为制动防抱死系统故障。作为维修人员，接到此类 ABS 检修任务，要求熟悉汽车制动防抱死系统工作原理及工作过程并能够维修，然后制订维修计划，得到经理确认后，完成此任务，提交一份分析报告并存档。

理论引导

汽车防抱制动死系统(Antr-lock Breaking System)，是提高汽车制动安全性的一个重要装置。防抱死制动系统是利用阀体内的一个橡胶气囊，在踩下制动踏板时，给予制动液压力，充斥到 ABS 的阀体中，此时气囊利用中间的空气隔层将压力返回，使车轮避过锁死点。ABS 能避免在紧急制动时方向失控及车轮侧滑，使车轮在制动时不被锁死，不让轮胎在一个点上与地面摩擦,从而加大摩擦力。装有 ABS 的车辆在干柏油路以及雨天和雪天等路面的防滑性能分别达到 80%～90% 以及 10%～30% 和 15%～20%。

ABS 常见故障包括:车轮容易锁住,制动警告灯亮,制动不良或 ABS 控制操作反常等。其常见故障原因与现象如表 3.8 所示。

表 3.8 ABS 常见故障原因及现象

序号	故障原因	故障现象
1	ECU 电源电路故障;电池电压低于 12 V;制动警告灯开关或线路故障;车速传感器和电磁控制阀导线束搭铁;电磁控制阀故障	装有 ABS 的汽车在紧急制动时,车轮容易锁住
2	制动液低于规定范围最低刻度;电磁控制阀故障;ECU 电源电路故障;ECU 故障;传感器失效;驻车制动器开关、制动液量开关、制动警告灯线路故障	放开驻车制动器或行驶中制动警告指示灯亮
3	车轮轮胎规格不对,胎压不正常;蓄电池电压过低;车速传感器故障;制动管路或接头有泄漏;制动警告灯开关或开关线路故障	装有 ABS 的汽车制动系统出现制动性能不良,或 ABS 控制操作出现异常情况,不能正常完成车轮防抱死的功能

ABS 故障警告灯诊断表如表 3.9 所示。

表 3.9 ABS 故障警告灯诊断表

序号	警告灯	故障原因	故障现象
1	ABS 防抱死故障警告灯亮	车轮转速传感器、ECU 工作不良	ABS 不起作用
2	ABS 防抱死故障警告灯不亮	制动开关失效或调整不当;制动开关线断路或脱落;制动鼓失圆;ECU 工作不良;车轮转速传感器信号不良	踩制动踏板时,制动踏板振动强烈
3	ABS 防抱死故障警告灯偶尔或间歇性亮	ECU 插座松动;车轮转速传感器电线受干扰;车轮转速传感器工作不良;车轮轴承松旷;油管有空气;制动轮缸动作不良	ABS 作用正常,只要点火开关关闭再打开,ABS 故障警告灯机会熄灭
4	制动装置警告灯亮	制动没松开;驻车制动调整不当;制动油管或轮缸漏油;制动装置警告灯搭铁	制动液缺乏或制动拖滞
5	ABS 防抱死故障警告灯和制动装置警告灯亮	两个以上车轮转速传感器故障;ECU 故障	ABS 不起作用

1. 故障现象

在正常情况下,点火开关打开,ABS 防抱死故障警告灯(黄色)和制动警告灯(红色)应闪亮约 2 s,发动机起动,驻车制动杆在释放的位置时,两个警告灯都应该熄灭。如果红色警告灯常亮,说明制动液不足,此时普通制动系统和 ABS 都不能正常工作,如果只是黄色警告灯常亮,说明只是 ABS 不能正常工作。

2. 故障原因

(1) 制动液低于规定范围最低刻度。

(2) 电磁控制阀故障。

(3) ECU 电源电路故障。

(4) ECU 故障。

(5) 传感器失效。

(6) 驻车制动器开关、制动液量开关、制动警告灯线路故障。

3. 故障诊断与排除

(1) 检查制动液是否低于规定范围最低刻度,驻车制动器开关、制动液量开关、制动警告灯线路是否故障,如果低于规定范围可加制动液,如果是线路故障,则给予修理。

(2) 检查传感器安装是否正确。

(3) 检查传感器输出电压是否正常,各个传感器齿圈是否正常。若电压不正常,检查各个传感器,若传感器不正常,齿圈不正常,则予以更换或修理。

(4) 检查车轮轴承间隙是否正常,给予修理或者更换车轮轴承。

(5) 检查 ECU 插座及中间插接器是否损坏,给予修理或者更换 ECU 插接器或中间插接器。

(6) 检查 ABS 线束各接线柱的电阻值是否符合标准值,若不符合则更换 ECU。

(7) 用 V. A. G1552 作液压控制单元诊断,有故障,则更换 ECU。

ABS 防抱死故障警告灯亮的故障诊断流程,如图 3.152 所示。

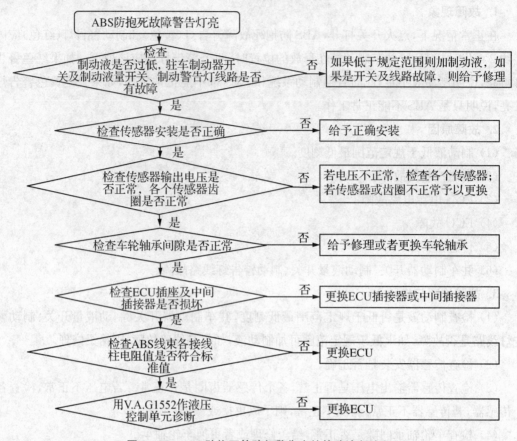

图 3.152 ABS 防抱死故障灯警告亮的故障诊断流程

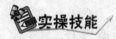

桑塔纳 2000GSi 型轿车 ABS 故障诊断与排除

一、桑塔纳 2000GSi 型轿车 ABS 系统的检修

1. 检修注意事项

(1) ABS 与普通制动系统是不可分的,普通制动系统一出现问题,ABS 就不能正常工作。因此,要将二者视为整体进行维修,不能只把注意力集中于传感器、电控单元和液压调节器上。

(2) ABS 电控单元对过电压、静电非常敏感,如有不慎就会损坏电控单元中的芯片,造成整个 ABS 瘫痪。因此,点火开关接通时不要插或拔电控单元上的连接器;在车上进行电焊之前,要戴好防静电器(也可用导线一头缠在手腕上,一头缠在车体上),拔下电控单元上的连接器后再进行电焊;给蓄电池进行专门充电时,要将电池从车上拆卸下来或摘下蓄电池电缆后再进行充电。

(3) 维修车轮速度传感器时一定要十分小心。卸时注意不要碰伤传感器头部,不要用传感器齿圈当做撬面,以免损坏。安装时应先涂覆防锈油,安装过程中不可敲击或用蛮力。一般情况下,传感器气隙是可调的(也有不可调的),调整时应使用非磁性塞尺,如塑料或铜塞尺,当然也可使用纸片。

(4) 维修 ABS 液压控制装置时,切记要首先进行泄压,然后再按规定进行修理。例如制动主缸和液压调节器设计在一起的整体 ABS,其蓄压器存储了高达 18 MPa 的压力,修理前要彻底泄去,以免高压油喷出伤人。

(5) 制动液要至少每隔两年更换一次,最好是每年更换一次。这是因为 DOT3 乙二醇型制动液的吸湿性很强,含水分的制动液不仅使制动系统内部产生腐蚀,而且会使制动效果明显下降,影响 ABS 的正常工作。注意不要使用 DOT5 硅酮型制动液,更换和存储的制动液以及器皿要清洁,不要让污物、灰尘进入液压控制装置,制动液不要沾到 ABS 电控单元和导线上。最后要按规定的方式进行放气(与普通制动系统的放气有所不同)。

2. ABS 的诊断与检查

1) 初步检查

初步检查是在 ABS 出现明显故障而不能正常工作时首先采取的检查方法,例如 ABS 防抱死故障警告灯亮着不熄,系统不能工作。ABS 初步检查方法如下。

(1) 检查驻车制动是否完全释放。

(2) 检查制动液液面是否在规定的范围之内。

(3) 检查 ABS 电控单元导线插头、插座的连接是否良好,连接器及导线是否损坏。

(4) 检查下列导线连接器(插头与插座)和导线的连接或接触是否良好。

① 液压调节器上的电磁阀体连接器。

② 液压调节器上的主控制阀连接器。

③ 连接压力警告开关和压力控制开关的连接器。

④ 制动液液面指示开关连接器。

⑤ 四轮车速传感器的连接器。

⑥ 电动泵连接器。

(5) 检查所有的继电器、保险丝是否完好,插接是否牢固。

(6) 检查蓄电池容量(测量电解液比重)和电压是否在规定的范围内;检查蓄电池正、负极导线的连接是否牢靠,连接处是否清洁。

(7) 检查 ABS 电控单元、液压控制装置等的接地(搭铁)端的接触是否良好。

(8) 检查车轮胎面纹槽的深度是否符合规定。如果用上述方法不能确定故障位置,就可转入使用故障自诊断。

2) ABS 故障征兆测试方法

在 ABS 故障检测与诊断中,若是单纯的元件不良,可运用电路检测方式诊断。如果属于间歇性故障或是相关的机械性问题,则需要进行模拟测试以及动态测试。

(1) 模拟测试的方法。

① 将汽车顶起,使 4 个车轮均悬空。

② 起动发动机。

③ 将换挡操纵手柄拨到前进位(D 位),观察仪表板上的 ABS 防抱死故障警告灯是否点亮。若 ABS 防抱死故障警告灯亮,表示后轮差速器的车速传感器不良。

④ 如果 ABS 防抱死故障警告灯不亮,则转动左前轮。此时 ABS 防抱死故障警告灯若亮,则表示左前轮车速传感器正常;反之,ABS 防抱死故障警告灯若不亮,即表示左前轮车速传感器不良。

右前轮车速传感器测试方法与左前轮车速传感器测试方法相同。

模拟测试是根据 ABS ECU 中逻辑电路的车速信号差以及警示电路特性,便于检测车速传感器的故障而设置的。

(2) 动态测试的方法。

① 使汽车在道路上行驶至少 12 km 以上。

② 测试车辆转弯(左转或右转)时,ABS 防抱死故障警告灯是否会亮。若某一方向 ABS 防抱死故障警告灯会亮,则表示该方向的轮胎气压不足,也可能是轴承不良、转向拉杆球头磨损、减振器不良或车速传感器脉冲齿轮不良。

③ 将汽车驶回,在 ABS ECU 侧的"ABS 电源"和"电磁阀继电器端子"间接上测试线和万用表(置于电压档)。

④ 再进行道路行驶,在制动时注意观察"ABS 电源"端和搭铁间的电压,应在 11.7～13.5 V 之间;而电磁阀继电器端子与搭铁间的电压,应在 10.8 V 以上。前者主要是观察蓄电池电源供应情况,后者主要是观察电磁阀继电器的接点好坏。

二、桑塔纳 2000GSi 型轿车 ABS 部件的检修

ABS 能够防止车轮抱死,具有制动时方向稳定性好、制动时仍有转向能力、缩短制动距离等优点。桑塔纳 2000GSi 型轿车采用的是美国 ITT 公司 MK20-Ⅰ型 ABS,是三通道的 ABS 调节回路,前轮单独调节,后轮则以两轮中地面附着系数低的一侧为依据统一调节。ABS 主要由 ABS 控制器(包括电子控制单元、液压单元、液压泵等)、4 个车轮转速传感器、ABS 防抱死故障警告灯、制动警告灯等组成,如图 3.153 所示。

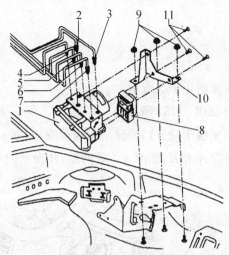

1—ABS控制器；
2—制动主缸和真空助力器；
3—自诊断插头；
4—ABS防抱死故障警告灯(K47)；
5—制动警告灯(K118)；
6—后轮转速传感器(G44/G46)；
7—制动灯开关(F)；
8—前轮转速传感器(G45/G47)

图 3.153 ABS 组件在车上的安装位置

1. ABS 控制器的拆卸与安装

ABS 控制器及其附件的分解图如图 3.154 所示。

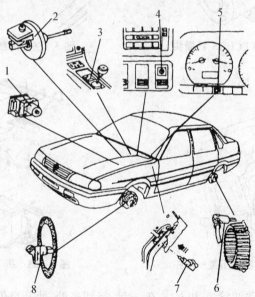

图 3.154 ABS 控制器及其附件分解图

1—ABS 控制器；2—制动主缸后活塞与液压控制单元的制动管接头(拧紧力矩 15 N·m)；
3—制动主缸前活塞与液压控制单元的制动管接头(拧紧力矩 15 N·m)；
4—液压控制单元与右前制动轮缸的制动管接头(拧紧力矩 15 N·m)；
5—液压控制单元与左前制动轮缸的制动管接头(拧紧力矩 15 N·m)；
6—液压控制单元与右后制动轮缸制动管接头(拧紧力矩 15 N·m)；
7—液压控制单元与左前制动轮缸的制动管接头(拧紧力矩 15 N·m)；
8—ABS 控制器线束插头(25 针插头)；
9—ABS 控制器支架紧固螺栓(拧紧力矩 20 N·m)；10—ABS 控制器支架；
11—ABS 控制器安装螺栓(拧紧力矩 10 N·m)

1) 拆卸

（1）关闭点火开关，拆下蓄电池。

（2）拆下蓄电池支架。

（3）从 ABS ECU 上拔下 25 针插头，如图 3.155 所示。

（4）踩下制动踏板，并用踏板架定位，如图 3.156 所示。

（5）在 ABS 控制器下垫一块抹布，用来吸干从开口处流出的制动液，如图 3.157 所示。

（6）拆下制动主缸到 HCU 的制动油管 A 和 B，如图 3.158 所示，并做上记号，立即用密封塞将开口塞住。

图 3.155　拔下 ABS ECU 25 针插头

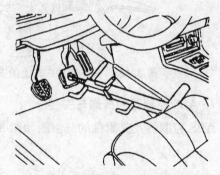

图 3.156　用踏板架固定制动踏板

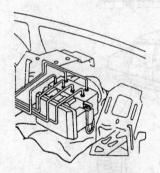

图 3.157　在 ABS 控制器下垫一块布

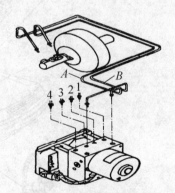

图 3.158　拆下制动油管 A 和 B

（7）用软铅丝把制动油管 A 和 B 扎在一起，挂到高处，使开口处高于制动储液罐的油平面。

（8）拆下 HCU 通到各轮的制动油管，并做上记号，立即用密封塞将开口塞住，如图 3.159 所示。在操作过程中必须特别小心，不能使制动液渗入到 ABS ECU 壳体中去。如果制动液渗漏到 ABS ECU 中，会腐蚀触点，损坏系统。如果壳体脏污，可用压缩空气吹净。

（9）把 ABS 控制器从支架上拆下来，如图 3.160 所示。

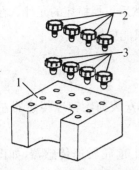 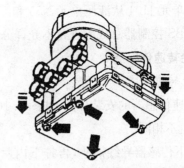

图 3.159 制动油管密封塞　　图 3.160 拆下 ABS ECU 与液压控制单元的连接螺栓

1—专用支架；2、3—阀体开口孔的密封塞

2) 分解

(1) 压下接头侧的锁止扣，拔下 ABS ECU 上液压泵(V64)电线插头。

(2) 用专用套筒扳手拆下 ABS ECU 与 HCU 的 4 个连接螺栓。

(3) 将 HCU 与 ABS ECU 分离。注意：拆下 HCU 时要直拉，别碰坏阀体。

(4) 在 ABS ECU 的电磁阀上盖一块不起毛的布。

(5) HCU 和液压泵安放在专用支架上，以免在搬运时碰坏阀体。

3) 装配

(1) 装配场地必须清洁，不允许有灰尘及赃物。

(2) 把 ABS HCU 和 ECU 装成一体，用专用套筒扳手拧紧新的螺栓，拧紧力矩不得超过 4 N·m。

(3) 插上液压泵电线插头，注意锁扣必须到位。

4) 安装

ABS HCU 开口处的密封塞，只有在制动管路要装上去的时候才能拆下，以免异物进入制动系统。

(1) 将 ABS 控制器装到架上，以 10 N·m 的力矩拧紧固定螺栓。

(2) 拆下液压口处的密封塞，装上各轮制动油管，检查油管位置是否正确，以 20 N·m 的力矩拧紧油管接头。

(3) 装上连接主缸的制动油管 A 和 B，以 20 N·m 的力矩拧紧管接头。

(4) 插上 ABS ECU 线束插头。

(5) 对 ABS 充液和放气。

(6) 如果 ABS ECU 更换新的，必须对 ECU 重新编码。

(7) 打开点火开关，ABS 防抱死故障警告灯亮 2 s 后再熄灭。

(8) 使用 V.A.G1552，先清除故障存储，再查询故障码。

(9) 试车检测 ABS 功能，须感到制动踏板反弹。

5) ABS 控制器的检修

把控制单元 J104 从液压单元 N55 和液压泵中拆下来,然后更换损坏的元件。在初始阶段提供的 ABS 控制器总成配件是不允许分解拆卸的,因此只能更换总成。

2. 车轮转速传感器

1) 前轮转速传感器的拆装

前轮转速传感器的安装位置,如图 3.161 所示。拆卸和安装前轮转速传感器左右不能互换,零件也不相同。

(1) 拔下传感器导线插头,再拧下内六角紧固螺栓,拆下前轮转速传感器,如图 3.162 所示。

(2) 安装前轮转速传感器之前,先清洁传感器的安装孔内表面,并涂上固体润滑膏,然后装入传感器,以 10 N·m 的力矩拧紧内六角紧固螺栓,最后插上导线插头。

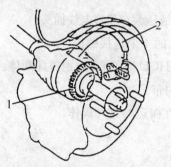
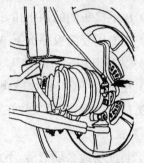

图 3.161　前轮转速传感器(G45/G47)安装位置　　图 3.162　拆卸前轮转速传感器
1—齿圈;2—前轮转速传感器

2) 前轮齿圈的检查

(1) 前轮轴承损坏或轴承轴向间隙过大时,会影响前轮转速传感器的间隙。举升起前轮,使之离地,用双手转动前轮感觉前轮摆动是否异常。若轴承轴向间隙过大,则要检查齿圈轴向摆差,如图 3.163 所示。轴向摆差应不大于 0.3 mm。

(2) 若前轮轴承损坏或轴向间隙过大,则应更换轴承。

(3) 若出现齿圈轴向摆差过大而引起传感器与齿圈擦碰,造成齿圈变形或齿数残缺不全,则应更换前轮齿圈。

(4) 若前轮齿圈完好无损,但被泥汀或脏物堵塞,应清除齿圈空隙中的脏物。

3) 检查前轮转速传感器输出电压的检查

(1) 检查前轮转速传感器与齿圈之间的间隙是否符合规定,标准值为 1.10~1.97 mm。

(2) 顶起前轮,松开驻车制动。

(3) 拆下 ABS 电线束,在线束插接器处测量。

(4) 以 30 r/min 的转速转动前轮,用万用表或示波器测量输出电压。左前轮接线柱为 4 和 11,右前轮接线柱为 3 和 18。用万用表测量时,前轮转速传感器输出电压应为 70~310 mV;用示波器测量时,输出电压应为 3.4~14.8 mV。

(5) 若输出电压不符合规定时,检查传感器是否有故障;检查传感器电阻值(应为 1.0～1.3 kΩ);在齿圈上取四点检查齿圈与车轮转速传感器之间的间隙是否过大;检查电线束安装是否有误差。

4) 后轮转速传感器的拆装

后轮转速传感器安装位置,如图 3.164 所示。

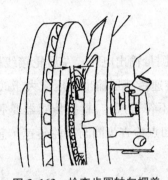
图 3.163 检查齿圈轴向摆差
1—齿圈;2—后轮转速传感器

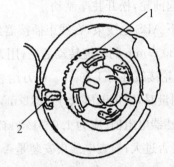
图 3.164 后轮转速传感器(G44/G46)安装位置

(1) 先翻起汽车后座垫,拔下后轮转速传感器的连接插头,如图 3.165 所示。

(2) 拧下传感器的内六角紧固螺栓,如图 3.166 所示,然后拆下后轮转速传感器。

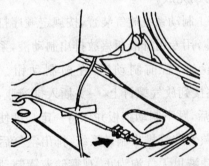
图 3.165 拔下后轮转速传感器连接插头

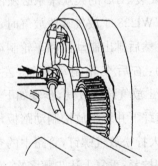
图 3.166 拧下传感器紧固螺栓

(3) 按图 3.167 箭头所示方向取下后梁上的转速传感器导线保护罩,拉出导线和导线插头。

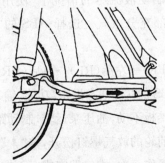
图 3.167 取下转速传感器导线保护罩

(4) 后轮转速传感器的安装与拆卸顺序相反,但应注意安装后轮转速传感器之前,先清洁传感器的安装孔内表面,并涂上固体润滑膏,然后装入传感器,以 10 N·m 的力矩拧紧内六角紧固螺栓。

拆卸和安装后轮转速传感器左右能互换,零件号也相同。

① 检查后轮转速传感器与齿圈之间的间隙是否符合规定,标准值为 0.42～0.80 mm。

② 顶起前轮,松开驻车制动。

③ 拆下 ABS 电线束,在线束插接器处测量。

④ 以 30 r/min 的转速转动后轮,用万用表或示波器测量输出电压。左后轮接线柱为 2 和 10,右后轮接线柱为 1 和 17。用万用表测量时,后轮转速传感器输出电压应大于60 mV;用示波器测量时,输出电压大于 12.2 mV。若输出电压不符合规定,检查传感器是否有故障;检查传感器电阻值(应为 1.0～1.3 kΩ);在齿圈上取四点检查齿圈与车轮转速传感器之间的间隙是否过大;检查电线束安装是否有误差。

三、ABS 排气

汽车制动性能的好坏直接影响汽车的行驶安全,制动系统管路中如果存有空气,制动的效果将大大降低,传统的制动系统主要靠人工放气,即一人踩制动踏板,另外一人拧放气螺钉,对于安装 ABS 的大众车系必须依靠解码器来协助完成。

用 VWl238/1 放气装置放气时,接通 VWl238/1 制动系统放气装置,按规定顺序打开放气螺栓。然后排出制动钳和车轮制动轮缸中的气体,用专用排液瓶盛放排出制动液,系统放气顺序为:右后车轮制动轮缸,左后车轮制动轮缸,右前制动钳,左前制动钳。不用 VWl238/1 放气装置放气,步骤如下:将一根软管端接到放气螺钉上,一头插入排液瓶,一人用力迅速踩下并缓慢放松制动踏板,如此反复数次后,踩下制动踏板并保持一定高度使之不动;另一人拧松放气螺钉,管路中的空气随制动液顺着胶管排出制动系统,排出空气后再将放气螺钉拧紧;重复上述步骤多次,直至容器中制动液里无气泡为止,观察储液罐制动液的高度,必要时添加制动液。

1. X431 放气程序

在更换 ABS 计算机、油泵,制动液流尽的情况下,使用 X431 对 ABS 进行"04-基本设定"功能操作,以确保调压器内部充分放气。选择 ABS 的"04-基本设定"功能,完成以下步骤。

(1) 先按左前(FL)→右前(FR)→左后(RL)→右后(RR)进行常规放气。

(2) 点火开关打开,选择 ABS 的"04-基本设定"功能,输入"001"组按 OK 键。

(3) 按屏幕指示:踩下制动踏板不动,油压泵运转,制动踏板上抬。

(4) 松开制动踏板,将左右前轮的放气螺钉松开,按"↑"键。

(5) 再重复(3)、(4)、(5)步操作 7 次,排气即完成。再按(1)进行常规放气。

2. V. A. G1552 放气程序

1) 湿式 HCU

当备件为湿式 HCU 时,更换 HCU 后只需按常规制动系统进行加液与排气即可。

2) 干式 HCU

当备件为干式 HCU 时,更换 HCU 后,除要按常规制动系统进行加液与排气外,还需对 HCU 的第二回路进行排气,用 V. A. G1552 进行操作,步骤如下。

(1) 按常规制动系统进行加液和排气,直至透明胶管中无气泡出现。

(2) 将 V. A. G1552 与诊断插座连接。

(3) 在地址处输入 03,按 Q 键。

(4) 在功能选择处输入 04,按 Q 键。

(5) 在组号输入处输入 01,按 Q 键。

(6) 踩下制动踏板并保持,液压泵工作,踏板回弹。

(7) 松开制动踏板,将左右前制动钳放气螺钉松开,按"↑"键。

(8) 踩制动踏板 10 次,将左右前制动钳放气螺钉拧紧,按"↑"键。

(9) 上述(6)、(7)、(8)步再重复进行 7 次。

任务实施

为解决情景导入中要求掌握的 ABS 防抱死故障警告灯亮的诊断与排除问题,可按下述方式组织实施任务。

任务名称	ABS 防抱死故障警告灯亮的诊断与排除	课时	4
任务	1. 熟悉汽车 ABS 防抱死故障警告灯亮的故障现象与原因 2. 学会对汽车 ABS 防抱死故障警告灯亮进行检修		
设备器材	1. 每小组放置三部底盘技术状况良好的汽车 2. 常用、专用工具三套 3. 专职试车员一名 4. 故障诊断流程图展板一块		
操作准备	1. 将常用、专用工具三套分别放于三个工作台,并放在指定的位置 2. 将"任务工单"分发给每位学生		
注意事项	1. 安全防火第一 2. 学生不得驾驶车辆 3. 场地道路不小于 50 m×100 m		

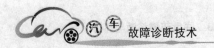

续表

任务名称	ABS 防抱死故障警告灯亮的诊断与排除		课时	4
实施过程	设计方案一： 1. 在 ABS 制动试验台上，利用故障设置开关，将一车轮缸的传感器至 ECU 的线路断开，设置这个故障点 2. 分析汽车 ABS 防抱死故障警告灯亮的故障诊断方法 3. 监督学生是否按要求完成任务，并指导学生进行正确的操作 设计方案二： 1. 在 ABS 制动试验台上，通过调整传感器气隙，使传感器信号超差，导致 ABS 工作不良 2. 分析汽车 ABS 防抱死故障警告灯亮的故障诊断方法 3. 监督学生是否按要求完成任务，并指导学生进行正确的操作 设计方案三： 1. 在 ABS 制动试验台上，利用故障设置开关，将改变控制单元编码，使 ABS 不起作用 2. 分析汽车 ABS 防抱死故障警告灯亮的故障诊断方法 3. 监督学生是否按要求完成任务，并指导学生进行正确的操作			

评价考核

	评价与考核项目	评价与考核标准	配分	得分
知识点	ABS 的基本结构	了解 ABS 的基本结构	10	
	ABS 防抱死故障警告灯亮故障现象及危害	熟悉 ABS 防抱死故障警告灯亮故障现象及危害	10	
	ABS 防抱死故障警告灯亮故障的原因	分析 ABS 防抱死故障警告灯亮的原因	10	
	ABS 防抱死故障警告灯亮故障的诊断方法	介绍 ABS 防抱死故障警告灯亮故障的诊断方法	10	
技能点	ABS 防抱死故障警告灯亮的故障诊断	会对 ABS 防抱死故障警告灯亮进行故障诊断	20	
	ABS 防抱死故障警告灯亮的排除	会排除 ABS 防抱死故障警告灯亮各类故障点	20	
情感点	纪律与劳动	不迟到早退，实训主动、积极、认真	20	
	职业道德与敬业精神	具备良好的道德准则、道德情操与道德品质；能认真对待实训、明确职责、勤奋努力		
	团结协作与创新精神	能与同学和谐相处、互补互助、协调合作，充分发挥自己的个性，圆满完成实训任务；能够综合运用自己的知识、信息、技能和方法，对遇到的问题能提出新方法、新观点		
合计			100	

学习项目 3　底盘故障诊断与排除

任务工单

任务名称：ABS 防抱死故障警告灯亮的诊断与排除　　　　**任务成绩**：_____

学生姓名：_____　　班　　级：_____　　学　　号：_____

实训时间：_____　　实训地点：_____　　组　　号：_____

● 任务资讯

一、填空题

1. 循环式制动压力调节器在汽车制动过程中，ECU 控制流经制动压力调节器电磁线圈的电流大小，使 ABS 处于 _____、_____、_____ 减压三种状态。

2. 电控 ABS 主要由 _____、_____、_____ 组成。

3. ABS 防抱死故障警告灯亮，常见故障原因主要包括：_____、_____、_____、_____ 及线路故障等。

4. 车速传感器主要由 _____ 和 _____ 组成。

5. 根据用于不同制动系统的 ABS，制动压力调节器主要有 _____、_____ 和 _____。

二、选择题

1. 汽车后轮上的车速传感器一般固定在后车轴支架上，转子安装于(　　)。

   A. 车架　　　　　　B. 轮毂　　　　　　C. 驱动轴　　　　　　D. 车轮转向架

2. 为保证传感器无错误信号输出，安装车速传感器时应保证其传感器头与齿圈间留有一定的气隙，约为(　　)。

   A. 5 mm　　　　　　　　　　　　　　B. 1 mm

   C. 0.01 mm　　　　　　　　　　　　D. 0.01 μm

3. 为了避免灰尘与飞溅的水、泥等对传感器工作的影响，车速传感器在安装前需加注(　　)。

   A. 机油　　　　　　　　　　　　　　B. 工作液

   C. 润滑脂　　　　　　　　　　　　　D. ATF 油

4. 下列叙述不正确的是(　　)。

   A. 制动时，转动转向盘，会感到转向盘有轻微的振动

   B. 制动时，制动踏板会有轻微下沉

   C. 制动时，ABS 继电器不断地动作，这也是 ABS 正常起作用的正常现象

   D. 装有 ABS 的汽车，在制动后期，不会出现车轮抱死现象

5. 循环式制动压力调节器在保压过程中，电磁阀处于"保压"位置，此时电磁线圈的通入电流为(　　)。

   A. 0　　　　　　　　　　　　　　　B. 较小电流

   C. 最大电流　　　　　　　　　　　　D. 均不正确

三、判断题

1. 本田车系 ABS 采用四传感器/四轮独立控制方式。（   ）
2. 车轮抱死时将导致制动时汽车稳定性变差。（   ）
3. 装有制动真空助力器的制动系统,在进行排气操作前,首先要把制动助力控制装置接通,使制动系统处于助力状态。（   ）
4. 制动压力调节器的功用是接受 ECU 的指令,通过电磁阀的动作来实现车轮制动器制动压力的自动调节。（   ）
5. 汽车前轮上的传感器一般固定在车轮转向架上,转子安装在车轮轮毂上、与车轮同步转动。（   ）

四、简答题

1. 分析 ABS 的组成、功用以及工作原理。
2. 简述 ABS 防抱死故障警告灯亮的故障诊断流程。

● 计划决策

请根据任务要求,确定所需要的设备器材,并对小组成员进行合理分工,制订 ABS 防抱死故障警告灯亮故障的诊断与排除计划。

1. 需要的设备器材

_____
_____

2. 小组成员分工

_____
_____
_____

3. 实施计划

_____
_____
_____
_____

● 任务实施

分组检测 ABS 防抱死故障警告灯亮的故障,并正确填写附表 3.5。

附表 3.5 ABS 防抱死故障警告灯亮的诊断与排除工作状况参数记录表

检测项目	测量结果	故障判断
制动液规定范围		
电磁控制阀工作状况		
ECU 电源电路		
车速传感器工作状况		
ECU 工作状况		
驻车制动器开关、制动液量开关、制动警告灯线路状况		

● 检查评价

以小组为单位对完成任务情况进行评价（包括自我评价、小组评价、教师评价）。

1. 是否完成了所有实训项目？

　　自我评价：_____

　　小组评价：_____

　　教师评价：_____

2. 检测计划制订得是否合理？检测操作是否正确？

　　自我评价：_____

　　小组评价：_____

　　教师评价：_____

3. 附表填写是否详细、准确？

　　自我评价：_____

　　小组评价：_____

　　教师评价：_____

任务 3.6　行驶跑偏的诊断与排除

情景导入

2014年2月19日,车主焦小姐来到某4S店反映,她的车行驶跑偏。经问询并检查,该汽车才行驶了1 687公里,最近几天发现汽车在平直路面行驶时,用手握住转向盘,汽车能够直线行驶但能够感觉到转向盘有向右侧转动的力矩,松开转向盘后汽车行驶向右侧跑偏。作为维修人员,接到此类行驶跑偏检修任务,要求熟悉汽车行驶系统构造并能够维修,然后制订维修计划,得到经理确认后,完成此任务,提交一份分析报告并存档。

理论引导

汽车的行驶系统主要由车架、车桥、车轮与悬架构成。行驶系统在使用过程中,常见的故障有:车辆行驶跑偏,轮胎异常磨损,悬架发生刚性碰撞或异响,减振器失效等。这些故障严重影响驾驶员正常操作,使其疲劳驾驶,影响行车安全,甚至造成事故。行驶系统常见故障部位及原因分析如表3.10所示。

表3.10　行驶系统常见故障部位及原因分析

序号	故障部位	故障原因	故障现象
1	后桥	轴承因磨损而松旷,或齿轮啮合不当	后桥有异常的响声,车速越快,响声越大,而滑行时,响声则消失或减少
2	后桥	轴承装配过紧;主、被动齿轮啮合间隙过小,缺少润滑油,或润滑油过稀、不符合要求	用手抚摸后桥,有烫手的感觉
3	悬架	减振器失效,弹性元件变形或损坏,悬架杆变形	悬架异响,振动增大
4	车架	轮胎气压不符合规定,车轮的定位参数不等,减振器失效,车架变形。	行驶跑偏
5	轮胎	车轮的定位参数不等,轮胎气压不符合规定,减振器失效,轮胎尺寸、车轮轮毂轴承的磨损或预紧度过小。	轮胎异常磨损
6	减振器	减振器连接销脱落或橡胶衬套磨损破裂,油量不足或混入空气,密封不良,活塞与缸筒磨损过量,配合松旷	减振器失效

1. 故障现象

汽车直线行驶时,转向盘不居中间位置;必须紧握转向盘,预先校正一角度后,汽车才能保持直线行驶,若稍放松转向盘,汽车会自动向一侧跑偏。

2. 故障原因

车辆行驶跑偏主要是两侧车轮受力不等所致。

(1) 两前轮轮胎气压不等、磨损程度不同,导致车轮滚动半径不等,汽车行驶时将自动向车轮滚动半径小的一侧跑偏。

(2) 两前轮轮胎规格、牌号不一致,造成车轮滚动半径不等、滚动阻力不等,汽车向车轮半径小、滚动阻力大的一侧跑偏。

(3) 两前轮轮毂轴承预紧度不等。若一侧车轮轮毂轴承调整过紧,该车轮行驶阻力较大,汽车就会向轮毂轴承过紧的一侧跑偏。

(4) 汽车存在单边制动拖滞现象。制动解除后,存在制动拖滞的车轮行驶阻力很大,汽车会向这一侧跑偏。

(5) 前悬架两侧减振弹簧弹力不等。汽车重心向减振弹簧较软的一侧偏移,车身倾斜,行驶过程中汽车将向该侧跑偏。

(6) 悬架减振器工作性能存在较大差异。汽车将向减振器漏油或失效的一侧跑偏。

(7) 两前轮定位参数不一致,主要有以下三种情况。

① 车轮前束调整不当、前束值与外倾角不相适应,导致两侧车轮滚动阻力不等,汽车行驶时向滚动阻力大的一侧跑偏。

② 主销后倾角、内倾角过小,或两侧转向轮主销后倾角不等,行驶过程中转向车轮的回正力矩减小,汽车向倾角小的一侧跑偏。

③ 一侧车轮的外倾角为负值,或两侧车轮外倾角不等,造成两侧车轮滚动阻力不等,汽车向滚动阻力大的一侧跑偏。

(8) 车辆两侧前后轮轮距不相等,汽车行驶时有转弯的趋势,向轮距较小的一侧跑偏。

(9) 车架、下控制臂变形,连接松动,橡胶衬套损坏等,破坏了零部件之间正确的装配关系,改变了车轮定位,造成两侧车轮行驶阻力不等,汽车向行驶阻力大的一侧跑偏。

3. 故障诊断与排除

(1) 检查两前轮的轮胎气压,不符合要求时按规定气压充气。

(2) 检查两前轮轮胎规格、牌号是否一致,有无异常磨损,视情更换轮胎。

(3) 如果出现汽车行驶跑偏现象,停车后触摸跑偏一侧的制动鼓和轮毂轴承是否过热。若制动鼓过热,说明该侧车轮存在制动拖滞现象。悬空前桥用手转动前轮,若车轮转动不灵活,表明制动盘与制动蹄衬片不能完全分离,产生制动拖滞,按"制动拖滞"故障予以排除。若轮毂轴承过热,说明轴承过紧,应予调整或检修。

(4) 观察汽车有无横向倾斜现象。若两侧高度不同,则较低一侧悬架弹簧损坏或弹力下降,应予更换。

(5)检查减振器的工作性能。用力压下车辆前端一侧,迅速松开,若车身上下振动2~3次后马上静止,表明减振器工作正常,否则应更换减振器。

(6)测量汽车两侧轴距,轴距不相同时,应查明原因予以修复。

(7)进行前轮定位的检测与调整。

(8)检查车架、下控制臂有无变形及连接松动等现象,视情修复或更换。

行驶跑偏的故障诊断流程,如图3.168所示。

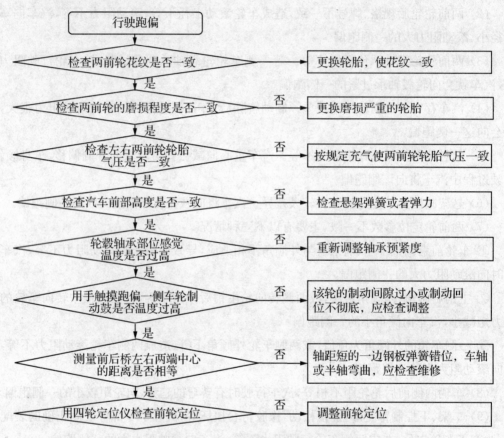

图 3.168 行驶跑偏的故障诊断流程

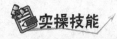

桑塔纳2000GSi型轿车行驶系统故障的检修

一、桑塔纳2000GSi型轿前轮定位的检修

1. 前轮定位的检测

现代轿车普遍都是采用前后独立悬架,为了保持良好的行驶状态,前、后车轮有些参数需要调整,也就是维修行业常指的"四轮定位"。四轮定位主要参数指前轮主销后倾角、前轮外倾角、前轮前束、后轮外倾角、后轮前束等五个参数。四轮定位的目的就是保持车辆四轮直线行驶,保证车辆行驶的安全性。桑塔纳2000GSi型轿车的后轮定位不可以调整,只有前轮定位可以调整。

1)检查准备工作

检查前轮定位前,车辆应先满足以下条件,否则检查结果无效。

(1)汽车停放于水平场地或专用检测台,车轮在直线行驶位置且无负荷。

(2)检查轮胎是否磨损,轮胎气压是否正常,以及轮胎冷时的压力。

(3)车轮平衡,悬架活动自如。

(4)检查车轮轴承是否松动,车轮是否偏摆。

(5)检查悬吊系统是否松动。

(6)检查转向连杆是否松动。

(7)用标准的跳振测试,检查减振器是否正常。

2)最大转向角度

假如车轮角度与厂家规范不符,则检查左右转向横拉杆长度是否相等。

3)车身高度

(1)前轮前束要前大后小,外八字,应在$0°\sim5'$之内。

(2)前轮倾角要下大上小,也是外八字,应在$-30'\sim-50'$之间。

(3)最好找百事霸的机器做定位。

(4)做的时候人得坐车上,另外油箱的油不低于4/5。

检测四轮定位的具体操作顺序如下。

① 对预设的四轮定位进行检查。

② 更换或者修复在前一步已查出的损坏件。

③ 按要求把汽车停放在四轮定位仪检测台架上。通过对汽车前后轮施加三次颠簸使汽车悬架位置正确。

④ 检测和读取后桥推力角。

⑤ 如果后轮定位角是可调的,按照生产厂商提供的技术要求调整后轮前束角,以校正

推力角与汽车中心线一致,并设置后轮外倾角。

⑥ 按如下顺序检测和调整前轮定位角:主销后倾角,前轮外倾角和前轮前束。

⑦ 如果汽车上装备有动力转向系统,在调整前束前,起动发动机并来回转动转向盘1/4到1/2圈。只装有机械转向系统的汽车,不必进行本项目操作。

4) 跑偏的定位参数检测

(1) 前轮主销后倾角左、右不对称,偏差超过0.5°,车辆朝主销后倾角小的一侧跑偏。

(2) 前轮外倾角左、右不对称,偏差超过0.5°,车辆朝外倾角正值最大的一侧跑偏。

(3) 后轮外倾角左、右不对称,偏差超过0.5°,车辆朝后轮外倾角最小的一侧跑偏。

(4) 根据前后轴的退缩角可以观察到车辆轴距的变化,前后退缩角之和超过0.2°就会出现跑偏,偏向朝轴距小的一侧。

2. 前轮定位的调整

当汽车行驶一定的里程后,各部位零件都有所磨损、变形。特别是悬架机构,由于长时间受来自地面和零件之间的摩擦,加上在各种不同的路况下行驶,甚至受来自外力的撞击,很容易对部件造成磨损、变形,从而改变了原厂的设计角度,降低了汽车性能。为了将其恢复到标准角度,必须对其进行四轮定位。维修行业"四轮定位仪"的计算机存储了大量轿车车型四轮定位的资料,检测时四轮定位仪先测量出汽车现时的四轮定位参数,然后计算机自动与相应车型的存储值对比,对汽车四轮定位算出偏差值,按照定位仪的提示进行修正就可以恢复原状了。

完成维修前的检查后,就可以把车辆停放到专业四轮定位台上。目前使用的四轮定位仪器为无线传感器型,比老式拉线式测量和有线传感器式的四轮定位仪在测量精度上有很大提高,操作系统也更加简洁。完整的四轮定位系统包括传感器、发射器、主机、工作台和专业辅助工具。

1) 四轮定位数据的调整

(1) 使用专用工具顶住制动踏板,也可以由工作人员坐在车内持续踩住制动踏板来固定车辆。对于自动挡车型,还应当把换挡手柄放回P挡位置。这时拔出车轮旋转转盘上的固定螺栓,使车轮可以在活动托盘上自由转动。向左、右方向转动转向盘,以便传感器收集主销内倾角、主销后倾角、前束角等数值。

(2) 最终的测量数据会显示在计算机系统中,按照数据的偏差程度就可以对每个轮胎的四轮定位数据作出相应调整。在调整之前需要注意,首先要把转向盘用专用工具固定,这样做的目的是为了在调节四轮定位数据时不改变转向盘的原有角度,车主可能有这样的经验,在做完四轮定位后出现行驶时转向盘不正的情况,就是因为在固定转向盘这个环节出了问题。

(3) 根据测量的数据,对应不同的角度差做出相应调节。经过调节后,四轮定位还没有结束,通过实际路面行驶的试车是验证维修是否有效的关键。通过试车比较维修前后操纵稳定性的变化,因为影响四轮定位的数据偏多,在维修时不能确保故障的一次性修复,有时需要经过反复的试车、调节才能达到最满意的效果。

四轮定位是通过专用四轮定位仪对车辆进行精确测量后,技术人员根据测量数据及综合原厂设计标准,对车辆的各种角度和零部件进行更换、修复、整形、调整,使车辆的技术指标达到原厂要求,从而保证汽车行驶的安全性、舒适性、稳定性和经济性。如果四轮定位之中出现任何一项调整不当,就可能会产生转向困难、行驶稳定性差、方向转向后复位不良、方向偏行、行驶阻力增大、耗油量增加及轮胎的不正常磨损等故障。在各种汽车的四轮定位调整中,由于汽车设计不同,其零件的磨损及工况也不同。在不同的技术条件下,应首先对车辆的结构进行初步了解、检查,然后作出正确的判断。

2) 前轮定位参数的调整

前轮定位的检查和调整顺序是:首先检查和调整主销后倾角和左右轮的差值,然后检查和调整前轮外倾角和左右轮的差值,最后检查和调整前束。

(1) 主销后倾角的调整:若主销后倾角不符合要求,可通过转动支承杆(斜推杆)的螺母进行调整,螺母每拧动一圈,主销后倾角改变约30°。拧松螺母时应注意:拧松支承杆垫块上的两个螺母中的一个,要以同样螺母以改变支承长度。

(2) 车轮外倾角的调整:调整前轮外倾角时车轮应着地,通过球头销在下摇臂长孔中的位移来调整,具体操作如下。

① 松开下摇臂球头销的固定螺母。

② 把外倾调整杆插入孔中。调整左侧时,从后面插入调整杆;调整右侧时,从前面插入调整杆。

③ 横向移动球头销,直到达到外倾角值。

④ 紧固螺母并再次检查外倾角值,必要时重新进行调整。

⑤ 必要时调整前束。

(3) 前束的调整:用光学测试仪和专用工具3075调整前束,具体操作如下。

① 转向器置于中间位置。

② 旋出中间轴盖上的螺栓。

③ 将带有挂钩(B)的专用工具搁置在左横拉杆的紧固螺母上,如图3.169所示。

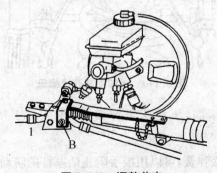

图3.169 调整前束

④ 用提供的螺钉和做衬垫的间隔件固定到标有"C"记号的转向器孔中,注意不得使用一般螺钉,因为太短会碰坏转向盘的螺纹。

⑤ 总前束值分两半,分别在左、右横拉杆上调整。

⑥ 固定横拉杆。

⑦ 必要时调整转向盘。

⑧ 拆出专用工具3075。

⑨ 重新拧紧盖上螺栓,力矩为20 N·m。

以桑塔纳2000型轿车为例,其前轮定位最好使用光学轴承测量仪。如果没有,检查前轮外倾角可用专用3021量角器,检查前束可用机械轮距测试器。桑塔纳2000型轿车前轮定位,仅前束和前轮外倾角为可调整的。调整希望在车辆行驶1000～2000 km后,螺旋弹簧的长度基本定型的情况下,测量调整最为适宜。具体定位参数:前束0°±5′;前轮外倾角−30′±20′;左右轮最大允许误差实操技能20′;主销后倾角1°30′±30′。

二、桑塔纳2000GLi型轿车行驶系统部件的检修

1. 减振器的检查和更换

通常,损坏的减振器在车辆行驶过程中会发出异响,并且驾驶员明显感觉出车辆颠簸时减振不起作用。减振器失效一般还存在漏油现象,可以用肉眼观察到。损坏的减振器一般不作修理,而是从车身上拆下,更换新的减振器。

更换减振器应按照汽车生产厂家维修手册的说明进行,一般有以下几个步骤。

(1) 更换前减振器时,用千斤顶把汽车前端顶起,然后把千斤顶支架放在下摆臂下面,使汽车降落到千斤顶支架上,然后撤掉千斤顶。

(2) 拆下减振器上端安装螺母和套环,如图3.170所示。

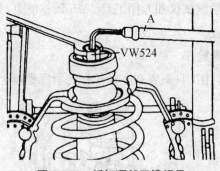

图3.170 拆卸顶部开槽螺母

(3) 用拉具压住弹簧座圈,压缩压紧弹簧,如图3.171所示。如果没有专用工具V.A.G1403,可用专用工具VW340代替。

(4) 松开开槽螺母,放松弹簧,可以用扳手阻止活塞杆的转动,以便松开螺母。

(5) 拆卸减振器,如图3.172所示。

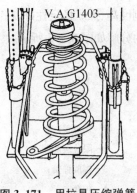

图 3.171　用拉具压缩弹簧

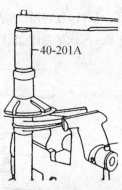

图 3.172　拆卸减振器

(6) 按步骤(1)～(5)相反的顺序安装新减振器和套环。

各部件间紧固力矩要符合规定：减振器与车身固定的自锁螺母拧紧力矩为 35 N·m；支承座与车身固定的螺母力矩为 45 N·m；橡胶金属支承安装螺栓拧紧力矩为 70 N·m；必须特别注意：在检修时，不允许对桥架施以焊接和整形工艺。

2. 前悬架总成的拆卸与安装

桑塔纳 2000 型轿车前桥结构如图 3.173 所示。桑塔纳 2000 型轿车前桥既是转向桥又是驱动桥，由两个柱式独立悬架总成、传动轴总成、下摇臂和副车架组成。前悬架总成上端通过减振器支柱座与车身连接，下端通过左、右下摇臂与固定在车身上的副车架连接，车轮转向节与下摇臂通过球销接头连接。下摇臂安装球销座的长孔用来调整车轮外倾角。在副车架与下摇臂之间装有横向稳定杆，用来保证车辆的稳定转向和减少车身的侧倾。

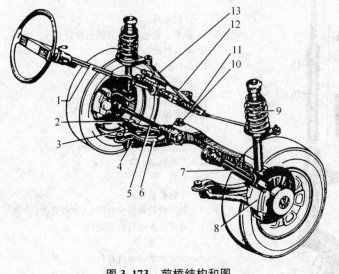

1—安全型转向柱；
2—车轮与下摇臂的连接螺栓；
3—下摇臂；
4—下摇臂橡胶轴承；
5—稳定杆；
6—副车架；
7—传动轴；
8—前轮制动钳；
9—减振支柱；
10—副车架前橡胶支承；
11—动力转向装置；
12—转向减振器；
13—横拉杆(可调整)

图 3.173　前桥结构和图

桑塔纳 2000 型轿车前悬架为独立悬架，采用滑柱连杆式(麦克弗逊式)，由双向筒式减振器、螺旋弹簧、悬架柱焊接件、聚氨脂缓冲垫、橡胶防尘罩和金属橡胶轴套组成，其特点是筒式减振器作为悬架杆系的一部分兼起主销作用，滑柱在作为主销的圆筒内上下移动，减振器支柱座与车身连接,取消了上摇臂。这种悬架结构简单、布置紧凑、横向刚度高、操纵稳定性好,在前置前驱动轿车中应用较多。前悬架总成如图 3.174 所示,前悬架总成的分解如图 3.175 所示。

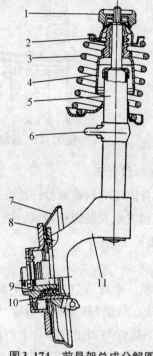

1—螺母盖;
2—限位缓冲器;
3—螺旋弹簧;
4—护套;
5—减振器;
6—转向臂;
7—挡泥板;
8—制动盘;
9—车轮轴承;
10—卡簧;
11—车轮轴承壳

图 3.174 前悬架总成分解图

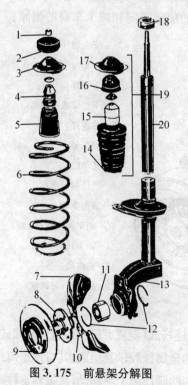

1—开槽螺母;
2—悬架支承轴轴承(只能整件调换);
3—弹簧护圈;
4、15—限位缓冲器;
5—护套;
6—螺旋弹簧;
7—挡泥板;8—轮毂;
9—制动盘;
10—紧固螺栓(拧紧力矩为 10 N·m);
11—车轮轴承;
12—卡簧;
13—车轮轴承壳;
14—辅助橡胶弹簧(顶部扣入波纹管盖,
  底部穿入螺钉拉住盖)
16—波纹管盖;
17—弹簧护圈带通气孔;
18—螺母盖(拧紧力矩为 15 N·m);
19—崎岖路面选装件(M103);
20—减振器

图 3.175 前悬架分解图

1) 整体拆卸

(1) 卸下车轮装饰罩。

(2) 旋松轮毂与传动轴的紧固螺母(力矩 230 N·m),车辆必须着地,如图 3.176 所示。

(3) 拧松车轮紧固螺母(力矩 110 N·m),拆下车轮。

(4) 旋下制动钳紧固螺栓(力矩 70 N·m)如图 3.177 所示,取下制动盘。

(5) 拆下制动软管支架,并用铁丝将制动钳固定在车身上。

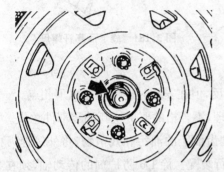

图 3.176　旋松轮毂与传动轴的紧固螺母

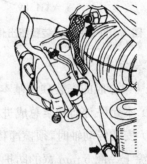

图 3.177　拆卸制动钳紧固螺栓

(6) 拆下球销接头与车轮转向节的紧固螺栓。

(7) 压出横拉杆接头(力矩 30 N·m),如图 3.178 所示。

(8) 拆下稳定杆的紧固螺栓(力矩 25 N·m),如图 3.179 所示。

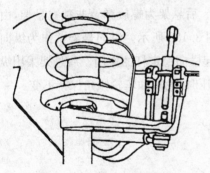

图 3.178　压出横拉杆接头

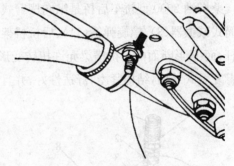

图 3.179　拆卸稳定杆紧固螺栓

(9) 拆下传动轴上轮载(VL 节)的固定螺母。

(10) 向下撬压前悬架下臂,从车轮轴承壳内拉出传动轴;或者利用两个固定车轮凸缘上的螺孔,将压力装置 V.A.G1389 固定在轮毂上,用液压装置从轮毂中压出传动轴,如图 3.180 所示。

(11) 取下盖子,支撑减振器支柱下部,旋下活塞杆的螺母,用内六角扳手阻止活塞杆的转动,如图 3.181 所示。

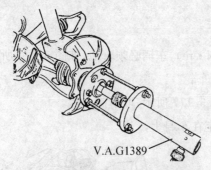
图3.180 用液压装置压出传动轴

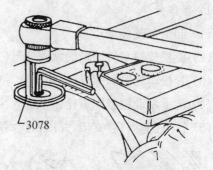
图3.181 旋下活塞杆螺母

2)安装

前悬架总成的安装顺序基本上与拆卸顺序相反,但在安装时还要注意以下几点。

(1)不允许对前悬架总成进行焊接或整形处理,不合格的要更换新的零部件总成。

(2)安装传动轴时,须擦净传动轴与轮毂花键齿面上的油污和残留物,将外等速万向节的花键涂上一圈5 mm宽的防护剂D6,然后再进行装配。涂D6防护剂的传动轴,须在装车后停车60 min,才可使用汽车。

(3)安装时,所有螺栓和螺母的紧固力矩应符合规定。

(4)所有自锁螺母必须更换新件。

3. 后悬架总成拆卸

桑塔纳2000型轿车后桥是纵向摆臂式非驱动桥。后悬架为螺旋弹簧非独立悬架,由双向筒式减振器(3)、螺旋弹簧(11)、后桥桥架组成,如图3.182所示。纵向悬架臂作为纵向推力杆,而V形断面的后桥横梁允许扭转变形,可以兼起横向稳定杆的作用。后悬架采用纵向摆臂复合式结构,结构紧凑,舒适性好,并且在车轮受压时,轮距和车轮倾角保持不变。

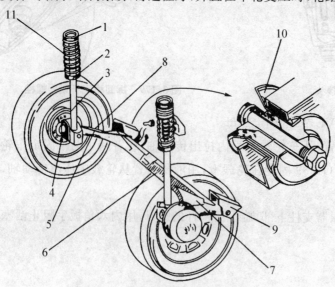

1—支承杆座;
2—减振支柱;
3—减振器;
4—轮毂短轴;
5—悬架臂;
6—横梁;
7—内加强筋;
8—外加强腹板;
9—带橡胶金属支承的支承座;
10—橡胶金属支承;
11—螺旋弹簧

图3.182 后桥和后悬架结构示意图

(1) 在未升车前将轮胎螺栓松开,然后用举升器将车升起。

(2) 用举升器将车升起,然后取下轮胎。

(3) 拆下减振器下端与后桥的连接螺栓,因工作环境恶劣,可能需要用松动剂。

(4) 在驾驶室后排座椅处,打开装饰板,用专用工具拆下减振器上端与车身螺栓。

(5) 取下后减振器总成,按顺序分解检查。

(6) 更换损坏的减振器总成与各个橡胶部件,装复时可用下落举升器或拖顶上行来压缩弹簧。

4. 后桥与后悬架的安装

后桥、后悬架总成的安装可按拆卸相反的顺序进行,但应注意以下事项。

(1) 将驻车制动拉索铺设在排气管上面,然后将后桥装到车身上。

(2) 将减振器支承杆座装入车身的支架中,并用螺母固定。

(3) 后桥横梁必须平放,车身与横梁的夹角应为 $17°\pm2°36'$。

(4) 更换所有自锁螺母,且按规定力矩拧紧。

5. 车架的检修

1) 车架的检测

在对车架检测之前,应先用机械化学法将车架表面的泥土、油污及锈迹清除干净,然后再检测。

(1) 用车体矫正机进行的检测是一种科学检测车架的方法。用车体矫正机检测的方法是利用车体校正机上的测量系统测出被检测车架的各种数据,然后与标准数据比较,找出误差值,并直接用牵引装置进行牵引矫正,最终达到标准。若车架损伤严重,可用矫正机工具库中的工具进行修理,然后再用矫正机检测,直到符合标准为止。若没有车体矫正机,只能用普通方法检测。

(2) 车架变形的检测可分为以下类型。

① 车架宽度的检测。用卷尺或专用游标卡尺测量,车架宽度应不超过基本尺寸的 ±3 mm。

② 纵梁直线度检测。用拉线法或直尺检查车架纵梁上平面及侧面纵向的直线度,在任意 1 000 mm 长度上的直线度误差应不大于 3 mm,在全长上的直线度误差应不大于车架长度的 1/1 000。

③ 纵、横梁垂直度的检测。用专用角尺进行测量,车架纵梁侧面对上平面的垂直度误差应不大于纵梁高度的 1/100;车架各主要横梁对车架纵梁的垂直度误差应不大于横梁长度的 2/1 000。

④ 车架附件的检测。后牵引钩不得有裂损,最大磨损量不应大于 5 mm。牵引钩与衬套的配合间隙应不大于 2 mm,缓冲弹簧应无断裂现象且调整得当(用手能转动牵引钩且无轴向松旷感),锁扣应开启灵活,闭合时应能自动进入锁止位置。车架上各支架、托架应连接

可靠,无明显变形及裂纹。

2) 车架的修理

① 车架变形的修理。车架弯曲、扭曲或歪斜变形超过允许值时,应进行矫正。若变形不大,可用专用液压机具(车体矫正机)进行整体冷压矫正。变形严重时,可将车架拆散,对纵、横梁分别进行矫正,然后重新铆合,必要时可采用中性氧炔焰或者木炭火将变形部位局部加热至暗红色进行热矫正(加热温度不得超过700℃,以免影响车架的性能)。

② 车架附件的修理。车架上各个支架、托架出现明显变形及裂纹时,应更换新件。出现连接松动时,应重新铆接或紧固,后拖钩磨损严重、出现裂损或缓冲弹簧断裂时,应更换新件,牵引钩轴向松旷时,应对缓冲弹簧进行调整。后拖钩与衬套配合间隙过大时,应更换新衬套。锁扣开闭不灵活或不能可靠锁止时,应更换新件。

任务实施

为解决情景导入中要求掌握的行驶跑偏的诊断与排除问题,可按下述方式组织实施任务。

任务名称	行驶跑偏的诊断与排除	课时	4
任务要求	1. 熟悉汽车行驶跑偏的故障现象与原因 2. 学会对汽车行驶跑偏进行检修		
设备器材	1. 每小组放置三部底盘技术状况良好的汽车 2. 常用、专用工具三套 3. 专职试车员一名 4. 故障诊断流程图展板一块		
操作准备	1. 将常用、专用工具三套分别放于三个工作台,并放在指定的位置 2. 将"任务工单"分发给每位学生		
注意事项	1. 安全防火第一 2. 学生不得驾驶车辆 3. 场地道路不小于 50 m×100 m		
实施过程	设计方案一: 1. 在实习用汽车上,通过改变前轮定位参数(前轮外倾和前轮前束),让前轮外倾和前轮前束不能正常起作用,引起汽车行驶跑偏 2. 分析汽车行驶跑偏的故障诊断方法 3. 监督学生是否按要求完成任务,并指导学生进行正确的操作 设计方案二: 1. 在实习用汽车上,通过设计把左右转向轮的一边,调成制动拖滞,让汽车行驶跑偏 2. 分析汽车行驶跑偏的故障诊断方法 3. 监督学生是否按要求完成任务,并指导学生进行正确的操作 设计方案三: 1. 通过设计放掉汽车左右轮一边的一部分空气,造成左右轮胎气压不一致 2. 分析汽车行驶跑偏的故障诊断方法 3. 监督学生是否按要求完成任务,并指导学生进行正确的操作		

评价考核

评价与考核项目		评价与考核标准	配分	得分
知识点	行驶系统的基本结构和调整项目	了解行驶系统的基本结构和调整项目	10	
	行驶跑偏故障现象及危害	熟悉行驶跑偏故障现象及危害	10	
	行驶跑偏故障的原因	分析行驶跑偏故障的原因	10	
	行驶跑偏故障的诊断方法	介绍行驶跑偏故障的诊断方法	10	
技能点	行驶跑偏的故障诊断	会对行驶跑偏进行故障诊断	20	
	行驶跑偏的排除	会排除行驶跑偏中各类故障点	20	
情感点	纪律与劳动	不迟到早退，实训主动、积极、认真	20	
	职业道德与敬业精神	具备良好的道德准则、道德情操与道德品质；能认真对待实训、明确职责、勤奋努力		
	团结协作与创新精神	能与同学和谐相处、互补互助、协调合作，充分发挥自己的个性，圆满完成实训任务；能够综合运用自己的知识、信息、技能和方法，对遇到的问题能提出新方法、新观点		
		合计	100	

任务工单

任务名称：行驶跑偏的诊断与排除　　　　　　　　　　　**任务成绩**：_____

学生姓名：_____　　**班　　级**：_____　　**学　　号**：_____

实训时间：_____　　**实训地点**：_____　　**组　　号**：_____

● 任务资讯

一、填空题

1. 根据车轮的作用不同，车桥可分为_____、_____、_____和_____等四种类型。其中转向桥和_____桥都属于从动桥，越野汽车的前桥为_____桥。

2. 行驶系统主要由_____、_____、_____和_____组成。

3. 主销后倾角、主销内倾角均起转向轮的_____作用。

4. 转向桥主要由_____、_____、_____和_____等构成。

5. 根据悬架结构的不同，车桥分为_____和_____两种，根据车轮作用的不同又分为_____、_____、_____和支持桥等四种。

二、选择题

1. 车轮的主要功用有（　　）、承受各个方向的作用力和行驶中发生侧偏时具有自动回正能力。

  A. 转向作用   B. 缓和路面不平引起的冲击

  C. 制动作用   D. 保证汽车有一定的通过性

2. 学生 a 说,车轮与轮胎会影响汽车行驶的平顺性;学生 b 说,车轮与轮胎会影响汽车行驶的操纵稳定性,则两种说法中( )。

  A. 只有学生 a 正确   B. 只有学生 b 正确

  C. 学生 a 和学生 b 都正确   D. 学生 a 和 b 都不正确

3. 按内胎的空气压力大小,充气轮胎可分为高压胎、低压胎和超低压胎三种。气压在 0.15～0.5 MPa 的轮胎称为( )。

  A. 超高压胎   B. 高压胎   C. 低压胎   D. 超低压胎

4. ( )具有保证车轮自动回正的作用。

  A. 主销后倾角   B. 主销内倾角   C. 车轮外倾角   D. 车轮前束

5. 轿车子午线轮胎规格 205/70SR15 中 S 的含义为( )。

  A. 行驶里程   B. 国际单位秒

  C. 负荷指数   D. 表示最大车速符号

三、判断题

1. 减振器在伸张行程时,阻力应尽可能小,以充分发挥弹性元件的缓冲作用。( )
2. 一般载货汽车的前桥是转向桥,后桥是驱动桥。( )
3. 无论何种车型,一般主销后倾角均是不可调的。( )
4. 扭杆弹簧本身的扭转刚度是可变的,所以采用扭杆弹簧的悬架的刚度也是可变的。( )
5. 减振器与弹性元件是串联安装的。( )

四、简答题

1. 分析行驶系统的组成、功用以及工作原理。
2. 简述行驶跑偏的故障诊断流程。

◉ **计划决策**

  请根据任务要求,确定所需要的设备器材,并对小组成员进行合理分工,制订行驶跑偏故障的诊断与排除计划。

  1. 需要的设备器材

2. 小组成员分工

_____
_____
_____

3. 实施计划

_____
_____
_____

◉ **任务实施**

分组检测行驶跑偏的故障,并正确填写附表 3.6。

附表 3.6 行驶跑偏的诊断与排除工作状况参数记录表

检测项目	测量结果	故障判断
车轮定位参数		
轮胎气压及花纹磨损情况		
悬架系统各部件装配紧固情况		
车架总体是否变形		
前减振器弹簧变形两侧缓冲是否一致		
某个轮胎的制动器回位是否不良		
两侧轮胎气压		

◉ **检查评价**

以小组为单位对完成任务情况进行评价(包括自我评价、小组评价、教师评价)。

1. 是否完成了所有实训项目?

   自我评价:_____
   _____

   小组评价:_____
   _____

   教师评价:_____
   _____

2. 检测计划制订得是否合理?检测操作是否正确?

   自我评价:_____
   _____

   小组评价:_____
   _____

教师评价：_____

3. 附表填写是否详细、准确？

自我评价：_____

小组评价：_____

教师评价：_____

任务 3.7　悬架异响的诊断与排除

2013 年 8 月 14 日，车主刘先生来到某 4S 店反映，他的汽车挂挡困难且容易熄火。经问询并检查，该汽车已经使用 6 年，最近几天发现汽车起步或车速变化时出现撞击声，汽车产生异响。经检查，初步判断为悬架异响故障。作为维修人员，接到此类悬架检修任务，要求熟悉汽车悬架系统构造并能够维修，然后制订维修计划，得到经理确认后，完成此任务，提交一份分析报告并存档。

悬架具有：连接车架（或车身）和车轮，把路面作用到车轮的各种力传给车架（或车身）；缓和冲击、衰减振动，使乘坐舒适，行驶平顺；保证汽车具有良好的操纵稳定性等功用。它是车架（或车身）与车桥（或车轮）间一切传力连接装置的总称。现代汽车的悬架虽有不同的结构形式，但一般都由弹性元件、减振器、导向机构等组成，轿车一般还有横向稳定器。悬架的组成，如图 3.183 所示。

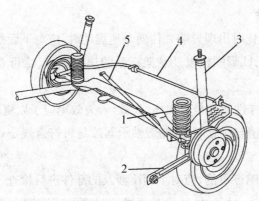

图 3.183 悬架的组成

1—弹性元件(螺旋弹簧);2—纵向推力杆;3—减振器;4—横向稳定器;5—横向推力杆

汽车悬架可分为非独立悬架和独立悬架两大类。非独立悬架常见的故障主要有:车身倾斜、行驶跑偏、汽车行驶摆振、异响;独立悬架和减振器常见的故障有:悬架异响、车身倾斜、舒适性变坏、汽车跑偏等。下面主要以悬架异响为例进行故障分析,其常见故障部位及原因分析如表3.11所示。

表 3.11 悬架常见故障部位及原因分析

序号	故障部位	故障原因	故障现象
1	钢板弹簧	震动、疲劳、主片折断	弹力不足,刚度不一致,车身倾斜、异响
2	衬套和吊耳	磨损过度	车身倾斜、行驶跑偏、汽车行驶摆振、异响
3	U形螺栓	松动或折断	行驶跑偏、异响
4	螺旋弹簧	疲劳、碰撞	车身倾斜、行驶跑偏、舒适性变化、异响
5	上下摆臂	变形、裂纹、严重锈蚀	车身倾斜、行驶跑偏、舒适性变化、异响
6	横向稳定杆	裂纹、塑性变形、连接球铰磨损或损坏	车身倾斜、行驶跑偏、舒适性变化、异响
7	减振器	衬套磨损、泄漏	车身倾斜、行驶跑偏、舒适性变化、异响

1. 故障现象

(1) 汽车起步或车速变化时出现撞击声。

(2) 汽车行驶中有异响并伴随车速震动。

2. 故障原因

(1) 前悬架与车体连接不牢固,各杆件接头松动。

(2) 前减振器工作不正常或损坏。

(3) 前转向节内车轮轴承松动或损坏。

(4) 悬架稳定杆、前轴摆臂和转向球头销的连接处松旷或衬套磨损、损坏等。

3. 故障诊断与排除

汽车起步或车速变化时出现异响并伴随车速震动时,应对下面所涉及的部件进行检查。

(1) 检查钢板弹簧、U 形螺栓以及悬架杆系的连接螺栓、螺母是否松动,若松动应加以紧固。

(2) 检查减振器和弹性元件是否损坏、失效,若失效则应予以更换。

(3) 检查转向节主销与衬套间隙、轮毂轴承间隙是否符合规定,若不符合规定值则应予以调整。

对于在颠簸路面异响严重的,应对下面所涉及的部件进行检查。

(1) 检查钢板弹簧销、衬套、吊环等是否磨损过度及间隙增大;钢板弹簧或螺旋弹簧是否发生疲劳变形;螺旋弹簧或个别钢板是否折断;减振器是否失效等,若失效则应予以更换。

(2) 检查前悬架杆系连接处或减振器上支座是否松动,若松动则应予以调整。

(3) 检查减振垫是否失效、润滑是否不良;弹簧支座部分是否损坏、变形或前悬架杆系是否变形等。若失效、润滑不良、损坏、变形,则应进行润滑、整形及更换。

悬架异响的故障诊断流程,如图 3.184 所示。

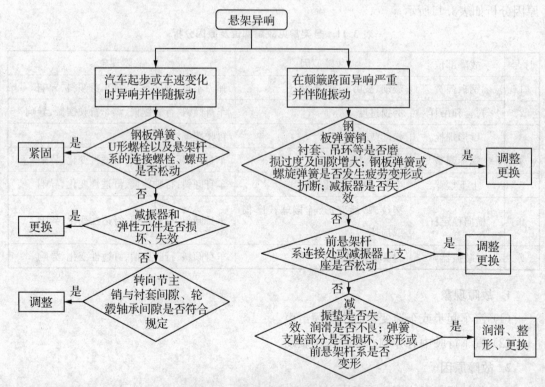

图 3.184 悬架异响的故障诊断流程

实操技能

桑塔纳 2000 型轿车前悬架装置的拆卸与安装

桑塔纳 2000 型轿车的前悬架如图 3.185 所示，它由上相作用筒式减振器、螺旋弹簧、徐哪家柱焊接件、缓冲垫、橡胶防尘罩等组成。筒式减振器作为悬架杆系的一部分兼起主销作用，滑柱在作为主销的圆筒内上下移动，减振器支柱座与车身相连。桑塔纳 2000 系列轿车前桥与前悬架部件分解如图 3.186 所示。图 3.187 所示为桑塔纳 2000 型轿车前悬架分解图。

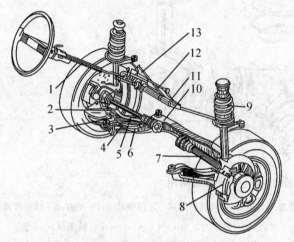

1—安全转向柱；
2—车轮与下摆臂的连接螺栓；
3—下摆臂；
4—下摆臂橡胶轴承；
5—横向稳定器；
6—副车架；
7—传动轴；
8—前轮制动钳；
9—减振器支柱；
10—副车架前橡胶支承；
11—动力转向装置；
12—转向减振器；
13—转向横拉杆

图 3.185　桑塔纳 2000 型轿车的前悬架

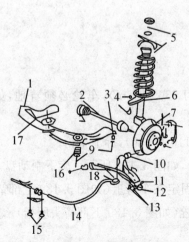

1—副车架；2—传动轴；
3—副车架后橡胶轴承；
4—螺母(拧紧力矩为 30 N·m)；
5—自锁螺母(拧紧力矩为 60 N·m)；
6—减振支柱；
7—螺栓(拧紧力矩为 70 N·m)；
8—制动钳；
9—自锁螺母(拧紧力矩为 230 N·m)；
10—下摇臂下支座；
11—自锁螺母(拧紧力矩为 50 N·m)；
12—球形接头；
13—自锁螺母(拧紧力矩为 65 N·m)；
14—稳定杆；
15—螺栓(拧紧力矩为 60 N·m)；
16—副车架前橡胶轴承；
17—自锁螺母(拧紧力矩为 40 N·m)；
18—自锁螺母(拧紧力矩为 60 N·m)；
19—螺栓(拧紧力矩为 70 N·m)

图 3.186　前桥与前悬架部件分解图

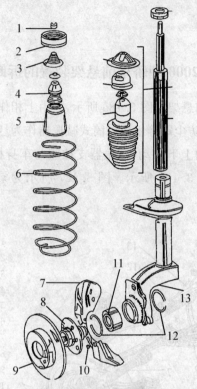

图 3.187 前悬架分解图

1—开槽螺母;2—悬架支承轴轴承(只能整件更换);3—弹簧护圈;4—限位缓冲器;5—护套;6—螺旋弹簧;
7—挡泥板;8—轮毂;9—制动盘;10—紧固螺栓(拧紧力矩为 10 N·m);11—车轮轴承;12—卡簧;
13—车轮轴承壳;14—辅助橡胶弹簧;15—限位缓冲器;16—波纹管盖;17—弹簧护圈带通气孔;
18—螺母盖(拧紧力矩为 150 N·m);19—崎岖路面选装件(M103);20—减振器

一、前悬架总成的拆卸与安装

1. 前悬架总成的拆卸

(1) 取下车轮装饰罩。

(2) 旋下轮毂与传动轴的紧固螺母(力矩为 230 N·m),车轮必须着地,如图 3.188 所示。

(3) 卸下垫圈。旋松车轮紧固螺母(力矩为 110 N·m),拆下车轮。

(4) 旋下制动钳紧固螺栓(力矩为 70 N·m),如图 3.189 所示。旋下制动盘。

(5) 取下制动软管支架,并用铁丝将制动钳固定在车身上(如图 3.189 上部箭头所指),注意不要损坏制动软管)。拆下球形接头紧固螺栓(如图 3.189 下部箭头所指)。

学习项目 3　底盘故障诊断与排除

图 3.188　拆下轮毂与传动轴的紧固螺母

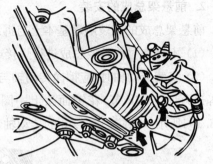

图 3.189　旋下制动钳紧固螺栓

（6）压出横拉杆接头（力矩为 30 N·m），如图 3.190 所示。

（7）旋下稳定杆的紧固螺栓（力矩为 25 N·m），如图 3.191 所示。

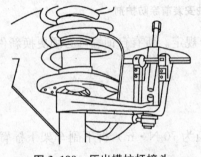

图 3.190　压出横拉杆接头

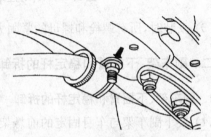

图 3.191　旋下稳定杆的紧固螺栓

（8）向下撬压前架下臂，从车轮轴承壳内拉出传动轴；或利用两个固定车轮凸缘上的螺孔，将压力装置 V.A.G1389 固定在轮毂上，用液压装置从轮毂中压出传动轴，如图 3.192 所示。

（9）拆掉压力装置。取下盖子，支承减振器支柱下部，旋下活塞杆的螺母，用内六角扳手阻止活塞杆的转动，如图 3.193 所示。

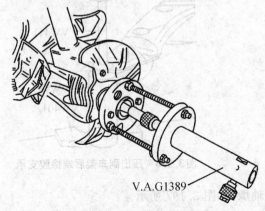

图 3.192　压出传动轴

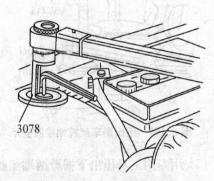

图 3.193　旋下活塞杆螺母

2. 前悬架总成的安装

前悬架总成的安装顺序基本上与拆卸顺序相反,但在安装时应注意以下事项。

(1) 不允许对前悬架总成进行焊接或整形处理,不合格的要更换新的零部件总成。

(2) 安装传动轴时,应擦净传动轴与轮毂花键齿面上的油污,取出防护剂的残留物。将外等速万向节(RF 节)花键面涂上一圈 5 mm 宽的防护剂 D10,然后进行传动轴装配,如图 3.194 所示。涂防护剂 D10 的传动轴装车后须停车 100 min 之后才可使用。

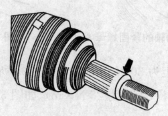

图 3.194 外等速万向节花键轴安装前涂防护剂

(3) 安装时,所有螺栓和螺母的紧固力矩应符合规定。所有自锁螺母必须更换新件。

二、副车架、下摇臂和稳定杆的拆卸与安装

1. 副车架、下摇臂和稳定杆的拆卸

(1) 旋下副车架与车身固定的前悬架螺栓(力矩为 70 N·m),拆下副车架下摇臂与稳定杆组合件。

(2) 旋松下摇臂与副车架连接橡胶轴套的螺栓和螺母(力矩为 100 N·m),拆卸下摇臂。

(3) 旋松稳定杆与下摇臂连接螺栓的紧固螺母,并且拆下固定在副车架处的支架螺栓(力矩为 25 N·m),拆下稳定杆。

(4) 用专用工具压出副车架前后端 4 个橡胶支承,如图 3.195 和图 3.196 所示。

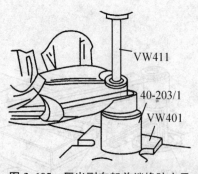

图 3.195 压出副车架前端橡胶支承

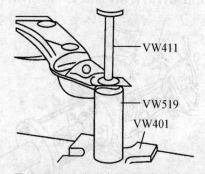

图 3.196 压出副车架后端橡胶支承

(5) 用专用工具压出下摇臂两端橡胶轴承,如图 3.197 所示。

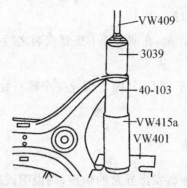

图 3.197 压出下摇臂两端橡胶轴承

2. 副车架、下摇臂和稳定杆的安装

（1）用专用工具压入下摇臂橡胶轴承，如图 3.198 所示。

（2）用专用工具压入副车架前后端 4 个橡胶支承，如图 3.199 和图 3.200 所示。

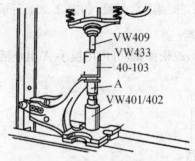

图 3.198 压入下摇臂橡胶轴承

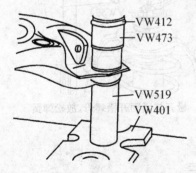

图 3.199 压入副车架前端橡胶支承

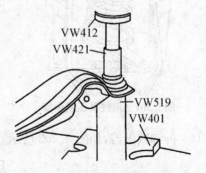

图 3.200 压入副车架后端橡胶支承

（3）安装稳定杆。稳定杆安装时弯管详细弯曲，安装位置需留出适当余量，否则卡箍就很难装在橡胶支座上。正确的安装方法是先装上较松的卡箍，然后进行短距离试车。这时橡胶支座就会自动滑入规定的位置，然后用 25 N·m 的力矩固定螺栓。进一步进行调整时应将车辆开到举升台上，然后紧固稳定杆。

（4）拧紧固定下摇臂与副车架的连接螺栓和螺母（力矩为 100 N·m）。

（5）发动机悬架安装之后，发动机悬架内部都要用防腐剂进行处理。自锁螺栓（螺母）

拆装后就应调换新的螺栓和螺母。

（6）如果要装一个新的副车架，在前悬架下摇臂安装之后，这个新的副车架内部必须用防护蜡进行处理。

（7）将副车架安装固定至车身上，其固定螺栓按车辆行驶方向拧紧顺序为后左、后右、前左、前后。

三、减振器的检查和更换

在车辆行驶过程中，如减振器发出异常的响声，则说明该减振器已损坏，必须更换。一般减振器是不进行修理的。减振器上如有很小渗油现象则无须调换，如漏油较多则必须推拉减振器活塞杆，通过拉伸和压缩减振器来检查渗油现象。漏出的减振器油，不能再加入减振器内重新使用。漏油的减振器不能再使用。

更换减振器的方法如下。

（1）用拉具压出弹簧座圈，压缩压紧弹簧，如图 3.201 所示。如果没有 V.A.G1403 工具，可用 VW340 代替。

（2）松开与紧固开槽螺母，放松弹簧，可用用扳手 A 阻止活塞杆的转动，以使螺母松开，如图 3.202 所示。

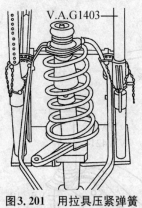

图 3.201　用拉具压紧弹簧

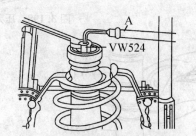

图 3.202　松开与紧固开槽螺母，放松弹簧

（3）拆卸减振器，如图 3.203 所示。

图 3.203　拆卸减振器

四、前悬架支柱总成的拆装与调整

1. 前悬架支柱总成的拆卸

（1）拆下制动盘、挡泥板。压出轮毂，如图3.204所示

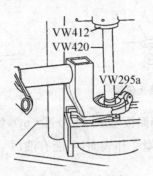

图3.204 压出轮毂

（2）拆下两边弹簧挡圈，压出车轮轴承，如图3.205所示。

（3）拉出轴承内圈，如图3.206所示。注意：只能使用带箍圈的拉具，拉具上的钩子标明在使用前要用砂纸打磨一下。

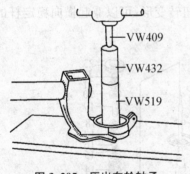

图3.205 压出车轮轴承

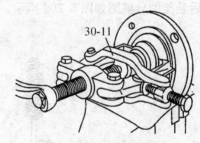

图3.206 拉出轴承内圈

2. 前悬架总成的安装与调整

（1）先装外弹簧挡圈，在车轮轴承座涂上润滑脂，然后压入轴承，压至终止位置，最后装上内弹簧挡圈，如图3.207所示。

（2）调整内、外挡圈开口的位置，使其相差180°。然后转动轴承内圈，观察它是否正常。

（3）在轮毂花键和轴承颈上涂上润滑脂，压入轴承内，如图3.208所示。压入轮毂时，专用工具VW519只能顶住内轴承的内圈。

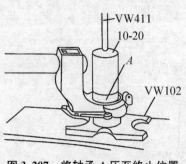
图 3.207 将轴承 A 压至终止位置

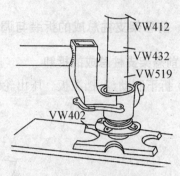
图 3.208 压入轮毂

(4)用 3 个 M10 螺栓固定挡泥板(力矩为 10 N·m),使其紧贴在车轮轴承座的凸缘上。

(5)用非纤维材料擦净制动盘工作表面,不能有油污。装上制动盘,使它紧贴在轮毂的结合面上。

(6)用手转动制动盘,观察它是否有卡滞或异响现象。

桑塔纳 2000 型轿车后悬架装置的拆卸与安装

桑塔纳 2000 型轿车后悬架装置由双向筒式减振器、螺旋弹簧、后桥桥架组成。纵向悬架臂作为纵向推力杆,而 V 形断面的后桥横梁允许扭转变形,可以兼起横向稳定杆的作用。后桥和后悬架的分解图如图 3.209 所示。

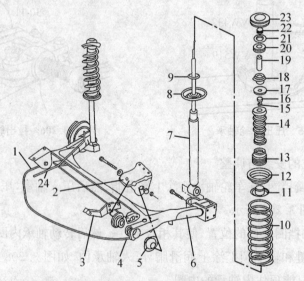

图 3.209 桑塔纳 2000 型轿车后桥和后悬架的分解图

1—驻车制动拉索套管(固定弹簧钩在车身上);2—支承座;3—调节弹簧;4—驻车制动拉索支架;
5—金属橡胶支承;6—后悬架臂;7—减振器;8—下弹簧座圈;9,17—垫圈;10—螺旋弹簧;11—护盖;
12—上弹簧座;13—波纹橡胶管;14—缓冲块;15—卡簧;16—隔圈;18—下轴承环(橡胶件);19—隔套;
20—上轴承环;21—衬盘(隔圈);22—自锁螺母(拧紧力矩为 35 N·m);23—塞盖;24—制动管和制动软管

一、后桥与后悬架的拆卸和安装

1. 后桥与后悬架的拆卸

（1）将驻车制动拉索从拉杆上吊出,如图 3.210 所示,必要时脱开制动蹄。

（2）分开轴体上的制动管和制动软管（如图 3.210 所示）。松开车身上的支承座（如图 3.210 所示）,仅留一个螺母支撑。

（3）拆下排气管吊环。用专用工具撑住后桥横梁。取下车室内减振器盖板。从车身下旋下支承杆座固定螺母,如图 3.211 所示。

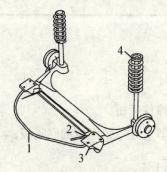

图 3.210 后桥总成的拆卸

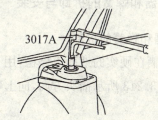

图 3.211 旋下支承杆座固定螺母

1—驻车制动拉索；2—制动软管；3—支撑座；4—支撑杆座

（4）拆卸车身上的整个支承座。

（5）慢慢升起车辆,将驻车制动拉索从排气管上拉出。

（6）将后桥从车子底下拆出。注意维修时不允许对后桥进行焊接和整形。

2. 后桥与后悬架的安装

后桥与后悬架总成的安装可按拆卸相反的顺序进行,但应注意以下事项。

（1）将驻车制动拉索铺设在排气管上面,然后将后桥装到车身上。

（2）将减振器支承杆座装入车身的支架中,并用螺母固定。

（3）横梁必须平放,车身与横梁的夹角应为 17°±2°36′,如图 3.212 所示。

（4）更换所有自锁螺母,且按规定力矩拧紧。后桥螺母拧紧力矩如表 3.12 所示。

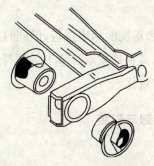

图 3.212 支承座安装在后桥上

表 3.12　后桥螺母的拧紧力矩

项目	力矩(N·m)
减振器下端至后桥固定螺母	70
减振器上端与车身固定螺母	35
支承座与车身固定螺母	45
后桥金属橡胶衬套固定螺母	70
制动底板固定螺母	60
车轮固定螺母	90

二、减振器和弹簧的拆卸与安装

1. 减振器和弹簧的拆卸

(1) 将车辆在硬实的地面上停稳,用千斤顶或垫块支撑住后桥。

(2) 按图 3.213 所示箭头方向,向上弯起车厢内减振器上方三角区域的底隔板。

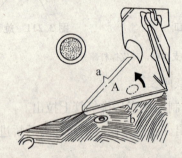

图 3.213　支架与车架角度(车架水平时)

a—冲孔断边;b—向上弯起的底部分;A—减振器螺母位置

(3) 拆去减振器上端与车身的固定螺母、下端与后桥的固定螺母。

(4) 抬高车身,慢慢从车轮与轮罩之间拆出支承座。注意不要同时拆卸两边的支承杆座,以免使金属橡胶支承受压过大。

2. 减振器和弹簧的安装

减振器和弹簧的安装应按拆卸相反的顺序进行,但同时应注意螺母的拧紧力矩:支承座的自锁螺母紧固力矩为 35 N·m,减振器支承杆座上的螺母紧固力矩为 70～100 N·m。安装完毕后,应将后隔板两边用黏带封住。

三、后桥悬架臂支承套的拆卸与安装

1. 后桥悬架臂的拆卸

(1) 车辆着地,定好后桥。拆下一边的支承座。

(2)用分离工具将金属橡胶支承逐一拉出,如图3.214和图3.215所示。

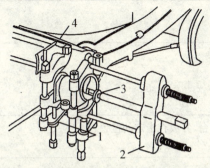

图3.214 将金属橡胶支承从后横梁拉出

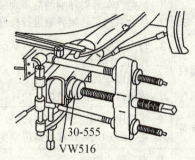

图3.215 从后横梁上拉出金属橡胶支承的另一半

1—分离工具;2—拉具;3—顶杆螺栓;4—桥形支承

2. 后桥悬架臂的安装

(1)将新的金属橡胶支承套嵌入一半。

(2)用电动工具将支承套压入到正确位置,如图3.216所示。测量其安装深度 a,如图3.217所示,a 应为101.10~102.10 mm。

图3.216 将支承套压入到正确位置

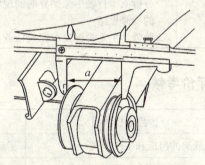

图3.217 测量支承套的安装深度

(3)装上支承座。检查时横梁要水平放好,支承座与后轴体应成 $17°\pm2°310'$ 的角度,以免给支承套带来不必要的弯扭变形。

(4)插上螺栓,装上自制螺母,以70~100 N·m的力矩拧紧螺母。

任务实施

为解决情景导入中要求掌握的悬架异响故障的诊断与排除问题,可按下述方式组织实施任务。

任务名称	悬架异响的诊断与排除	课时	4
任务要求	1. 熟悉汽车悬架异响的故障现象与原因 2. 学会对汽车悬架异响进行检修		
设备器材	1. 每小组放置三部底盘技术状况良好的汽车 2. 常用、专用工具三套 3. 专职试车员一名 4. 故障诊断流程图展板一块		
操作准备	1. 将常用、专用工具三套分别放于三个工作台,并放在指定的位置 2. 将"任务工单"分发给每位学生		
注意事项	1. 安全防火第一 2. 学生不得驾驶车辆 3. 场地道路不小于 50 m×100m		
实施过程	设计方案一: 1. 把右后轮减振器换成一漏油的旧减振器,实现减振器不工作 2. 分析悬架异响的故障诊断方法,使学生掌握减振器在汽车行驶中的重要性 3. 监督学生是否按要求完成任务,并指导学生进行正确的操作 设计方案二: 1. 把钢板弹簧连接销换成一个较细的销,模拟钢板弹簧连接销磨损过度的故障 2. 分析汽车行驶中悬架异响的现象及原因,使学生掌握由于悬架系统磨损而引起行驶异响的检修思路 3. 监督学生是否按要求完成任务,并指导学生进行正确的操作		

评价考核

	评价与考核项目	评价与考核标准	配分	得分
知识点	悬架的组成和工作原理	了解汽车悬架的组成和工作原理	10	
	悬架异响故障的原因及诊断思路	分析汽车悬架故障的原因及诊断思路	10	
	悬架异响故障的诊断方法	介绍悬架异响的诊断方法及步骤	10	
技能点	悬架异响的故障诊断	会对悬架异响进行故障诊断	20	
	悬架异响的排除	会排除悬架异响中各类故障点	20	
情感点	纪律与劳动	不迟到早退,实训主动、积极、认真	10	
	职业道德与敬业精神	具备良好的道德准则、道德情操与道德品质;能认真对待实训、明确职责、勤奋努力	10	
	团结协作与创新精神	能与同学和谐相处、互补互助、协调合作,充分发挥自己的个性,圆满完成实训任务;能够综合运用自己的知识、信息、技能和方法,对遇到的问题能提出新方法、新观点	10	
合计			100	

学习项目 3　底盘故障诊断与排除

任务工单

任务名称：悬架异响的诊断与排除　　　　　　　　　　任务成绩：＿＿＿＿

学生姓名：＿＿＿＿　　　班　　级：＿＿＿＿　　　学　　号：＿＿＿＿

实训时间：＿＿＿＿　　　实训地点：＿＿＿＿　　　组　　号：＿＿＿＿

◉ 任务资讯

一、填空题

1. 悬架是＿＿＿＿与＿＿＿＿之间一切传力连接装置的简称。
2. 现代汽车的悬架系统一般由＿＿＿＿、＿＿＿＿、＿＿＿＿组成。
3. 汽车车轮外倾角可通过调整＿＿＿＿的长度进行调节。
4. 拆装前悬架总成时,旋下轮毂与传动轴紧固螺母的力矩应为＿＿＿＿。
5. 汽车后桥壳弯曲校正的方法一般采用＿＿＿＿校正。

二、选择题

1. 安装桑塔纳 2000 型汽车前悬架总成的传动轴时,应将外等速万向节(　　)涂一圈 5 mm 宽的防护剂。
   A. 防尘罩　　　　B. 花键齿面　　　　C. 接头　　　　D. 外表面
2. 桑塔纳 2000 型轿车副车架固定螺栓的拧紧顺序为(　　)。
   A. 后左、后右、前左、前右
   B. 前左、前右、后左、后右
   C. 后左、前左、后右、前右
   D. 前左、后左、前右、后右
3. 汽车后桥壳装油封处轴颈径向磨损不得超过(　　)。
   A. 0.015 mm　　　　　　　　　B. 0.075 mm
   C. 0.10 mm　　　　　　　　　D. 0.75 mm
4. 汽车后桥壳上钢板弹簧中定位孔磨损偏移量不得超过(　　)。
   A. 1 mm　　　　B. 2 mm　　　　C. 3 mm　　　　D. 5 mm
5. 安装前悬架总成时,应调整内、外挡圈开口的位置,使其相差(　　)。
   A. 180°　　　　B. 90°　　　　C. 120°　　　　D. 75°

三、判断题

1. 目前汽车上使用最广泛的是液压减振器。　　　　　　　　　　　　　　(　　)
2. 汽车后桥壳内的齿轮润滑油不足,不会导致后桥异响。　　　　　　　　(　　)
3. 前悬架总成在安装时可以进行焊接或整形处理。　　　　　　　　　　　(　　)
4. 一旦发现减振器漏油,均应进行调换。　　　　　　　　　　　　　　　(　　)
5. 车架纵梁上平面及侧面的纵向直线度公差在全长上为其长度的千分之一。(　　)

四、简答题

1. 分析悬架的组成、功用以及工作原理。
2. 简述悬架异响的故障诊断流程。

● 计划决策

请根据任务要求,确定所需要的设备器材,并对小组成员进行合理分工,制订悬架异响故障的诊断与排除计划。

1. 需要的设备器材

    _____
    _____

2. 小组成员分工

    _____
    _____

3. 实施计划

    _____
    _____

● 任务实施

分组检测悬架异响的故障,并正确填写附表3.7。

附表3.7 悬架异响的诊断与排除工作状况参数记录表

检测项目	测量结果	故障判断
钢板弹簧及U形螺栓连接情况		
悬架杆系螺栓及螺母连接情况		
减振器和弹性元件工作情况		
转向节主销与衬套间隙		
转向节主销与轮毂轴承间隙		
钢板弹簧销、衬套、吊环连接情况		
钢板弹簧或螺旋弹簧工作情况		
减振器上支座连接情况		
减振垫、弹簧支座、前悬架杆系		

● 检查评价

以小组为单位对完成任务情况进行评价(包括自我评价、小组评价、教师评价)。

1. 是否完成了所有实训项目?

    自我评价:_____
    _____

小组评价：_____

_____

教师评价：_____

_____

2. 检测计划制订得是否合理？检测操作是否正确？

自我评价：_____

_____

小组评价：_____

_____

教师评价：_____

_____

3. 附表填写是否详细、准确？

自我评价：_____

_____

小组评价：_____

_____

教师评价：_____

_____

任务 3.8　轮胎磨损异常的诊断与排除

情景导入

2013 年 9 月 20 日，车主王先生到 4S 店反映，他的马自达三轮胎磨损严重，经问询，该车在行驶 7 500 km 时发现左前靠外侧部位轮胎磨损严重，经检测，数据显示左前轴主销内倾角过大，初步判断为轮胎定位不当造成的异常磨损现象。作为维修人员，接到此类轮胎检修任务，要求熟悉汽车轮胎构造并能够维修，然后制订维修计划，得到经理确认后，完成此任务，提交一份分析报告并存档。

理论引导

轮胎具有支撑汽车的质量，承受路面传来的各种载荷，并和汽车悬架共同来缓和路面的冲击，衰减由此而产生的振动，以保证汽车具有良好的乘坐舒适性，保证车轮和路面有良好的附着性，提高汽车的动力性、制动性和行驶平顺性。

  汽车轮胎按胎体帘布层结构的不同可分为子午线轮胎和斜交线轮胎，如图3.218所示；按轮胎有无内胎可分为有内胎轮胎和无内胎轮胎(俗称真空胎)。有内胎轮胎由外胎、内胎和垫带等组成，使用时安装在汽车车轮的轮辋上，其中外胎是轮胎的主要组成部分，主要由胎面、胎圈和胎体等组成；无内胎轮胎的结构如图3.219所示。

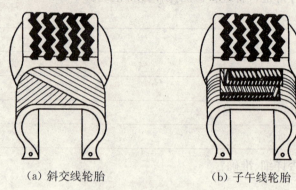

(a) 斜交线轮胎　　　　(b) 子午线轮胎

图3.218　轮胎的结构形式

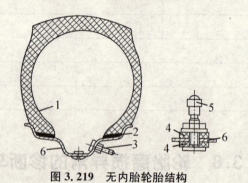

图3.219　无内胎轮胎结构

1—橡胶密封层；2—气门嘴；3—胎圈橡胶密封层；4—橡胶垫圈；5—气门螺母；6—轮辋

  轮胎常见的故障有：胎肩磨损、正中磨损、外侧磨损、羽片状磨损、锯齿状磨损、波浪状磨损、胎肩碟片状磨损等。轮胎常见的故障现象及原因分析如表3.13所示。

表3.13　轮胎常见故障及原因分析

序号	故障部位	故障原因	故障现象
1	胎冠、胎壁	轮胎气压不足或长期超载	胎冠两肩及胎壁磨损与擦伤
2	胎冠中部	轮胎气压过高	中部磨损
3	胎冠	外倾角过大(小)	内(外)侧偏磨
4	胎冠	前束过大(小)	由外(内)侧向内(外)呈锯齿状或羽毛状磨损
5	胎冠两侧	轮胎换位不及时、经常紧急制动或长期超载	两侧呈锯齿状磨损
6	胎冠	轮毂轴承松旷或车轮静不平衡	波浪状或碟片状磨损

1. 故障现象

轮胎磨损速度加快,胎面会出现如图 3.220 所示的不正常磨损形式。

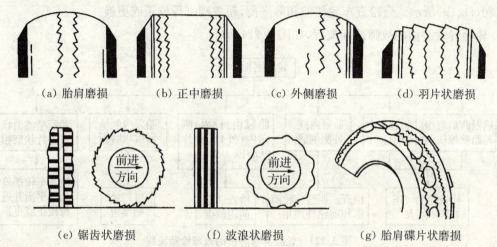

图 3.220　轮胎的不正常磨损

2. 故障原因

(1) 轮胎气压不符合要求,轮胎质量不佳或车轮螺栓松动。

(2) 轮胎长期未换位或汽车经常行驶在拱度较大的路面上。

(3) 车轮定位不正确或车轮旋转质量不平衡。

(4) 纵横拉杆、轮毂轴承松旷或转向节与主销松旷。

(5) 钢板弹簧、U 形螺栓松动或钢板弹簧衬套与销松旷。

(6) 经常超载、偏载、起步过急、高速转弯或制动过猛。

(7) 转向梯形不能保证各轮纯滚动,出现过度转向。

3. 故障诊断与排除

根据轮胎的磨损状况检查具体故障部位,并进行相应调整、维修或更换。

(1) 胎冠两肩磨损与胎壁擦伤:是由轮胎气压不足或汽车长期超载引起的,如图 3.220(a)所示。应检查轮胎气压,按规定充气。

(2) 胎冠正中磨损:是由轮胎气压过高引起的,如图 3.220(b)所示。应及时检查轮胎气压。

(3) 胎冠内(外)侧偏磨:是由车辆外倾角过大(小)引起的,如图 3.220(c)所示,很多时候前束过大也会导致胎冠外侧磨损严重,反之前束则过小则会导致胎冠内侧磨损严重。应检查、调整前轮前束和前轮外倾角。

(4) 胎冠由外(内)侧向内(外)呈羽片状磨损:是由前束过大(小)引起的,如图 3.220(d)所示。应坚持调整前束值。

(5) 胎冠两侧呈锯齿状磨损:是由轮胎换位不及时或汽车经常紧急制动或长期超载引

起的,如图 3.220(e)所示。应进行轮胎换位。

(6) 胎冠呈波浪状或碟片状磨损:是由轮毂轴承松旷或车轮静不平衡引起的,如图 3.220(f)、(g)所示。应检查车轮摆差和静平衡,超差则进行校正或更换。

轮胎异常磨损的故障诊断流程,如图 3.221 所示。

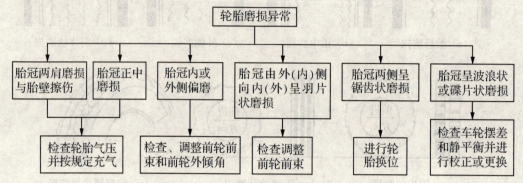

图 3.221 轮胎异常磨损的故障诊断流程

桑塔纳 2000GLi 型轿车轮胎故障的检修

一、桑塔纳 2000GLi 型轿车车轮的拆卸与安装

1. 车轮总成的拆卸

(1) 停稳车辆,用三角木抵住各车轮。

(2) 取下车轮上的装饰罩,弄清汽车左右侧车轮与轮毂连接螺栓的螺旋方向,使用车轮螺母拆装机或用套筒扳手初步拧松各连接螺母,如图 3.222 所示。

(3) 用千斤顶顶在指定的位置,使被拆车轮稍离地面。也可将车辆停在举升架上,升起车辆,使车轮稍离开地面。

(4) 拧下车轮与轮毂连接的全部螺母,取下垫圈,并摆放整齐。

(5) 边向外拉边左右晃动车轮,从车轴上取下车轮总成。

2. 车轮总成的安装

(1) 顶起车桥,套上车轮,将螺母初步拧在螺柱上。

(2) 放下车轮并在车轮前后用三角木掩住,用扭力扳手或车轮螺母拆装机,按对角线顺序分 2~3 次拧紧车轮螺母,最后一次要按规定力矩拧紧,如图 3.223 所示。

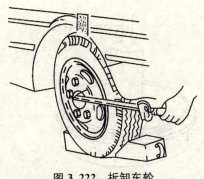

图 3.222 拆卸车轮

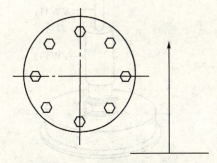

图 3.223 车轮螺母紧固顺序

(3) 安装后轮双胎时,要先拧紧内侧车轮的内螺母,再装外侧轮胎。在安装过程中,应用千斤顶分两次顶起车桥,分别安装内、外两个车轮。双轮胎高低搭配要合适,一般较低的胎装于内侧,较高的胎装于外侧。应注意内侧轮胎和外侧轮胎的气门嘴位置应互成180°角。

二、桑塔纳2000型轿车后桥轮毂轴承的拆装与调整

1. 轮毂轴承的拆卸

(1) 用千斤顶支起后轮,撬下后轮毂盖。

(2) 取下开口销及开槽垫圈。拧下六角螺母,取出止推垫圈。

(3) 拆下一个车轮螺栓,用螺丝刀通过车轮螺栓孔,向上拨动楔形块,如图3.224所示,使制动蹄摩擦片与制动鼓放松。

(4) 拉出车轮和制动鼓,并带出车轮外轴承。

(5) 取出车轮内轴承和油封,用铜冲头敲出内外轴承外圈。

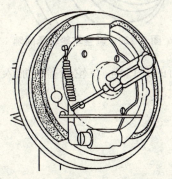

图 3.224 用螺丝刀向上拨动楔形块

2. 轮毂轴承的安装与调整

(1) 用专用工具将内、外轴承外圈压入轮毂,如图3.225和图3.226所示。

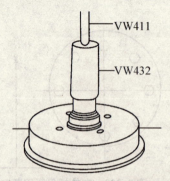
图 3.225 压入车轮外轴承的轴承圈

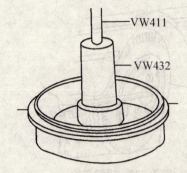
图 3.226 压入车轮内轴承的外轮轴承圈

(2) 放上油封,用橡胶锤均匀地敲入。
(3) 将内轴承装入,并涂以适量的锂基润滑脂。
(4) 将制动鼓装入,注意不能使制动鼓内表面沾上油脂。
(5) 装上外轴承和止推垫圈,旋上六角螺母。
(6) 调整车轮轴承间隙,正确的间隙是用一字形螺丝刀在手指的加压下,刚好能够拨动止推垫圈,如图 3.227 所示。

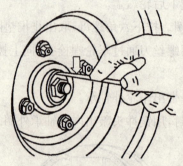
图 3.227 调整车轮轴承间隙

(7) 装上开槽垫圈,换上新的开口销,在轮毂盖内加入适量的润滑脂,用橡皮锤轻轻敲入。

三、轮胎的拆卸与安装

1. 轮胎脱开

(1) 将轮胎内空气放尽,去掉车轮上的平衡块,以免发生危险。
(2) 把车轮竖起放在地上,靠近支承胶板,压好后,踩下踏板,慢慢转动车轮,重复上述动作,直到把胎唇全部撬开。

2. 轮胎分解

(1) 扳动锁紧杆,松开垂直立杆。
(2) 将轮胎锁紧在转盘上,锁紧方式有外夹和内夹两种。

外夹:将轮胎放于选择工作台上,踩踏开启踏板,使卡爪锁紧轮胎。

里夹:先将卡爪向外张开,将轮胎放置在转盘上,踩踏锁紧踏板,使卡爪锁紧轮辋外缘。对胎口较紧的轮胎而言,建议使用里夹锁紧方式。

(3)按下垂直立杆,使拆装头靠近轮胎边缘,并用锁紧杆锁紧垂直立杆,调整悬臂定位螺栓,使机头滚轮与钢圈外缘隔离间隙为5~7 mm,上下提升3 mm左右。

(4)用撬杠将胎缘撬在拆装头上,点踩踏板,让转盘顺时针旋转,直到胎缘脱落为止。

3. 轮胎的装配

(1)用除锈机或钢丝刷除去轮辋、挡圈和锁圈上的锈迹。

(2)将轮辋在转盘上锁定。

(3)先给胎唇涂上润滑膏或肥皂水,然后把轮胎套在缸套上,把拆装头固定到工作位置上。

(4)将胎缘置于拆装头尾部上面,机头下部,同时压低胎肚。

(5)顺时针旋转转盘,让胎缘落入钢圈槽内。

(6)重复以上步骤,装上另一胎缘。

(7)调整轮胎位置,使轮胎平衡点位置与气门嘴呈180°角安装。

(8)松开钳住钢圈的卡爪,给轮胎充气。

4. 轮胎充气

(1)轮胎充气应按照该型汽车使用说明书上规定的标准气压执行,并在冷态时用气压表测量,若在热态时测量,应略高于标准气压,取适当的修正值。气压表应定期校准,以保证读数准确。

(2)轮胎装好后,先充入少量空气,待内胎充气伸展后再继续充至要求气压。

(3)充气前应检查气门芯与气门嘴是否配合平整,并擦净灰尘。充气后应检查是否漏气,并将气门帽装紧。

(4)充入的空气不得含有水分和油雾。

(5)充气时应注意安全防护,充气开始时用手锤轻击锁圈,使其平稳嵌入轮辋圈槽内,以防锁圈跳出。

四、车轮动平衡试验

由于车轮不平衡对汽车危害很大,因此,必须对车轮的不平衡进行试验,并进行调平衡工作。车轮的平衡包括静平衡和动平衡。由于动平衡的车辆一定处于静平衡状态,因此,只要检测了动平衡,就没有必要再检测静平衡。

车轮的动平衡试验有离车式和就车式两种方法,常见的为离车式车轮的动平衡试验。

1. 离车式车轮动平衡机的基本组成

图3.228所示为常见的车轮动平衡机。该动平衡机主要由驱动装置、转轴与支承装置、显示与控制装置、制动装置及防护罩组成。为了使显示的不平衡量恰是轮辋边缘所加平衡

块的质量,必须将测得的轮辋直径 d、轮辋宽度 b 和轮辋边缘至平衡机机箱的距离 a(轮辋外悬尺寸),通过键盘或选择器旋钮输入计算机。

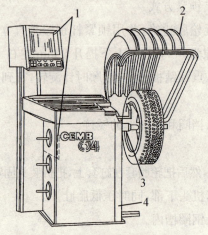

1—显示与控制面板;
2—车轮防护罩;
3—转轴;
4—机箱

图 3.228 离车式车轮动平衡机

2. 离车式车轮动平衡机的使用方法

利用离车式车轮动平衡机对车轮进行动平衡检测时,需将车轮从车上拆下,具体操作如下:

(1) 清除被测车轮上的泥土、石子和旧平衡块。

(2) 检测轮胎气压,视情充至汽车制造厂的规定值。

(3) 根据轮辋中心孔的大小选择锥体,仔细地装上车轮,用大螺距螺母上紧。

(4) 打开电源开关,检查指示与控制装置的面板是否指示正确。

(5) 用卡尺测量轮辋宽度 b、轮辋直径 d(也可由胎侧读出),用平衡机上的标尺测量轮辋边缘至机箱的距离 a,再用键入或选择器旋钮对准测量值的方法,将 a、b、d 值输入到指示与控制装置中去。离车式车轮动平衡机的专用卡尺,如图 3.229 所示;a、b、d 这 3 个尺寸,如图 3.230 所示。为了适应不同计量制式,平衡机上的所有标尺一般都同时标有英制和米制刻度。

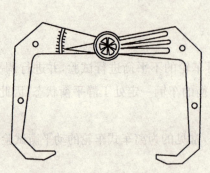

图 3.229 动平衡机专用卡尺

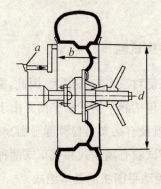

图 3.230 车轮在平衡机上的安装

a—轮辋边缘至机箱的距离;b—轮辋宽度;d—轮辋直径

(6) 放下车轮防护罩,按下启动键,车轮旋转,平衡测试开始,计算机自动采集数据。

(7) 车轮自动停转或听到"滴"声按下停止键,并操作指导装置使车轮停转后,从指示装置读取车轮内、外两侧不平衡量和不平衡位置。

(8) 抬起车轮防护罩,用手慢慢转动车轮。当指示装置发出指示(音响、指示灯亮、制动、显示点阵或显示检测数据等)时停止转动。在轮辋的内长或外侧的上部(时钟12点位置)加装指示装置,显示该侧平衡块质量。内、外侧要分别进行,平衡块装卡要牢固。

(9) 安装平衡块后有可能产生新的不平衡,应重新进行平衡试验,直至不平衡量<5 g(0.3 oz,注:1 oz=28.35 g),指示装置显示"00"或"OK"时才能满意。当不平衡量相差10 g左右时,如图3.231所示,沿轮辋边缘左、右移动平衡块可获得满意的效果。平衡过程中,实践经验越丰富,平衡速度越快。

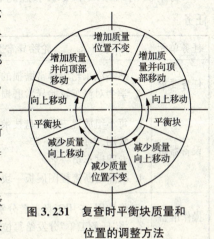

图3.231 复查时平衡块质量和位置的调整方法

(10) 测试结束,关闭电源开关。

车轮动平衡机的平衡重也称配重,通常有卡夹式和粘贴式两种类型。图3.232所示为卡夹式配重,适用于轮辋有卷边的车轮。对于铝镁合金轮辋,因无卷边可夹,可使用如图3.233所示的粘贴式配重。粘贴式配重的外弯面有不干胶,粘贴于轮辋内表面。标准的平衡重有两种系列。一种系列以盎司(oz)为基础单位,分为9档。其中,最小为0.5 oz(14.2 g),最大为6 oz(170.1 g)。另一种以克(g)为基础单位,分为14档。其中,最小为5 g,最大为80 g,配重的最小间隔为5 g。因此,过分苛求车辆动平衡机的精度和灵敏度并无太大的实际意义。特殊情况下,如高速小轿车和赛车,可使用特制的平衡重块。

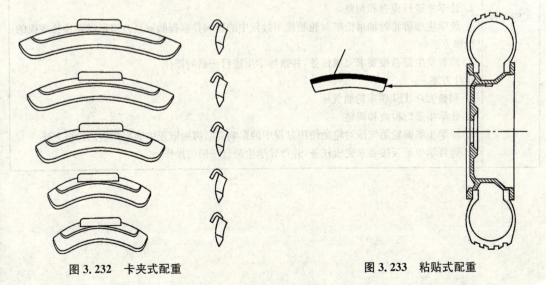

图3.232 卡夹式配重   图3.233 粘贴式配重

任务实施

为解决情景导入中要求掌握的轮胎异常磨损故障的维修问题,可按下述方式组织实施任务。

任务单元	轮胎异常磨损的诊断与排除	课时	4
任务要求	1. 熟悉汽车轮胎异常磨损的故障现象与原因 2. 学会对汽车轮胎异常磨损故障进行检修		
设备器材	1. 每小组放置三部底盘技术状况良好的汽车 2. 常用、专用工具三套 3. 专职试车员一名 4. 故障诊断流程图展板一块		
操作准备	1. 将常用、专用工具三套分别放于三个工作台,并放在指定的位置 2. 将"任务工单"分发给每位学生		
注意事项	1. 安全防火第一 2. 学生不得驾驶车辆 3. 场地道路不小于 50 m×100m		
实施过程	设计方案一: 1. 改变大众 TSI 轿车的前轮前束 2. 让学生对前轮前束或车轮外倾角进行检查和调整 3. 使学生理解和掌握车轮对轮胎使用过程中的影响 4. 监督学生是否按要求完成任务,并指导学生进行正确的操作 设计方案二: 1. 调整大众 TSI 轿车的轮毂轴承预紧度 2. 让学生进行检查和调整 3. 使学生理解轮毂轴承松旷对轮胎使用过程中的影响并掌握胎冠呈波浪形或碟片状磨损的检修方法 4. 监督学生是否按要求完成任务,并指导学生进行正确的操作 设计方案三: 1. 调整大众 TSI 轿车轮胎气压 2. 让学生进行检查和调整 3. 使学生掌握轮胎气压对轮胎使用过程中的影响并掌握胎冠正中磨损严重的检修方法 4. 监督学生是否按要求完成任务,并指导学生进行正确的操作		

学习项目3 底盘故障诊断与排除

评价考核

	评价与考核项目	评价与考核标准	配分	得分
知识点	轮胎的功能和基本结构	了解轮胎的功能和基本结构	5	
	轮胎异常磨损的故障现象及危害	熟悉轮胎异常磨损的故障现象及危害	5	
	轮胎异常磨损的原因	分析轮胎异常磨损的原因	10	
	轮胎异常磨损的诊断方法	介绍轮胎异常磨损的诊断方法	10	
技能点	轮胎异常磨损的故障诊断	会对轮胎的异常磨损进行诊断	20	
	轮胎异常磨损的排除	会对轮胎的异常磨损进行排除	20	
情感点	纪律与劳动	不迟到早退,实训主动、积极、认真	10	
	职业道德与敬业精神	具备良好的道德准则、道德情操与道德品质;能认真对待实训、明确职责、勤奋努力	10	
	团结协作与创新精神	能与同学和谐相处、互补互助、协调合作,充分发挥自己的个性,圆满完成实训任务;能够综合运用自己的知识、信息、技能和方法,对遇到的问题能提出新方法、新观点	10	
	合计		100	

任务工单

任务名称: 轮胎磨损异常的诊断与排除   **任务成绩:** _____
学生姓名: _____   **班　　级:** _____   **学　　号:** _____
实训时间: _____   **实训地点:** _____   **组　　号:** _____

● 任务资讯

一、填空题

1. 轮胎的功能包括_____、_____、_____和_____。
2. 六轮二桥汽车轮胎换位法包括_____和_____。
3. 集中在胎肩或胎面中间的磨损,主要是由于未能正确的保持_____所致。
4. 轮胎解体检查属于_____维护作业的内容。
5. 车轮平衡机按测量方式可分为_____式车轮平衡机和_____式车轮平衡机两类。

二、选择题

1. 轮胎按胎面花纹可分为(　　)。
   A. 普通花纹轮胎、混合花纹轮胎、越野花纹轮胎
   B. 混合花纹轮胎、越野花纹轮胎、特性花纹轮胎
   C. 普通花纹轮胎、混合花纹轮胎、特性花纹轮胎

D. 普通花纹轮胎、越野花纹轮胎、特性花纹轮胎
2. 轿车外胎由（　　）部分组成。
   A. 胎体、胎面、胎层　　　　　　　　B. 胎体、胎面、胎圈
   C. 胎体、胎层、胎圈　　　　　　　　D. 胎面、胎层、胎圈
3. 气压过高，易产生（　　）。
   A. 抓地力减少　　B. 驾驶疲劳　　C. 圆周龟裂　　D. 保护胎体
4. 汽车前轮胎冠内侧偏磨的故障原因是（　　）。
   A. 外倾角过大　　B. 外倾角过小　　C. 前轮前束过大　　D. 前轮前束过小
5. 子午线轿车轮胎的胎面，可修补的钉孔直径不得大于（　　）。
   A. 10 mm　　B. 8 mm　　C. 6 mm　　D. 5 mm

三、判断题

1. 双胎并装时气门嘴一定要呈 90°对称安装。（　　）
2. 轮胎一定要定期进行换位，这样才能保证轮胎均衡磨耗。（　　）
3. 通常情况下，子午线轮胎滚动阻力比斜交线轮胎低 40%～45%。（　　）
4. 采用轮胎螺母拆或装一个螺母只需 4～6 s。（　　）
5. 少数轮胎将其配装轮辋的代号标记在胎面上。（　　）

四、简答题

1. 分析汽车轮胎的组成、功用以及工作原理。
2. 简述轮胎磨损异常的故障诊断流程。

● 计划决策

请根据任务要求，确定所需要的设备器材，并对小组成员进行合理分工，制订轮胎磨损异常故障的诊断与排除计划。

1. 需要的设备器材

2. 小组成员分工

3. 实施计划

●任务实施

分组检测轮胎磨损异常的故障,并正确填写附表 3.8。

附表 3.8　轮胎磨损异常的诊断与排除工作状况参数记录表

检测项目	测量结果	故障判断
轮胎气压		
车轮前束值		
车轮外倾角		
轮胎换位情况		
轮毂轴承情况		

●检查评价

以小组为单位对完成任务情况进行评价(包括自我评价、小组评价、教师评价)。

1. 是否完成了所有实训项目?

　　自我评价:_____

　　_____

　　小组评价:_____

　　_____

　　教师评价:_____

　　_____

2. 检测计划制订得是否合理?检测操作是否正确?

　　自我评价:_____

　　_____

　　小组评价:_____

　　_____

　　教师评价:_____

　　_____

3. 附表填写是否详细、准确?

　　自我评价:_____

　　_____

　　小组评价:_____

　　_____

　　教师评价:_____

　　_____

参考文献

[1] 仇雅莉, 张松青. 汽车故障诊断技术. [M]. 北京: 电子工业出版社, 2011.

[2] 樊永强, 蒋瑞斌. 汽车故障诊断与排除. [M]. 长沙. 中南大学出版社. 2011

[3] 胡光辉, 汽车故障诊断技术. [M]. 北京: 电子工业出版社, 2008.

[4] 李学友, 姚秀驰. 汽车故障诊断与检测 [M]. 北京: 人民交通出版社, 2010.

[5] 娄云, 杨洪庆. 汽车故障检测与诊断技术 [M]. 北京: 北京大学出版社, 2010.

[6] 董继明, 罗灯明. 汽车检测与诊断技术 [M]. 北京: 机械工业出版社, 2010.

[7] 张红伟. 汽车底盘构造及维修 [M]. 北京: 高等教育出版社, 2007.

[8] 李春明. 汽车底盘电控技术 [M]. 北京: 机械工业出版社, 2008.

[9] 张立新. 汽车底盘电控技术 [M]. 沈阳: 辽宁科学技术出版社, 2000.

[10] 李东江, 张大成. 桑塔纳2000系列轿车结构与维修 [M]. 北京: 机械工业出版社, 2003.

[11] 黄立新, 武振跃. 汽车底盘总成拆装 [M]. 上海: 上海科学技术出版社, 2007.

[12] 余文明. 汽车构造与拆装实验教程 [M]. 北京: 中国电力出版社, 2007.

[13] 戴耀辉, 于建国. 汽车检测与故障诊断 [M]. 北京: 机械工业出版社, 2007.

[14] 蒋国平, 刘志忠. 汽车故障诊断与检测技术 [M]. 北京: 科学出版社, 2007.

[15] 卫绍元, 王若愚. 汽车检测与诊断技术 [M]. 沈阳: 东北大学出版社, 2006.